CULTURA AFRO-BRASILEIRA E INDÍGENA

Ivan Polí

CULTURA AFRO-BRASILEIRA E INDÍGENA

Freitas Bastos Editora

Copyright © 2023 by *Ivan Poli*

Todos os direitos reservados e protegidos pela Lei 9.610, de 19.2.1998.
É proibida a reprodução total ou parcial, por quaisquer meios, bem como a produção de apostilas, sem autorização prévia, por escrito, da Editora.
Direitos exclusivos da edição e distribuição em língua portuguesa:
Maria Augusta Delgado Livraria, Distribuidora e Editora

Direção Editorial: Isaac D. Abulafia
Gerência Editorial: Marisol Soto
Diagramação e Capa: Madalena Araújo
Revisão: Bianca Maria Moreira

**Dados Internacionais de Catalogação na Publicação (CIP)
de acordo com ISBD**

P766c	Poli, Ivan
	Cultura Afro-Brasileira e Indígena / Ivan Poli. - Rio de Janeiro, RJ : Freitas Bastos, 2023.
	304 p. : 15,5cm x 23cm.
	ISBN: 978-65-5675-335-5
	1. Antropologia. 2. Cultura afro-brasileira. 3. Cultura indígena. I. Título.
2023-2446	CDD 301
	CDU 572

Elaborado por Odilio Hilario Moreira Junior - CRB-8/9949

Índice para catálogo sistemático:
1. Antropologia 301
2. Antropologia 572

Freitas Bastos Editora
atendimento@freitasbastos.com
www.freitasbastos.com

SUMÁRIO

INTRODUÇÃO...9

CULTURA E TEORIA SOCIAL...11

VIOLÊNCIA SIMBÓLICA, REPRODUÇÃO E
HEGEMONIA CULTURAL..11

CONCEITOS DE CULTURA, RAÇA, RACISMO,
ETNOCENTRISMO, PRECONCEITO E
DISCRIMINAÇÃO RACIAL......................................26

HIERARQUIAS SOCIAIS E CULTURAIS.........................32

CAPITAL SOCIAL E CAPITAL CULTURAL......................35

CULTURA E CONSTRUÇÃO DE IDENTIDADES...............37

AS LEIS 10.639/03 E 11.645/08 (CULTURAS AFRICANA,
AFRO-BRASILEIRA E INDÍGENA NA EDUCAÇÃO).........51

AFRICANOS NO BRASIL...71

ORIGENS E CONTRIBUIÇÕES.................................71

DIÁSPORA NEGRA NO BRASIL...............................80

QUILOMBOS: HISTÓRIA, ORGANIZAÇÃO E CULTURA......81

A CULTURA NO PÓS-ABOLIÇÃO.............................87

**RESISTÊNCIA POLÍTICO-CULTURAL
NEGRA NO BRASIL**...97

A REVOLTA DOS MALÊS..97

EXPRESSÕES DE RESISTÊNCIA CULTURAL DA
JUVENTUDE NEGRA...99

FRENTE NEGRA BRASILEIRA E ENTIDADES
CONTEMPORÂNEAS DO MOVIMENTO NEGRO NA
SOCIEDADE CIVIL 103

TEATRO EXPERIMENTAL DO NEGRO 106

O CORPO COMO EXPRESSÃO DE ARTE E RESISTÊNCIA:
A CAPOEIRA, O JONGO, O MACULELÊ E AS PRINCIPAIS
EXPRESSÕES DE ARTE DE RESISTÊNCIA NEGRAS. 110

AFRICANIDADE, RELIGIOSIDADE TRADICIONAL E VALORES
CIVILIZATÓRIOS DE MATRIZES AFRICANAS COMO
EXPRESSÃO DE RESISTÊNCIA CULTURAL E AFIRMAÇÃO
IDENTITÁRIA...118

CULTURA AFRO-BRASILEIRA E AFRICANA NA EDUCAÇÃO 123

FORMAÇÃO DE PROFESSORES, CONTRIBUIÇÕES,
TENSÕES E PERSPECTIVAS 123

DO HERÓI GREGO E O PAI ROMANO À HEROÍNA E
HERÓI NEGROS NA EDUCAÇÃO...136

INSERÇÃO DE VALORES CIVILIZATÓRIOS TRADICIONAIS E
MITOLOGIAS AFRICANAS NA EDUCAÇÃO E SEUS IMPACTOS
ECONÔMICOS NO DESENVOLVIMENTO DO PAÍS.........................158

INDÍGENAS NO BRASIL...193

A REALIDADE INDÍGENA NO BRASIL E MOVIMENTOS
SOCIAIS INDÍGENAS 194

EDUCAÇÃO INDÍGENA 207

ESCOLA DIFERENCIADA INDÍGENA E A FORMAÇÃO DE
PROFESSORES. A IMAGEM DO ÍNDIO E O MITO DA ESCOLA.......207

LÍNGUAS INDÍGENAS E A CONSTITUIÇÃO......................**225**

**LEGADO INDÍGENA (PRESERVAÇÃO) E
ANTROPOFAGIA CULTURAL**...**233**

IMPORTÂNCIA DA PRESERVAÇÃO DA CULTURA E LEGADO
INDÍGENA (POVOS ORIGINÁRIOS)...233

ANTROPOFAGIA CULTURAL IDENTITÁRIA BRASILEIRA NO
PROCESSO DE DESCOLONIZAÇÃO E MUDANÇA DE RELAÇÕES
DE HEGEMONIA CULTURAL PARA O DESENVOLVIMENTO
SOCIAL E ECONÔMICO SUSTENTÁVEL DO PAÍS............................234

ANTROPOLOGIA CULTURAL E ECONÔMICA DOS POVOS
ORIGINÁRIOS VOLTADA A NOSSO DESENVOLVIMENTO............251

**REFLEXÕES FINAIS SOBRE A CULTURA DA
DIVERSIDADE NA ESCOLA DO SÉCULO XXI**....................**253**

DEPOIMENTOS DA DECOLONIALIDADE........................**279**

DEPOIMENTO I: ECARTES DESCARTES
(DESCARTE DESCARTES) DESMACUNAIMIDADE JÁ!
VIVA A NEGRITUDE! DESCOLONIZE-SE SE PUDER.......................279

DEPOIMENTO II: ANÁLISE DO POEMA *UM ÍNDIO*,
DE CAETANO VELOSO, E REFLEXÃO FINAL....................................281

REFERÊNCIAS BIBLIOGRÁFICAS..**295**

INTRODUÇÃO

Os últimos anos pós-queda da ordem neoliberal e consequentemente da Ordem Monopolar que teve seu advento com o Consenso de Washington em detrimento da consolidação de uma Nova Ordem Multipolar mais inclusiva e menos opressiva que a anterior exigem dos blocos econômicos do Sul, sobretudo, a promoção de seus processos de descolonização e Renascimentos Culturais, a fim de que se promova o alinhamento econômico desses diversos blocos para que possam ter maior influência nos organismos multilaterais e inaugurar um novo diálogo Sul-Norte com sua consequente transformação nas relações de hegemonia cultural que estes blocos, até 2030, produtores de 80% do PIB Mundial, poderão estabelecer.

Portanto, em nossos Renascimentos (Africano, Latino, Russo, Hindu, Chinês, Sudeste Asiático e Oriente Médio) devemos começar a fazer nossas lições de casa em nossos próprios quintais iniciando por promover o processo de descolonização de nossas elites culturais, sobretudo, nos meios acadêmicos e de produção do conhecimento, pois nestes novos tempos nos quais a Ordem Neoliberal dos Mercados e suas mãos invisíveis provaram ao que vieram em nossas economias, depois do advento da quebra do Lehman Brothers, em 2008, com a crise deste modelo, se faz mais que evidente a necessidade do desenvolvimento de processos "reais e sólidos" em modelos econômicos que estejam em harmonia com nossas próprias vocações e de acordo com nossas características culturais de base que, não raro, passaram por mecanismos que levaram ao apagamento epistemológico do arcabouço de nossos valores civilizatórios de origem, necessários ao estabelecimento do desenvolvimento de processos de economias "reais" segundo nossas próprias vocações.

Nesse âmbito, o resgate de nossos valores civilizatórios de matrizes africanas e indígenas assume uma importância que vai para além do seu puro reconhecimento institucional por razões de mera valorização de nossa cultura no contexto de uma construção de identidade nacional, além disso, ganham importância central no nosso processo de desenvolvimento econômico e social no novo contexto da nova Ordem Mundial Multipolar, no qual os estudos dessa Antropologia Cultural da Economia, a partir de nossos valores civilizatórios, adquirem um valor e peso central.

Dessa forma, ao introduzir os argumentos para o estudo da obra em questão, chamo atenção de forma inovadora a estes que explico para evidenciar que, ainda que trate em grande parte de aspectos formais dentro dos estudos da Decolonialidade, tais temas ligados às nossas sociedades tradicionais de matrizes africanas e indígenas tangem, e de forma exaustiva quando se faz necessário, esta não é mais uma obra com a visão de sempre sobre o assunto. Ainda que trate dos temas com toda formalidade necessária, este livro pretende ser inovador, pioneiro e de vanguarda dentro do que se propõe, para além do simples estudo clássico das temáticas em questão sem trazer em si nenhum fato ou visão crítica e decolonial nova e que não seja essencial neste momento de transformações nas Relações Culturais e na geopolítica internacional pela qual passa o mundo.

Estudaremos os aspectos culturais de nossos povos de matrizes africanas e indígenas sob este prisma decolonial crítico e inovador, necessário ao processo da descolonização de que nossas elites culturais – o público-alvo desta obra – fazem parte enquanto professores, formadores de professores e universitários, sobretudo de Humanidades em todos os níveis.

Boa Leitura e Viagem Simbólica e Cultural (decolonial) em nossas Tradições Ancestrais de Matrizes Africanas e Indígenas.

CULTURA E TEORIA SOCIAL

VIOLÊNCIA SIMBÓLICA, REPRODUÇÃO E HEGEMONIA CULTURAL

Antes de introduzir qualquer discussão sobre racismo ou a temática relacionada à aplicação das Leis 11.645/08 e 10.639/03 que tratam da introdução de temas relacionados à Cultura Afro e Indígena na Educação, devemos introduzir um referencial teórico assim como a discussão correspondente ao que é a Violência Simbólica, a Reprodução Cultural – e a escola neste contexto de espaço onde essa Reprodução se opera – e por consequência o Conceito de Hegemonia Cultural, assim como a necessidade da Transformação nas Relações de Hegemonia Cultural em nosso debate de decolonialidade cultural e antirracista.

Para começar a apresentar nosso quadro teórico, devo expor a teoria da Reprodução e da Violência Simbólica de Pierre Bourdieu.

Segundo este autor, em sua obra *A Reprodução*: elementos para uma teoria do sistema de ensino: "Todo poder de violência simbólica, isto é, todo poder que chega a impor significações e torná-las legítimas, dissimulando as relações de força que estão em sua base, acrescenta sua própria força, isto é propriamente simbólica a estas relações".

Dessa forma, a violência simbólica ocorre quando a cultura da classe dominante se impõe como cultura hegemônica e legítima sobrepondo-se a todas as outras culturas.

Segundo o mesmo autor, o principal espaço no qual ocorre este fato é na instituição escolar, pois ele afirma:

> Toda ação pedagógica é objetivamente uma violência simbólica enquanto imposição, por um poder arbitrário de um arbitrário cultural.
>
> A ação pedagógica é objetivamente uma violência simbólica, num primeiro sentido, enquanto que as relações de força entre os grupos ou as classes constitutivas de uma formação social estão na base do poder arbitrário que é a condição de instauração de uma relação de comunicação pedagógica. Isto é, da imposição e da inculcação de um arbitrário cultural segundo um modo igualmente arbitrário de imposição e de educação (educação).
>
> A ação pedagógica é objetivamente uma violência simbólica, num segundo sentido, na medida em que a delimitação objetivamente implicada no fato de impor e de inculcar certas significações, convencionadas pela seleção e a exclusão que lhe é correlativa, como dignas de serem reproduzidas por uma Ação Pedagógica, reproduz (no duplo sentido do termo) a seleção arbitrária que um grupo ou uma classe opera objetivamente e por seu arbitrário cultural.
>
> O grau objetivo de arbitrário, do poder de imposição de uma ação pedagógica é tanto mais elevado quanto o grau de arbitrário da cultura imposta é ele mesmo mais elevado (BOURDIEU, 2010).

Segundo o autor, essa ação de inculcação do arbitrário cultural se legitima pela Autoridade Pedagógica, a que ele se refere da seguinte forma: "[...] A ação pedagógica implica necessariamente como condição social de exercício da autoridade pedagógica e da autonomia relativa da instância encarregada de exercê-la."

Na mesma obra, Bourdieu afirma que quem faz com que esta inculcação do arbitrário cultural legitimada pela autoridade pedagógica tenha seu efeito prolongado para além do ato da ação pedagógica, o faz com um trabalho persuasivo voltado especificamente para além do ambiente escolar. Quanto a isso o autor afirma:

> Enquanto imposição arbitrária de um arbitrário cultural que supõe uma autoridade pedagógica, isto é, uma delegação de autoridade, a qual implica que a instância pedagógica reproduza os princípios do arbitrário cultural, imposto por um grupo ou uma classe como digno de ser reproduzido, tanto por sua existência quanto pelo fato de delegar a uma instância a autoridade indispensável para reproduzi-lo, a ação pedagógica implica o Trabalho pedagógico como trabalho de inculcação que deve durar o bastante para produzir uma formação durável: isto é, um habitus como produto da interiorização dos princípios de um arbitrário cultural capaz de perpetuar-se após a cessação da Ação Pedagógica e por isso de perpetuar nas práticas dos princípios do arbitrário interiorizado (BOURDIEU, 2010).

O autor coloca em um próximo passo o argumento de que todo o sistema de ensino que tem essa função perpetuada pelo trabalho pedagógico é o espaço que faz com que este sistema seja o agente da reprodução cultural que, por sua vez, se torna o responsável pela reprodução das estruturas sociais vigentes em uma sociedade determinada. Nessa parte, o autor afirma:

> Todo sistema de ensino institucionalizado deve suas características específicas de sua estrutura e de seu funcionamento ao fato de que lhe é preciso produzir e reproduzir, pelos meios próprios da instituição, as condições institucionais cuja existência e persistência (autorreprodução da instituição) são necessárias tanto ao exercício de sua função de inculcação quanto à realização de sua função de reprodução de um arbitrário cultural do qual ele não é o produtor (reprodução cultural) e cuja reprodução contribui à reprodução das relações entre grupos ou as classes (reprodução social) (BOURDIEU, 2010).

Em resumo, o autor nos expõe que essa inculcação de arbitrário cultural ocorre através da ação pedagógica, que é legitimada e consolidada pela autoridade pedagógica, e assim o sistema de ensino torna-se um espaço de reprodução cultural que irá resultar na reprodução das relações sociais vigentes na sociedade em questão. Desta forma, ocorre a manutenção da ordem que beneficia os membros das classes dominantes nesse processo de reprodução cultural e social.

Dentro dessa perspectiva que torna o espaço escolar o espaço da reprodução cultural e social, um dos elementos centrais é a forma de apropriação da linguagem. A ação pedagógica de inculcação de um determinado arbitrário cultural também se dá pelo processo de apropriação da linguagem que tenta inculcar o habitus linguístico da cultura da classe intelectual e, não raro, financeiramente dominante.

Como nos demonstra o próprio Pierre Bourdieu em sua obra *A Economia das Trocas Linguísticas* (2008), o padrão culto da língua sempre é mais próximo ao habitus linguístico da classe culturalmente dominante, o que faz com que esse padrão a ser reproduzido e ensinado no ambiente escolar reduza as probabilidades de seus integrantes terem menos tendência ao fracasso escolar. Este processo de reprodução cultural que faz da instituição escolar seu espaço central contribui para a reprodução das relações e, consequentemente, estruturas sociais vigentes e a manutenção da ordem que beneficie a classe culturalmente dominante conforme o mesmo autor trata em sua obra *A Reprodução* (2010).

Nesse processo de reprodução, é evidente a marginalização de todo o universo simbólico e cultural, próprio de membros de outras culturas que não a culturalmente dominante e que, segundo Bourdieu, é a única digna de ser reproduzida e inculcada em seu arbitrário cultural. Em consequência, não somente o universo simbólico, mas também os habitus linguísticos dessas classes são também marginalizados e o autor não traça em sua teoria nenhuma possibilidade ou alternativa de que os habitus possam ser utilizados de alguma forma na reversão desse processo.

Bourdieu se mantém de qualquer forma pessimista em relação a cisões ou mesmo à reversão desse quadro. Nossa academia, na maior parte dos países onde este autor tem grande influência, sobretudo na América Latina, ao reproduzir o discurso do autor e não buscar formas de reversão desse quadro, reafirmando o pessimismo de Bourdieu, transforma esse pessimismo em determinismo sociológico e acaba funcionando como promotor e formador intelectual de um sistema de ensino que forma profissionais para atuar nesse processo de reprodução cultural e social.

A crítica a esse determinismo sociológico como definiam os intelectuais da linha existencialista, como Sartre, ao citarem os aspectos da obra de Pierre Bourdieu, foi igualmente criticado e questionado por diversos autores das escolas que questionavam as teorias da reprodução após os anos 1980, como são exemplo Charlot e Lahire.

Contudo, no contexto desta obra, é incontestável o discurso do autor no sentido da promoção dessas reproduções em nossos sistemas de ensino. Não podemos negar a utilidade desse estudo e reflexão, que nos mostra uma realidade necessária a se compreender. Entretanto, a forma como nossa academia reage com seu discurso previamente derrotista, ao transformar o pessimismo de Bourdieu em determinismo, assim como afirmavam os existencialistas, faz com que pareça que não existem alternativas para a reversão do quadro; o que muitas vezes faz com que ignoremos ou não demos relevância a outras experiências de outros autores que tentaram romper com tal processo que torna a escola um espaço de reprodução cultural e, consequentemente, social.

Em outras palavras, é inegável que não podemos ignorar a validade e legitimidade do discurso e da pesquisa de Bourdieu, mas a questão central reside na forma como reagimos a esse discurso, seja transformando o pessimismo do autor em determinismo sociológico, seja buscando alternativas à reversão desse quadro a partir de reflexões.

Dessa forma, tais reflexões nos levam à necessidade do debate sobre a mudança nas relações de Hegemonia Cultural para que as transformações sociais se consolidem.

Fazendo um resumo do processo de Violência Simbólica – com sua consequente inculcação do arbitrário cultural – que leva à Reprodução Cultural, sobretudo a partir da Educação, temos, segundo nos fala Pierre Bourdieu, que a "Ação Pedagógica" é responsável pela imposição de um arbitrário cultural –, ou seja, uma cultura arbitrária em relação àquela dos alunos das classes populares, que reproduz o discurso ideológico da Cultura da Classe dominante como sendo a única digna de reproduzir-se e impor-se como hegemônica na Educação Pública, sem espaço para qualquer outra expressão que legitime a identidade cultural dos alunos – afrodescendentes no nosso caso, em especial, dos meios populares.

Isso é feito, segundo Bourdieu, por meio de uma "Autoridade Pedagógica" representada pela figura do professor e do corpo pedagógico, os quais realizam o que o autor chama de "Trabalho Pedagógico", que faz com que essa inculcação do arbitrário da cultura da classe dominante consolide-se e reproduza-se para além do momento inicial no qual a "Ação Pedagógica", responsável pela inculcação desse arbitrário cultural, é realizada.

O "Sistema de Ensino" como um todo, segundo Bourdieu, trabalha como um grande reprodutor das relações culturais, ou seja, não produzindo, mas, sim, reproduzindo cultura, o que impede que ocorram mudanças efetivas e duráveis nas relações sociais, pois, segundo o autor, as relações sociais só mudam de fato de forma a poderem consolidar-se a partir da transformação das relações culturais, com o consequente processo de mudança nessas relações de Hegemonia igualmente culturais.

Em suma, segundo essa teoria, só é possível mudar relações sociais quando há a mudança e transformação de relações culturais, e a cultura da classe dominante deixa de ser reproduzida pelo Sistema de Ensino e passa a haver a produção cultural onde havia a reprodução, o que permitirá que haja espaço para a transformação das relações de Hegemonia Cultural, trazendo a efetiva transformação de Relações Sociais em favor das classes menos favorecidas e marginalizadas culturalmente de forma arbitrária, provocando assim a consequente reversão do processo de Violência Simbólica.

Neste contexto, as Leis 11.645/08 e 10.639/03, ao reconhecerem a importância da inserção das Culturas Afro e Indígena na Educação, anteriormente marginalizadas, em contraste da cultura eurocêntrica, arbitrária em relação às populações afrodescendentes, que são maioria na Educação Pública, principalmente, trabalha no sentido da interrupção do processo de inculcação de uma cultura arbitrária em um processo de Violência Simbólica, possibilitando que estas populações assimilem o arbitrário cultural eurocêntrico e seu "capital simbólico", a partir dos referenciais de seu próprio Universo Simbólico e, dessa forma, deixem de ser assimiladas pela cultura eurocêntrica arbitrária (arbitrário cultural).

Portanto, em vez de assimiladas pelo arbitrário cultural, serão as populações afrodescendentes que assimilarão o arbitrário cultural e seu capital simbólico através do seu Universo simbólico de origem, o que possibilitará a quebra do processo de reprodução cultural e a consequente mudança nas relações culturais, com um início de processo de produção – e não mais reprodução – cultural que terá seus efeitos imediatos na transformação de relações sociais, de forma que estas consolidem-se a partir da consequente mudança de Relações de Hegemonia Cultural em favor das populações afrodescendentes (e indígenas) que, de fato, são maioria em sentido absoluto no país, ainda que sejam neste momento minorias no sentido social, o que se dá justamente pelo processo atual de Reprodução Cultural ocasionada pela não aplicação efetiva das Leis 10.639/03 e 11.645/08 na Educação, ainda hoje, quase vinte anos após sua criação.

A experiência dos processos de colonização das Américas, Ásia e África nos mostraram claramente que as Relações de Hegemonia Cultural determinam as relações de Hegemonia Social e Econômica, portanto, em conclusão, não há processo de transformações sociais que se consolidem sem a transformação nas relações de hegemonia cultural que trabalhem em paralelo com a percepção da consciência de classe.

Nossa experiência brasileira recente nos períodos de conquistas sociais, entre 2003 e 2016, quando chegamos mesmo a erradicar a fome, durante governos progressistas e que, contudo, não vieram acompanhados de transformações efetivas nas relações culturais e seu consequente trabalho ideológico e politizador a partir da mudança de relações de Hegemonia Cultural em favor das populações menos favorecidas (que são maioria) e inclui quase toda população afrodescendente do país, comprova-nos a teoria baseada nos estudos de Pierre Bourdieu, que a transformação de relações sociais só consolida-se com sua consequente transformação das relações culturais. Caso contrário, além de não se consolidar, abrem espaço para retrocessos em conquistas sociais e desmonte de políticas públicas em favor de populações menos favorecidas, como é o caso da população afrodescendente. Como conhecemos bem em nosso processo histórico recente de destruição de toda e qualquer política no sentido da criação de um Estado de bem-estar social em favor da população desfavorecida (na qual se inclui os afrodescendentes) no país.

O processo de mudança de relações de Hegemonia Cultural é estratégico para nosso Estado, no sentido de solidificar a transformação social, necessária inclusive para a consolidação do nosso crescimento econômico com a efetiva aplicação das leis de 2003 e 2008 inserindo a Cultura Afro e Indígena (e seus valores civilizatórios) na nossa Educação.

A Violência Simbólica Contra a População Negra no Sistema de Ensino e na Mídia

Pierre Bourdieu, em sua obra *A Reprodução*, traz uma importante contribuição para a análise da escola moderna e para a luta de todas as minorias, sobretudo os movimentos negros em sua reivindicação pelo reconhecimento de seus referenciais culturais na construção simbólica das nações em que sofrem discriminação, sendo também pelo caráter culturalista, pode servir de argumento que atue na base da construção de políticas públicas nesses países, se tornando uma importante reflexão no que diz respeito ao combate ao racismo.

Essa análise não é possível sem a construção do conceito de Violência Simbólica e suas consequências no sistema de ensino, que o autor define em sua obra como:

> Todo poder de violência simbólica, isto é, todo o poder que chega a impor significações e impô-las como legítimas, dissimulando as relações que estão na base de sua força, acrescenta sua própria força, isto é, propriamente simbólica, a estas relações de força.

A ação pedagógica é objetivamente uma violência simbólica enquanto imposição, por um poder arbitrário, de um arbitrário cultural.

A ação pedagógica é objetivamente uma violência simbólica num primeiro sentido, enquanto que as relações de força entre os grupos ou as classes constitutivas de uma formação social estão na base do poder arbitrário que é condição da instauração de uma relação de comunicação pedagógica, isto é, da imposição e da inculcação de um arbitrário cultural segundo um modo arbitrário de imposição e de inculcação (educação).

A ação pedagógica é objetivamente uma violência simbólica, num segundo sentido na medida em que a delimitação objetivamente implicada no fato de impor e de inculcar certas significações, convencionadas, pela seleção e a exclusão que lhe é correlativa, como dignas de ser reproduzidas por uma ação pedagógica, re-produz (no duplo sentido do termo) a seleção arbitrária que um grupo ou uma classe opera objetivamente em e por seu arbitrário cultural.

O grau objetivo de arbitrário do poder de imposição de uma ação pedagógica é tanto mais elevado quanto o grau de arbitrário da cultura imposta é ele mesmo mais elevado.

Enquanto poder de violência simbólica se exercendo numa relação de comunicação que não pode produzir seu efeito próprio, isto é, propriamente simbólico, do mesmo modo que o poder arbitrário que torna possível a imposição não aparecer jamais em sua verdade inteira e enquanto inculcação de um arbitrário cultural realizando-se numa relação de comunicação pedagógica que não pode produzir seu efeito próprio, isto é, propriamente pedagógica, do mesmo modo que o arbitrário do conteúdo inculcado não aparece jamais em sua verdade inteira a ação pedagógica implica necessariamente como condição social de exercício a autoridade pedagógica e a autonomia relativa da instância encarregada de exercê-la.

Enquanto imposição arbitrária de um arbitrário cultural que supõe a autoridade pedagógica, isto é, uma delegação de autoridade, a qual implica que a instância pedagógica

> reproduza os princípios do arbitrário cultural, imposto por um grupo ou uma classe como digno de ser reproduzido, tanto por sua existência quanto pelo fato de delegar a uma instância a autoridade indispensável para reproduzi-lo, a autoridade pedagógica implica o trabalho pedagógico como um trabalho de inculcação que deve durar o bastante para produzir uma formação durável; isto é; um habitus como produto da interiorização dos princípios de um arbitrário cultural capaz de perpetuar-se após a cessação da Ação pedagógica e por isso de perpetuar nas práticas os princípios do arbitrário interiorizado.
>
> Todo sistema de ensino institucionalizado deve as características específicas de sua estrutura e de seu funcionamento ao fato de que lhe é preciso produzir e reproduzir, pelos meios próprios da instituição, as condições institucionais cuja existência e persistência (autorreprodução da instituição) são necessários tanto ao exercício de sua função própria de inculcação quanto à realização de sua função de reprodução de um arbitrário cultural do qual ele não é produtor (reprodução cultural) e cuja reprodução contribui à reprodução das relações entre grupos ou as classes (reprodução social). (BOURDIEU, 2010).

Essa construção, para Bourdieu, se inspira em sua própria trajetória na França e a experiência de alguém de sua origem (sul da França, Pau, onde se fala o patois da região dos Pirineus) em confronto com a cultura de *Ile de France* e o *francien*, que é a linguagem predominante de toda produção acadêmica e da elite cultural francesa.

Nessa mesma obra, o autor define por essa experiência que a linguagem escolar e o padrão culto de uma língua é mais próximo do habitus cultural da classe culturalmente dominante e que este fator contribui, portanto, para o sucesso escolar dos que detêm esse habitus e influencia o fracasso escolar de quem tem um habitus cultural diferente.

Fazendo um paralelo da realidade de Pierre Bourdieu, dos imigrantes da França com o Brasil, vemos que a maior vítima dessa violência simbólica institucional, uma vez que no mesmo sistema de ensino está o sistema que dita quais são os referenciais culturais nos quais se baseiam nossas instituições, é a população negra que se vê vítima das relações de força que os padrões culturais da classe dominante impõem ao nosso sistema de ensino e que sem a aplicação efetiva de leis como a 10.639/03, que visa integrar a cultura negra à ação pedagógica, com uma autoridade pedagógica responsável por um trabalho que deixe de apenas reproduzir cultura e, por consequência, relações sociais.

Somente a integração da cultura negra em nosso sistema de ensino de forma eficaz conferirá à população negra elementos necessários para o seu empoderamento social que a permita dominar os códigos simbólicos desse arbitrário cultural dominante, o qual dá acesso atualmente à produção cultural e acadêmica, geradora de conhecimento, sem que ela perca seus referenciais culturais.

Além disso, essa ação contribui para que o arbitrário cultural deixe de ser inculcado, pois somente com a integração cultural nossa população negra e a academia poderão gerar cultura e deixar de reproduzir cultura, contribuindo para a reprodução de relações sociais.

A inclusão da população negra em nossas universidades públicas por meio de ações afirmativas tem que vir acompanhada de uma reestruturação de nosso sistema de ensino, integrando, desde nosso pensamento acadêmico até o ensino fundamental, os nossos referenciais culturais negros que possam enriquecer o universo simbólico de nossos estudantes de forma que produzamos um pensamento acadêmico útil aos nossos propósitos de integração cultural, deixando de reproduzir cultura e passando a produzir a fim de servir aos propósitos de empoderamento social de nossa população negra e uma construção social mais justa. Não podemos negar que, para que isso ocorra, é preciso respeitar o viés racial e cultural que a exclusão tem em nosso país.

Atualmente, sem a aplicação efetiva da Lei 10.639/03, o que temos em nosso sistema de ensino é a ação da violência simbólica contra nossa população negra, pois, a autoridade pedagógica, ao não reconhecer este referencial cultural, inculca um arbitrário cultural de uma classe dominante para além do espaço escolar e gera seus efeitos nas relações extraescolares, desencadeando em todo um sistema de ensino a reprodução e a falta de produção cultural que trabalha no sentido da reprodução de relações sociais e na construção simbólica de nossas instituições, que excluem, por sua vez, nossa população negra.

Mesmo se nosso Estado, hoje, trabalha pelas (mais que necessárias) ações afirmativas que quebrem a inércia da exclusão racial para a qual nosso sistema de ensino acaba trabalhando, ainda é somente o primeiro passo na sua reversão, e devemos refletir a partir disso se nossas instituições acadêmicas de formação de profissionais docentes, ao não considerarem nossos referenciais culturais negros, apesar de muitas delas com seus discursos pela inclusão social, não estão assim apenas formando profissionais que servem a essa reprodução cultural que serve, por fim, à reprodução de relações sociais – como todos os dados do IPEA nos provam, e não podemos negar, nossa exclusão tem um viés racial e cultural.

Althusser, em seu *Sobre a Reprodução*, precedendo a Bourdieu, coloca a Instituição Escolar como um aparelho ideológico do Estado e, cruzando estes dois referenciais acadêmicos, assim como nosso saudoso Milton Santos em seu documentário sobre "As Consequências do Consenso de Washington" e suas obras, podemos definir nossa mídia como um aparelho ideológico de inculcação desse arbitrário cultural que atua na violência simbólica contra a população negra em nosso país e que tem consequências mais danosas e amplas do que o próprio sistema de ensino nesse papel; apesar do Estatuto da Igualdade Racial, que trabalha no sentido inverso e tem suas implicações nas produções midiáticas.

Ao excluir nossos referenciais culturais negros em suas produções e o que eles representam na construção simbólica de nosso patrimônio cultural e o espaço que devem ocupar na construção de nossas instituições, e ou estigmatizando ou tornando invisível o negro nessas mesmas produções, nossa mídia impõe significações e as torna legítimas favorecendo os poderes que estão na base dessa força, acrescentando sua própria relação de força que serve aos interesses de nossa elite cultural e, assim, agindo como poder de violência simbólica.

A ação dos atores de nossas produções midiáticas funciona como a ação pedagógica no sistema escolar na inculcação do arbitrário cultural, servindo aos propósitos que fazem dessas produções agentes da violência simbólica.

A autoridade pedagógica do sistema de ensino é substituída pela autoridade pública de que gozam estes mesmos atores em nosso espaço midiático e nas produções que visam os empoderar em suas ações pessoais e inclusive de caráter humanitário e suas campanhas institucionais que lhes fortalecem as imagens junto à opinião pública, assim como toda produção intelectual que trabalha no sentido de fortalecer tal opinião pública.

O trabalho pedagógico que inculca o arbitrário cultural para além do momento da produção midiática em si, aqui, funciona pela exclusão de produções culturais que valorizem nossos referenciais culturais negros e a formação de instituições em que eles atuaram, e quando ocorre devido ao Estatuto da Igualdade Racial, ocorre de maneira superficial e em horários de baixa audiência, colaborando assim para a inculcação do arbitrário cultural que trabalha no sentido inverso e, não raro, fomentando e patrocinando intelectuais que atuam no sentido de fazer o exercício pedagógico, sendo também estes autoridades pedagógicas.

O sistema de ensino, aparelho ideológico do Estado, no caso da mídia, são os próprios canais de TV aberta, que com todo esse trabalho agem na reprodução cultural inculcando o arbitrário cultural, e tais relações de força acabam sendo um ato de violência simbólica contra a população negra; portanto, a reprodução cultural serve aos propósitos da reprodução de relações sociais onde nossa população negra é a mais prejudicada, dado o viés racial e cultural que tem a exclusão em nosso país, como já citado.

Os últimos dados da SEPPIR (Secretaria de Políticas de Promoção da Igualdade Racial) de dezembro de 2012, mostram um grande crescimento no número de jovens negros mortos vítimas da violência na última década e mostram um número maior de evasão escolar entre esses jovens.

Isso nos leva a refletir primeiramente sobre a teoria de Bourdieu da Violência Simbólica, no caso, contra a população negra. Seria uma das causas da evasão escolar maior entre os jovens negros a consequência do papel reprodutor da Escola, sendo esta responsável por uma educação inculcadora da cultura da classe dominante, e não uma educação emancipadora que possibilite o domínio dos códigos dessa cultura sem negar à parcela expressiva da população o direito à manifestação de sua própria identidade? Pois, nesse caso, segundo Bourdieu, apenas o estabelecimento de novas relações culturais pode abrir espaço para que também se estabeleçam novas relações sociais.

Por outro lado, enquanto vemos essa triste realidade referente à juventude negra, a reflexão sobre o assunto em nossa mídia, uma das agentes desta Violência Simbólica contra a população negra, é quase inexistente. O que faz com que a maioria das famílias das vítimas potenciais dessa violência tenha desta mídia somente o entretenimento que desvia do foco da conscientização, que seria o primeiro passo para a resolução dos problemas. Ou seja, enquanto nossa população em maior parte se distrai com suas novelas e programas sobre a própria mídia, subcelebridades de auditório em um mundo fictício e de ilusão, grande parte de nossos jovens negros é vulnerável à violência e à exclusão em um mundo real que está bem distante da ficção do entretenimento.

Assim sendo, um dos objetivos desta obra é contribuir com elementos que ajudem a estabelecer novas relações culturais para este processo, no sentido de reverter o processo de Violência Simbólica em nosso meio educacional, reconhecendo a base mítica de nossa matriz africana, assim como os heróis negros no processo de construção de nossos arquétipos de base da Educação.

· · · · · · · ·
CONCEITOS DE CULTURA, RAÇA, RACISMO, ETNOCENTRISMO, PRECONCEITO E DISCRIMINAÇÃO RACIAL

Neste tópico, trataremos basicamente de conceitos centrais no conjunto deste livro, que são os de raça, racismo, etnocentrismo, preconceito e discriminação racial; e, para tanto, utilizaremos autores igualmente centrais e indispensáveis à discussão, sobretudo brasileiros, como Marilena Chauí, Silvio Almeida e Kabengele Munanga que, sem dúvida, devem estar nas políticas públicas nacionais no assunto em questão por suas trajetórias e obras. Utilizaremos aqui para a definição de cultura o conceito de Marilena Chauí:

> Vinda do verbo latino *colere*, na origem, cultura significa o cultivo, o cuidado. Inicialmente, era o cultivo e o cuidado com a terra, donde agricultura, com as crianças, donde puericultura, e com os deuses e o sagrado, donde culto. Como cultivo, a cultura era concebida como uma ação que conduz à plena realização das potencialidades de alguma coisa ou de alguém; era fazer brotar, frutificar, florescer e cobrir de benefícios. No correr da história do ocidente, esse sentido foi-se perdendo até que, no século XVIII, com a Filosofia da Ilustração, a palavra cultura ressurge, mas como sinônimo de outro conceito, torna-se sinônimo de civilização.
>
> Dessa forma temos segundo o que é produzido a partir da experiência ocidental e eurocêntrica, o Conceito de Civilização não pode existir e nem mesmo consolidar-se sem o conceito de Cultura, portanto, sendo estratégico o conceito de Cultura no desenvolvimento de um país e povo enquanto Civilização (CHAUÍ, 2008).

Já para o conceito de raça, atenho-me à essência do que está no trabalho do professor Kabengele Munanga, maior referência no estudo de relações raciais do país, com quem tive o prazer de ter aulas em meu processo de Mestrado na Universidade de São Paulo, e que é central para os Movimentos Negros na justificativa da legitimidade da luta pela promoção da Igualdade de Direitos Raciais. É importante fixar os conceitos de raça, racismo e etnia neste contexto.

Segundo Munanga, em seus textos, o conceito de raça tem origem na Botânica e Zoologia no sentido de classificar espécies de seres vivos e, no Iluminismo Europeu do século XVII, passou a designar a diversidade humana classificando-a em três raças: branca, preta e amarela a partir de suas características físicas em comum sob critérios de racionalidade, assim como descreve Munanga em seus textos.

Na segunda metade do século XX, devido ao desenvolvimento científico se comprova que não existem diferenças biológicas entre seres humanos que justifiquem, por este critério, a classificação de seres humanos por raças.

Contudo, como quem detém a hegemonia nas narrativas da academia internacional tem um pensamento eurocêntrico, uma vez que foram os europeus da raça branca que criaram esta classificação em três raças colocando uma escala de valor entre elas, afirmando que a branca era a superior, é inegável que ainda que a ciência prove que o conceito de raça não exista por seus critérios, é igualmente inegável que ele exista enquanto construção social e, quanto a isso, o antropólogo Kabengele Munanga nos diz:

> O fizeram erigindo uma relação intrínseca entre o biológico (cor da pele, traços morfológicos) e as qualidades psicológicas, morais, intelectuais e culturais. Assim, os indivíduos da raça "branca", foram decretados coletivamente superiores aos da raça "negra" e "amarela", em função de suas características físicas hereditárias, tais como a cor clara da pele, o formato do crânio (dolicocefalia), a forma dos lábios, do nariz, do queixo etc. que segundo pensavam, os tornam mais bonitos, mais inteligentes, mais honestos, mais inventivos etc. e consequentemente mais aptos para dirigir e dominar as outras raças, principalmente a negra mais escura de todas e consequentemente considerada como a mais estúpida, mais emocional, menos honesta, menos inteligente e, portanto, a mais sujeita à escravidão e a todas as formas de dominação (MUNANGA, 2016).

Atualmente, o conceito de raça não tem validade no campo das ciências naturais, mas estabeleceu-se como um conceito das ciências sociais para estudar, debater e criticar as desigualdades existentes entre as raças na sociedade.

Já o conceito de racismo, por sua vez, é a crença de que é possível classificar os seres humanos em raças diferentes naturalmente hierarquizadas, não apenas por seus aspectos físicos, mas também por características morais, psicológicas, intelectuais e culturais, inerentes a esta "raça social". De acordo com o dicionário Priberam *online*:

ra·cis·mo

(raça + -ismo)

substantivo masculino

1. Teoria que defende a superioridade de um grupo sobre outros, baseada num conceito de raça, preconizando, particularmente, a separação destes dentro de um país ou região (segregação racial) ou mesmo visando o extermínio de uma minoria.

2. Atitude ou comportamento sistematicamente hostil, discriminatório ou opressivo em relação a uma pessoa ou a um grupo de pessoas com base na sua origem étnica ou racial, em particular quando pertencem a uma minoria ou a uma comunidade marginalizada.

"Racismo", in Dicionário Priberam da Língua Portuguesa [em linha], 2008-2023. Disponível em: https://dicionario.priberam.org/racismo.

Já para adentrarmos no conceito de etnocentrismo, precisamos primeiramente ter ciência do que é o conceito de etnia. E, portanto, baseando-se em Munanga, "uma etnia é um conjunto de indivíduos que, histórica ou mitologicamente, têm um ancestral comum; têm uma língua em comum, uma mesma religião ou cosmovisão; uma mesma cultura e moram geograficamente num mesmo território".

Isso significa que entre as raças existem etnias diversas. No caso da África, o conceito de etnia é advindo do conceito de um mesmo ancestral mítico, assim como nos declara Carlos Serrano, assim como ocorre entre os povos indígenas ameríndios e de sociedades tradicionais asiáticas, mas que no caso dos povos europeus está também ligado a aspectos culturais e históricos no conjunto e contexto de suas identidades nacionais.

Assim, características da cultura étnica são alvos de preconceito, como, por exemplo, as religiões de matriz africana no Brasil. Kebengele ainda escreveu que:

> O racismo hoje praticado nas sociedades contemporâneas não precisa mais do conceito de raça ou da variante biológica, ele se reformula com base nos conceitos de etnia, diferença ou identidade cultural, mas as vítimas de hoje são as mesmas de ontem e as raças de ontem são as etnias de hoje. O que mudou na realidade são os termos ou conceitos, mas o esquema ideológico que subentende a dominação e a exclusão ficou intacto (MUNANGA, 2016).

De toda forma, na exposição desses conceitos faz-se essencial o trabalho do Ministro de Direitos Humanos, Silvio Almeida, sobre sua definição do que é o Racismo Estrutural. Indico sua leitura como obra inicial a qualquer processo de combate ao racismo como complementar a esta descrição, assim como as obras de Djamila Ribeiro e Sidnei Nogueira, introdutórias no que se propõem a ser no sentido de iniciar qualquer discussão sobre o tema.

Segundo Silvio Almeida, o conceito de Racismo Estrutural vai além de uma simples violência direta à sua vítima e ocorre quando o racismo é normalizado e torna-se uma forma de racionalidade atingindo padrões tanto conscientes quanto inconscientes, tornando-se regra estrutural igualmente da sociedade, e um modo normal da vida cotidiana.

Ao definir como estrutural o racismo, Silvio Almeida fala em três dimensões, mais especificamente, ele desdobra-se para além de uma simples patologia, mas como este elemento presente na vida cotidiana: Economia, Política e Subjetividade.

No terreno econômico, por exemplo, Silvio Almeida descreve a forma como as mulheres negras são as maiores vítimas de nosso sistema tributário que, ao incidir basicamente sobre o consumo, atinge com maior impacto os trabalhadores que ganham menos e que estão na base da pirâmide social, no nosso caso, as mulheres negras.

Também expôs no terreno político a falta de representatividade efetiva das pautas dessas mulheres; pois enquanto as mulheres brancas entre 2003 e 2013 viram a violência contra elas diminuir em quase 10%, as negras no mesmo período sofreram um aumento de mais de 50%.

E o autor reafirma que o Racismo é Estrutural justamente pela falta de mobilização social dos que não o sofrem, mas que supostamente deveriam estar interessados no seu combate, e que não lhes causa a menor reação nem se veem escandalizados quando ocorrem tragédias em países da Europa ou do Norte, em geral. Quando, por exemplo, morre mais um jovem negro em nossas periferias, mostram sua total indiferença.

Silvio Almeida reforça a questão quando alerta para a total indiferença da sociedade para o fato do assassinato em maioria de jovens negros (77% do total de assassinatos) e o encarceramento em massa de negros no país; e por outro lado, o espanto por ocasionalmente pessoas negras ocuparem espaços, posições e frequentarem locais de destaque ser visto de forma normalizada em um país de maioria negra (56% autodeclarada, cerca de 80% de fato).

Ele conclui dizendo que se vê de forma normalizada que os espaços de poder no país sejam quase totalmente monopolizados por pessoas brancas, enquanto 56% dos brasileiros se autodeclaram negros e que tais questões como a que levantou faz com que se tenha que a regra é o ser branco, e a exceção, o ser negro, legitimando-se a branquitude como um padrão racial e de domínio social e precondição para ascensão aos espaços de poder.

Portanto, conforme afirma, para a reversão do quadro é necessário ter sensibilidade o suficiente a fim de despertar para tais realidades; e no caso da população branca ao estar ciente, estar disposta também a abrir mão de privilégios.

Também cita que, da mesma forma que fala de racismo estrutural, poderia estar falando da questão do privilégio masculino igualmente estruturante de relações de poder social e que, se juntarmos questões econômicas e políticas, poderemos perceber que na base das relações raciais e do Racismo Estrutural está a chave para a compreensão do sistema de exploração social predominante em nossas estruturas institucionais.

HIERARQUIAS SOCIAIS E CULTURAIS

Segundo nos define o site Educa Mais, baseado na obra *Economia das Trocas Simbólicas*, de Pierre Bourdieu (2005):

> A **hierarquia social** refere-se às posições que os indivíduos ocupam na sociedade. Pode-se dizer ainda que seu conceito está atrelado às divisões de níveis existentes dentro da estrutura social, levando-se em consideração diversos fatores, tais como: gênero, raça e etnia (grifo meu).

Portanto, toda e qualquer característica de um indivíduo que possa classificá-lo o submete a uma determinada Hierarquia Social; o que Pierre Bourdieu chama de *habitus* em diversas dimensões, linguística, cultural, e, sobretudo, que o identifique enquanto membro de um determinado grupo social sujeito, portanto ao arbitrário cultural da classe também culturalmente dominante, estando assim vinculados de forma direta os conceitos de Hierarquia Social e Cultural, como veremos na sequência.

Segundo o mesmo estudo, esse conceito não é um fato da contemporaneidade e nem exclusivo das civilizações ocidentais (ainda que dentre os povos subsaarianos e ameríndios tenha outras significações que o estudo antropológico destes mesmos nos mostra em suas particularidades, sobretudo, com relação direta à relação que tinham com os meios de produção, seus detentores e sua forma de produzir em si).

De qualquer maneira, o estudo cita essa questão histórica dentro das sociedades ocidentais que nos influenciam, na qual o conceito se faz presente, como podemos ver no trecho a seguir:

> Historicamente, a hierarquia social já fazia parte das civilizações antigas, destacando, sobretudo, as condições econômicas das famílias. Durante o Feudalismo, por exemplo, a sociedade era dividida em três classes sociais: o **clero** (membro principal da igreja católica), a **nobreza** (representada pelos senhores feudais) e os **servos** (camada pertencente aos camponeses) (MARQUES, 2020, grifos meus).

Em seguida, o estudo abre passagem para a definição do conceito de estratificação social, tão presente dentro de nossos estudos sociológicos, o qual existe a partir do conceito de Hierarquia Social, confundindo-se com este mesmo conceito, como podemos ver:

> Tais diferenças (entre classes sociais) são responsáveis pela criação de status e consequentemente da criação de uma **estratificação social** que, mesmo nos dias atuais, ainda permanecem divididas em categorias semelhantes à época feudal: **classe alta, classe média** e **classe baixa**. A diferença destas classificações entre a *Idade Média* e a Idade Contemporânea está na possibilidade dos grupos prosperarem e atingir a camada social mais elevada (mobilidade social ascendente) ou o contrário (mobilidade social descendente) (MARQUES, 2020, grifos meus).

Já o conceito de Hierarquia Cultural subentende que existe uma cultura dominante e outra cultura dominada e, em geral, a cultura dominante é aquela da classe culturalmente dominante. Voltando, então, ao conceito de Violência Simbólica do primeiro tópico, vemos que toda Violência simbólica se dá por uma ação de inculcação de um arbitrário cultural, como neste caso de uma cultura arbitrária que não pertence ao habitus cultural dos indivíduos da cultura dominada.

De qualquer forma, a inculcação de uma cultura dominante e consequentemente de um arbitrário cultural não significa a aceitação e assimilação total e completa dessa cultura e desse arbitrário cultural. Nessa brecha social e cultural é possível resistir e criar alternativas de reversão de relações de hegemonia cultural igualmente e sendo esta estratégia necessária para o processo de mobilidade social coletivo de minorias, como é o caso das populações afrodescendentes e indígenas no nosso país.

Neste âmbito, o espaço existe institucionalmente na educação a partir da Lei 10.639/03, ainda que não haja previsão de dotação orçamentária, nem punição para os docentes que não a apliquem (supostamente por razões de cunho religioso, os quais não deveriam vir ao caso em um país laico segundo a sua Constituição), pois não há, portanto, nenhuma fiscalização no que se refere à sua plena aplicação.

De toda forma, é no espaço da Educação que se dá a possibilidade da mobilidade social para que se verifique entre as classes populares o advento dessas brechas que tornam provável uma mudança nas relações de hegemonia cultural e, em consequência, nas relações de hierarquia cultural.

CAPITAL SOCIAL E CAPITAL CULTURAL

Segundo Pierre Bourdieu, em seus estudos do século XX, quando foi um dos senão o maior teórico da sociologia, o poder no mundo Contemporâneo passa a não ser medido somente pelo capital econômico segundo nos mostra a teoria marxista, definindo a sociedade em classes sociais e colocando no centro da mobilidade social das classes menos favorecidas, justamente a luta de classes sociais conforme conhecemos exaustivamente em suas teorias centrais nos estudos sociológicos de todos os tempos depois de seu advento.

Bourdieu, na segunda metade do século XX, chega à conclusão de que o poder de um indivíduo na contemporaneidade passa a ser medido por outras variáveis que não somente o seu capital econômico, e tais variáveis definem, entre outras coisas, sua possibilidade tanto de mobilidade social quanto econômica, assim como a continuidade e preservação e o crescimento e aumento desses capitais em si mesmos, dentre os quais está o capital econômico e o patrimônio destes mesmos indivíduos.

Portanto, Bourdieu define que essas variáveis são capitais que um indivíduo pode adquirir ao longo de sua vida ou, em alguns casos, herdar, e são: Capital Econômico, Capital Cultural, Capital Simbólico e Capital Social, os quais descreverei brevemente na sequência à luz da teoria de Bourdieu, de forma resumida.

Capital Econômico é a quantidade de posses e bens materiais, como também a posse dos meios de produção de acordo com a teoria marxista que Bourdieu não abandona. Contudo, expande o conceito de Capital para outros elementos. De qualquer forma, considera central a posse do capital econômico nas relações de poder e para a mobilidade social dos indivíduos, ratificando assim que se faz importante a luta de classes, contudo, deixando claro que existem outros elementos importantes no processo de ascensão social.

Capital Cultural é o conhecimento e saberes formais adquiridos pelo processo de formação intelectual de indivíduo e legitimado por títulos e diplomas que o colocam em uma posição social e faz com que seus serviços e saberes tenham grande importância de acordo com as demandas da sociedade para seu desenvolvimento, e são, por exemplo, todos os cientistas, técnicos e pesquisadores de todas as áreas do saber que têm mais poder ou menos poder em outras áreas, de acordo com sua própria área de saber.

Esses indivíduos não possuem necessariamente os meios de produção, contudo, seu conhecimento reconhecido e legitimado lhes possibilita a mobilidade e ascensão social no mundo Contemporâneo e definem posições sociais igualmente, sendo variáveis necessárias para que ocupem espaços de poder. O contrário também acontece e nem sempre os detentores dos meios de produção e do capital são os indivíduos mais dotados de capital cultural e, em alguns casos, quase nem o possuem (sobretudo, como verificamos em sociedades dos países em desenvolvimento em determinados espaços de poder econômico).

Capital Simbólico já está ligado à construção da imagem dos indivíduos e o seu consequente prestígio, honrarias que podem vir a receber assim como reconhecimento por uma determinada posição que ocupem em um determinado espaço social, não necessariamente estando nada disso vinculado a nenhum capital econômico, detenção de meios de produção ou mesmo nenhum capital cultural e títulos acadêmicos, técnicos ou de reconhecimento intelectual. São exemplos disso pessoas de altas patentes no serviço público, ou de interesse púbico, assim como condecorações e reconhecimento social familiar como muitos quatrocentões paulistanos e famílias tradicionais no passado, mas atualmente quase falidas em muitos casos e, no mundo Pós-Moderno, os blogueiros e *youtubers*, artistas de todos os tipos que tenham seu trabalho reconhecido por um público determinado (ainda que muitos tenham o capital econômico) e que este capital pode converter-se em poder pela sua influência na sociedade que atuam.

Já o Capital Social é aquele vinculado às relações em que um determinado indivíduo estabelece e o poder que estas relações exercem na sociedade ou a que está ligado, o que poderá refletir-se em fatores que tragam algum benefício a este indivíduo. O *networking* de um indivíduo é, portanto, o seu maior capital social dentro do meio profissional. As relações com pessoas de poder ou que podem exercer um poder ou influência em um meio ou sociedade também fazem parte desse capital social. Um exemplo claro disso são os famosos "parças de jogadores milionários do futebol europeu", filhos, parentes e amigos de pessoas ligadas à Política Pública ou instituições do mundo corporativo que exercem um determinado poder nesses espaços e que aproveitam da influência dessas pessoas para lhes pedirem indicações profissionais, para si mesmos ou outros parentes, favores etc. (bem, só exemplos, pois muitas vezes por questões éticas essas pessoas de poder, sobretudo as ligadas à política ou ao poder público, se veem, ou deveriam, impossibilitadas de interceder por quem quer que seja em determinadas situações).

········
CULTURA E CONSTRUÇÃO DE IDENTIDADES

Temos em nossa academia que as bases de nossa Educação têm como princípio as sociedades clássicas greco-romanas e que o fio condutor de nossa educação deve seguir os nossos princípios culturais de raízes eurocêntricas, como se nossas matrizes africanas não houvessem em nada contribuído no processo civilizatório ou em nosso imaginário, que consolidou nosso processo de formação cultural e identidade nacional; vivendo em um país com uma população autodeclarada de 56% de afrodescendentes e sendo praticamente 80%, de fato, segundo estudos de geneticistas da USP dos anos 2000.

Portanto, ainda que não sejam reconhecidos como tal, os valores civilizatórios de matrizes africanas e indígenas, sobretudo os de matrizes africanas, estão presentes nesse processo e de forma inclusive predominante nesse mesmo imaginário que consolidou nosso processo de formação civilizatório-identitário nacional para além da população puramente afrodescendente por si só, em muitos casos, como é o exemplo das relações entre povos autóctones e invasores dentre os subsaarianos, principalmente na África Ocidental.

No exemplo da fundação do que viria ser o reino e cidade do Ketu, pelo rei Ede (Ode – Oxóssi, descendente do ancestral mítico iorubá Oduduá), de origem iorubá, ao ser recebido pela matriarca de origem fon (jeje) Iya Kpanko, seguindo os valores civilizatórios habitualmente difundidos entre os povos da região não guerreou pelo domínio do território com o povo autóctone fon, e este também não resistiu, e segundo o que rezava a tradição desses valores civilizatórios, ao haver recursos naturais para a coexistência de ambas as comunidades de povos invasores (no caso os iorubá) e autóctones (no caso os fon), os recursos serviriam para que ambos os povos se abrigassem no mesmo espaço.

A Matriarca fon ofereceu o fogo dos seus ancestrais ao Monarca iorubá em sinal de aceitação da coexistência e compartilhamento de valores culturais entre ambos os povos. O rei Ede (Oxóssi), ao aceitar, declara que ali (na cidade que seria o Ketu, sendo ele o primeiro Alaketu) viveriam em paz os imale (muçulmanos), onigbagbo (cristãos) ile Orisa e Vodunsi (tradicionalistas do culto aos Orixás, Ifá e Vodun como qualquer outro) ou qualquer outro, com crença ou não. E ainda que fosse um rei que tivesse sua realeza legitimada pelo culto ao seu ancestral Oduduá e os demais Orixás não obrigaria ninguém a converter-se à religião tradicionalista do culto aos seus ancestrais, sendo assim, qualquer um, independente de suas crenças seria bem-vindo e acolhido no que viria a ser o Ketu, em sinal daquele fogo ancestral (que ele declarara ser o Fogo da Coexistência) recebido pela matriarca Fon em sinal de união entre os povos, DESDE QUE FOSSEM RESPEITADOS OS VALORES CIVILIZATÓRIOS VIGENTES ACORDADOS ENTRE OS DOIS POVOS.

Outro exemplo é quando o meu ancestral, Xangô, ao travar a paz com os Imale (muçulmanos iorubá e hausa) em Oyo, seu reino, deixa de beber álcool (vinho da palma) e comer carne de porco, assim como fazem os muçulmanos, e envia o seu Alapini (sacerdote de culto dos ancestrais do Alaafin que ele era) para participar em toda *Jumu'ah* (sexta-feira, dia sagrado aos muçulmanos) na Mesquita das Cerimônias Muçulmanas e estudar o Alcorão, assim como o Shekh ia a todo *Ojó Jakuá* (dia da Justiça ou de Xangô, sendo Jakutá um dos seus nomes), que era um dos quatro dias da semana iorubá a participar das Cerimônias ao Alaafin, em homenagem a esta paz alcançada depois de tanto conflito de cunho religioso inclusive, e a prova disso é que no Oriki de Xangô de Oyo há os versos: "Ele reza a Cerimônia para o Muçulmano" (em alusão a esta tradição), e "Ele faz a ablução" (reverência comum nas preces do Islã) no local onde cai a chuva.

Eu mesmo, por ser descendente do Alapini de Oyo (já do século XIX), que veio ao Brasil traficado por uma missão de mercadores de escravos, que visitou Oyo representando o governo brasileiro mesmo após o final do Tráfico Negreiro no Atlântico, no período da célebre Guerra do Glele (rei do Daomé) de então, sendo assim, descendente direto deste Alapini, o que me faz descendente direto do Alaafin, após deificado Orixá Xangô, por questões ancestrais, deixei de beber álcool e comer carne de porco (ao que evito o máximo inclusive por ter desenvolvido alergia após meu processo de entrega às tradições da minha ancestralidade africana) e entrei em contato com estudos do Alcorão e tradições filosóficas muçulmanas, sobretudo ligadas ao sufismo e seus poetas de todo o mundo, ainda que não pretenda me converter ao Islã, assim como reza minha tradição ancestral.

Dessa forma também, o que houve no caso de Xangô e os Imale (muçulmanos) de Oyo foi também o mesmo princípio de Valor Civilizatório que determinou o que houve na fundação do Ketu, o Fogo da Coexistência, que determina as relações entre autóctones e invasores na maior parte das regiões da África sub-saariana, sobretudo na África Ocidental, de onde veio grande parte dos povos que nos formaram étnica e culturalmente em nosso processo identitário nacional, mesmo que nossa academia não o reconheça ainda nos dias de hoje.

E isso é provado pelo imaginário de um "País de Todos" que somos ao receber todos os povos aqui (muito diferente do que se passa com imigrantes na Europa e países do Norte em geral), o que chegou inclusive a ser o slogan do primeiro governo do Presidente Luiz Inácio Lula da Silva, em seu primeiro mandato, entre 2003 e 2006.

Neste âmbito, também temos outros valores civilizatórios de origem em suas matrizes africanas presentes e predominantes em nosso imaginário coletivo para além da população puramente afrodescendente, que advém de fatores em comum a estas relações entre autóctones e invasores na África Negra, sobretudo Ocidental, que se fazem presentes nas dinâmicas sociais dos povos africanos que se reproduzem aqui na diáspora da qual somos um exemplo.

Um desses processos é justamente que as dinâmicas entre esses povos no contato com outros mantenham seus valores culturais de origem no centro de seu processo identitário cultural, e ressignifiquem os valores culturais dos invasores ou dos autóctones quando o caso se inverte em seu processo de formação cultural e identitária, o que não ocorre no caso das culturas eurocentradas que resistem a assimilar valores de outras culturas.

O preconceito hegeliano nos explica quando o próprio Hegel afirmava que estas culturas não europeias, como é o caso das subsaarianas, ao se influenciarem por outras culturas, como é o caso da europeia (segundo os que o seguem, superior a estas outras), evidencia que esta característica indica uma inferioridade dessas culturas em relação às que não se abrem a processos de ressignificação cultural, como fazem as subsaarianas seguindo suas dinâmicas sociais; pois as culturas europeias, por serem superiores, não podem e nem se influenciam por demais outras culturas quanto mais as ressignificar, pois seu processo (como foi na colonização) impunha aos povos colonizados suas dinâmicas sociais (e é isso que nossa academia ainda quer fazer colocando Hegel como o EU, e o Afrodescendente como o OUTRO, objeto de estudo, e não o EU, que deve ter Hegel como o OUTRO e objeto de estudo de uma alteridade que não está no centro de nosso processo de formação identitária e nem civilizatória).

Essa visão mostra, no mínimo, um processo de colonização do pensamento acadêmico e submissão cultural devido ao apagamento do arcabouço civilizatório presente nos valores identitários e igualmente civilizatórios dos povos, para além da população afrodescendente, que de fato participam de forma predominante do nosso próprio processo de formação identitária.

Isso tudo poderá ser visto no estudo deste arcabouço civilizatório que fora apagado pelo processo de Violência Simbólica imposta por nossa academia, que determina a cultura dominante e o arbitrário cultural vigente em nosso processo de formação a fim de trabalhar o apagamento no nosso imaginário coletivo nacional.

Esse arcabouço civilizatório pode ser recuperado, em parte, pelo estudo de nossos mitos africanos (e indígenas) que estão para além de questões e dimensões religiosas unicamente, pois o mito em qualquer cultura tem uma função civilizatória e, em quase todo processo da formação desses valores civilizatórios que cito em nosso caso, o estudo dos Mitos é Central.

Diversas culturas o fazem, como é o caso dos mitos clássicos dos gregos e romanos, dos nórdicos, dos egípcios, e até dos iranianos (persas), mas quando estudamos aqui, Mitos Africanos (ou até mesmo indígenas), somos taxados de estarmos falando de religião e somos demonizados até mesmo por pessoas e alunos negros (como relatarei em capítulo mais à frente), que muitas vezes se recusam e não permitem seus filhos de estudarem.

Não se vê, por exemplo, o Papa falando que Vênus é o demônio, ainda que ele não faça sacrifícios no templo enquanto seus devotos fazem sexo debaixo do altar como na época dos romanos, como também não se vê nenhum padre ortodoxo grego dizendo o mesmo de Apolo ou de qualquer outro deus que apareça na Ilíada e Odisseia, que nem de longe cogita proibir a seus fiéis a leitura, ainda mais os que estudam Educação, e também não se veem pastores luteranos ou ateus nórdicos (que são maioria nesses países) pedindo para não lerem lendas de Thor, Odin ou qualquer deus Nórdico, ainda que não farão sacrifícios humanos como faziam os Vikings a esses deuses, e muito menos egípcios, ainda que sejam em maioria muçulmanos, deixarem de ter orgulho ou estudarem o panteão egípcio por se tornarem infiéis e idólatras, e até mesmo os iranianos que vivem em um país que, ao contrário de nós e os demais citados, não é laico, mas, sim, confessional (é uma República Islâmica). Sabemos todos os conflitos por que passam por repressão de cunho religioso por parte de autoridades da administração governamental, estudam os mitos pagãos persas que são tidos como um patrimônio cultural nacional na formação do processo civilizatório e identitário do povo iraniano como nos demais casos anteriores citados.

Só o Talibã Afegão que costuma explodir estátuas de Buda, que são patrimônio Histórico e Cultural Mundial (como vemos em nosso país, terreiros e espaços de matrizes africanas, patrimônios culturais e históricos nacionais serem igualmente destruídos pela intolerância religiosa), proíbe o estudo de mitos pagãos na educação básica, em geral, e incomodam-se que seus filhos aprendam tais coisas ou negam-se. Portanto, não estamos longe de sermos ou nos transformarmos, por tais atitudes declaradas ou veladas por parte de docentes ou pais e até mesmo alunos, em um verdadeiro Talibã Cristão do Ocidente, ao que as Nações Unidas fazem vista grossa.

Portanto, trago um trecho do meu livro *Antropologia dos Orixás*, que trata exatamente do Estudo dos Mitos para além da dimensão religiosa.

Para reforçar e elucidar a questão, trago o que escreve Campbell, quando citado por Xavier Juarez em sua tese de Doutorado sobre poemas de Ifá sobre o Mito. Segundo o que Juarez observa em Campbell, o Mito tem quatro grandes dimensões que são: mística, cosmológica, sociológica e pedagógica.

Campbell nos fala que:

> Os mitos têm basicamente quatro funções. A primeira é a função mística – e é isso que venho falando, dando conta da maravilha que é o universo da maravilha que é você, e vivenciando o espanto diante do mistério. Os mitos abrem o mundo para a dimensão do mistério, para a consciência do mistério que subjaz a todas as formas. Se isso lhe escapar, você não terá uma mitologia. [...] A segunda dimensão é cosmológica, a dimensão a qual a ciência se ocupa – mostrando qual a forma do universo, mas fazendo-o de uma tal maneira que o mistério, outra vez se manifesta [...] a terceira função é a sociológica – suporte e validação de

determinada ordem social. [...] a função pedagógica (ensina), como viver uma vida humana sob qualquer circunstância. Os mitos podem ensinar-lhe isso (JUAREZ, 2002).

Juarez ainda conclui em sua tese, elucidando que a dimensão mística é respectiva à relação entre sagrado e profano no universo do mito; a cosmológica refere-se às relações de equilíbrio cósmico das forças presentes no mito; a sociológica, à distribuição de papéis sociais e sua importância na definição do corpo sacerdotal e de sua hierarquia; e a quarta aos ensinamentos tradicionais transmitidos pelo mito às futuras gerações.

Corroborando com o que nos elucida Juarez, Salami, em suas aulas de Cultura iorubá na USP, em 1993, nos resumia a função dos Orixás Yorubanos como sendo antes de tudo civilizatória.

Esta visão de Salami complementa e redefine mais sucintamente as afirmações de Campbell e Juarez, pois segundo ela podemos concluir que as funções sociológicas e pedagógicas do mito são intrínsecas à sua função civilizatória.

Em sua função sociológica o mito pode ajudar a definir não somente o corpo sacerdotal, mas também toda uma estrutura social de um povo. Já em sua função pedagógica podemos ter a definição de um sistema de racionalidade e comunicação dentre outros sistemas.

Outro autor relevante na organização deste estudo que cito é Sacristán quando nos sugere o sistema Lawton no estudo de culturas diversas. Este sistema fala de 9 invariantes presentes em qualquer cultura e que são:

a. A estrutura social;
b. Sistema econômico;
c. Sistema de comunicação;

d. Sistema de racionalidade;

e. Sistema tecnológico;

f. Sistema moral;

g. Sistema de crenças;

h. Sistema estético;

i. Sistema de maturação.

Para complementar essa questão, deixo um depoimento também presente no meu livro *Antropologia dos Orixás*, no qual falo de meu próprio processo identitário no qual este arcabouço civilizatório de matrizes africanas se faz vivo e presente, resgatando o mito de nossas heroínas africanas presente no imaginário de nossas matriarcas independentemente de suas religiões e que estão também presentes em nosso processo civilizatório e na nossa Educação para além dos mitos da Antiguidade Clássica Europeia e suas dinâmicas coloniais presentes na nossa Academia, ainda nos dias de hoje. Sei que muitos, a maioria, para ser sincero, irão identificar-se com tal mito, independente de suas crenças ou não.

Itan Ifa: Como o Mito de Yansã nos Alimentou na Infância

O que mais desejo ressaltar como importante dentre todos esses mitos de divindades heroínas é que eles inspiravam comportamentos dentre as mulheres iorubás em suas regiões na África, com mais força, se socializando entre cativos de diferentes cidades-estados ou reinos iorubás durante a diáspora para a América, e até mesmo ouso dizer que inspiraram e talvez de forma indireta ainda inspirem comportamentos nas brasileiras, mesmo as não negras, independentemente de suas religiões, que se espelham em suas ancestrais africanas por estes mitos estarem ainda presentes no imaginário do nosso povo, sobretudo nas regiões já citadas.

Ouso dar o próprio exemplo de quem descendo, pelo que tenho registro, há mais de cinco gerações, há mulheres com a mesma bravura das heroínas africanas. Mesmo no meu caso, que já há duas gerações normalmente nos coloca no censo como brancos, mas que somos descendentes de mulheres negras vindas de senzalas onde eram cultuados estes mitos.

Minha avó, que tinha a pele negra e, diga-se de passagem, era evangélica e não tinha nada em sua educação religiosa da tradição africana, não tinha um comportamento diferente de suas ancestrais africanas que se inspiravam nos mitos de Yansã para trazer comida para seus filhos vestida de búfalo, o que vem a ser uma metáfora para a condição de caçadora e pode ser uma metáfora para sua condição de operária, em plenos anos 1940, quando se viu viúva com duas filhas em uma sociedade que dava cada vez menos espaço para a mulher, ainda mais em sua situação.

Outro momento no qual renasceu em minha família a bravura deste mesmo mito foi quando meu próprio pai não conseguiu mais se recolocar devido à sua idade; e, minha mãe, como o grande percentual das famílias brasileiras, assume as funções de chefe de família. Somente quando entrei em contato com o universo dos mitos das heroínas africanas é que vim a compreender sua coragem e força, assim como a de muitas mulheres brasileiras, negras ou não, que são chefes de família.

No caso de minha mãe, a influência deste mito torna-se ainda mais evidente, pois ela é ligada à tradição do candomblé e, na época que morávamos em Salvador e que teve de desempenhar as funções de chefe de família, abriu um comércio e o ofereceu à Yansã, por isso, seu comércio carregava o nome da Orixá, justamente na cidade em que há a maior taxa de mulheres chefes de família do Brasil e onde é inegável a influência deste mito, assim como outros no imaginário coletivo devido à predominância da raiz iorubá na região.

Posso dizer, na minha posição masculina, que esse mito da mulher guerreira, adaptado à operária e chefe de família, segundo a possibilidade de adaptação dos mitos africanos para a realidade atual, conforme nos afirma Antonio Risério, é que foi responsável por nossa subsistência, pelo menos nas duas últimas gerações de minha família. Posso afirmar, assim, que pelo menos nessas gerações, Yansã continuou se vestindo de búfalo para caçar e alimentar seus filhos por meio dessas bravas mulheres, independente de suas posições religiosas.

Ambas, como dissera, são e foram mulheres que se colocam na pele de búfalo para trazer comida aos filhos e, se sobrevivemos em minha família a muitas crises e dificuldades, não sei o que teria sido de nós como filhos se não fossem esses mitos inspiradores de heroínas africanas que influenciassem nossas mulheres negras ou brancas. É bom ressaltar que essa é uma influência de características bem diferentes da posição submissa das mulheres na tradição clássica, sobretudo a grega (no qual, Diana, ou as amazonas, eram uma realidade distante para atenienses e espartanas), que determinou e ainda determina a posição hegemônica dos homens em nossa sociedade.

Posso dizer, em meu caso particular e talvez no de muitos brasileiros de regiões citadas, que este mito da heroína negra que presenciei e fomentou minha subsistência na infância está muito mais próximo de meu processo educativo e de constituição como cidadão do que o distante e abstrato conceito da *areté* grega, com que tive contato na minha formação de educador e cheguei a observar suas origens e usos na educação ocidental em visitas a países do mar Egeu, como na biblioteca do Éfeso (atualmente na Turquia), e que vejo nesta mesma distância histórica.

Não tenho a pretensão de desprezar o mito do herói grego ou clássico, pois, apesar de na minha origem paterna ter ascendência italiana e grega, reafirmo que o mito da heroína africana está muito mais próximo e presente em minha formação educacional, apesar de totalmente ignorado pela educação formal, do que o mito do herói grego e clássico.

Em suma, o que desejo evidenciar em meu depoimento é que, ao estudarmos apenas os mitos e heróis da antiguidade clássica europeia e ignorarmos assim os mitos e heróis (mas, sobretudo heroínas) africanos, estamos inegavelmente nos remetendo a um passado muito mais distante e abstrato, pois os mitos clássicos estão há pelo menos 2.000 anos de distância de nossa realidade histórica; e mitos africanos, além de estarem mais próximos cronologicamente e por isso mais próximos no nosso imaginário nacional, ainda se mantêm vivos em seus cultos, motivo pelo qual em vez de serem colocados como somente função religiosa, devem ter reconhecida sua função viva e presente no imaginário nacional.

A grande maioria dos brasileiros independentemente de suas religiões, sobretudo nos estados que citei, tem alguma referência do que são estas heroínas iorubás, graças ao fato de seus cultos religiosos ainda estarem presentes em nossa sociedade, o que não deve invalidar, mas, sim, reforçar, junto com à base ancestral descendente de africanos de 89% de nossa população, o papel que estes mitos de heroínas ainda exercem no imaginário nacional e o papel que têm na educação e formação de nós brasileiros.

Isso não acontece da mesma forma com o mito do herói grego ou clássico ou os mitos dos deuses helênicos ou romanos que também tiveram suas origens em bases religiosas, mas que, quando estudamos em educação, as bases religiosas são dissociadas de sua origem e estudamos somente a partir do seu ponto de vista mitológico.

Contudo, devo colocar que existem diversas diferenças notórias entre as formas como os mitos dos deuses helênicos e o herói clássico e os mitos e heróis e heroínas africanas, como no caso dos iorubás, e cito a mais relevante que é a maioria dos mitos africanos, como os iorubás, estes mitos têm sua origem em um ancestral mítico responsável pela fundação da cidade--estado e, por sua vez, do clã em questão, e que por sua vez está ligado a um ancestral mítico que é o ascendente mítico de todos os clãs de uma mesma etnia, o que já não acontece com o herói e o mito dos grandes épicos clássicos, pois neste caso não há necessariamente ligação de suas origens na ancestralidade dos povos que os cultuavam ou criavam.

Dentro da linha de raciocínio que utilizo até agora neste texto, isso se torna ainda mais relevante para justificar por que particularmente me sinto muito mais próximo ao conceito de defesa da honra da heroína iorubá do que a areté do herói grego. Isso se dá justamente porque, no caso da heroína iorubá, pelo seu mito ter origem direta em nossa ancestralidade mítica africana e pelo fato de que para a heroína iorubá este conceito de honra está mais ligado à sobrevivência de seus descendentes e, a partir disso, a fatores de constituição da civilização (africana e não podemos negar que brasileira também devido à diáspora deste povo pelo mundo no período da escravidão).

Devido a tudo isso, defendo a posição de que temos direito ao acesso à nossa plena identidade cultural independente de interesses de classes ou culturas dominantes que, toda vez que se fala em outras origens que não as europeias ou clássicas, insiste em dar menos importância a tais fatos ou até mesmo não os reconhecer.

Faz-se necessário honrar essas heroínas que são nossas mães, mulheres, educadoras brasileiras, que merecem ter reconhecida sua base mitológica.

Gostaria, antes de tudo, que o reconhecimento da base mitológica africana, pelo menos em nossa educação, possa incentivar, neste país miscigenado, que a mesma miscigenação seja um fator a mais para que lutemos pelo pleno acesso à nossa identidade cultural integral, ao contrário do que as justificativas que o argumento da miscigenação têm servido nos últimos tempos, que é disfarçar as grandes diferenças sociais entre classes.

Este texto quer mostrar, pela defesa de nossas bases míticas e ancestrais africanas, independentemente de nossas cores de pele, que nós brasileiros, justamente por nossa origem miscigenada, ao utilizarmos o critério de cor de pele para discriminar, ou apenas para aceitar a discriminação velada em nosso país, estamos indo contra não somente o princípio de igualdade que restringe às vítimas de discriminação o pleno direito de exercício à sua cidadania, mas estamos também incorrendo no erro de negar nossa própria plena identidade e expressão como brasileiros, à qual a matriz africana se faz tão ou até mesmo mais importante que a europeia e, por isso, não podemos negligenciar sua base mitológica.

Toda mulher brasileira sabe de quem estamos falando se lhe dissermos que cria seus filhos como uma guerreira africana (mesmo que não aceite Yansã em sua religião). Por outro lado, poucos pais brasileiros (pais ou mães) sabem de pronto do que estamos falando se dissermos a eles que criaram seus filhos como o pai romano ou com a areté e honra do herói grego. Sendo que a heroína africana está muito mais presente no nosso imaginário do que os heróis gregos ou o pai romano. Não podemos negligenciar isso.

Somente desta forma nossas origens africanas ganharão espaço pelo reconhecimento em pé de igualdade entre as bases mitológicas de nossas raízes africanas e europeias do espaço do herói e da heroína. E é justamente no campo de base da educação que poderemos começar a combater de maneira efetiva tanto o racismo como o sexismo que se comprovam por meio dos dados estatísticos que, em pleno século XXI, mais de 120 anos depois da Abolição da Escravatura, ainda se mostram em nosso país.

Eparrey Iya Jeun mi Oyá
Osunfemi

. . . .

AS LEIS 10.639/03 E 11.645/08 (CULTURAS AFRICANA, AFRO-BRASILEIRA E INDÍGENA NA EDUCAÇÃO)

A Lei 10.639 foi promulgada em 2003 e determina a obrigatoriedade da inserção de História e Cultura Africana e Afro-Brasileira nos currículos dos ensinos Fundamental e Médio, posteriormente sendo complementada em 2008 pela Lei 11.645, que incluía a obrigatoriedade do ensino da cultura indígena nos mesmos currículos. Disponibilizo a seguir, transcrição da Lei 10.639 de 2003.

Presidência da República

Casa Civil

Subchefia para Assuntos Jurídicos

LEI No 10.639, DE 9 DE JANEIRO DE 2003.

Mensagem de veto

> Altera a Lei nº 9.394, de 20 de dezembro de 1996, que estabelece as diretrizes e bases da educação nacional, para incluir no currículo oficial da Rede de Ensino a obrigatoriedade da temática "História e Cultura Afro-Brasileira", e dá outras providências.

O PRESIDENTE DA REPÚBLICA Faço saber que o Congresso Nacional decreta e eu sanciono a seguinte Lei:

Art. 1º A Lei nº 9.394, de 20 de dezembro de 1996, passa a vigorar acrescida dos seguintes arts. 26-A, 79-A e 79-B:

"Art. 26-A. Nos estabelecimentos de ensino fundamental e médio, oficiais e particulares, torna-se obrigatório o ensino sobre História e Cultura Afro-Brasileira.

§ 1º O conteúdo programático a que se refere o *caput* deste artigo incluirá o estudo da História da África e dos Africanos, a luta dos negros no Brasil, a cultura negra brasileira e o negro na formação da sociedade nacional, resgatando a contribuição do povo negro nas áreas social, econômica e política pertinentes à História do Brasil.

§ 2º Os conteúdos referentes à História e Cultura Afro-Brasileira serão ministrados no âmbito de todo o currículo escolar, em especial nas áreas de Educação Artística e de Literatura e História Brasileiras.

§ 3º (VETADO)"

"Art. 79-A. (VETADO)"

"Art. 79-B. O calendário escolar incluirá o dia 20 de novembro como 'Dia Nacional da Consciência Negra.'"

Art. 2º Esta Lei entra em vigor na data de sua publicação.

Brasília, 9 de janeiro de 2003; 182º da Independência e 115º da República.

LUIZ INÁCIO LULA DA SILVA

Cristovam Ricardo Cavalcanti Buarque

Este texto não substitui o publicado no D.O.U. de 10.1.2003

E também disponibilizo a lei 11.645 de 2008:

Presidência da República
Casa Civil
Subchefia para Assuntos Jurídicos
LEI Nº 11.645, DE 10 MARÇO DE 2008.

> Altera a Lei nº 9.394, de 20 de dezembro de 1996, modificada pela Lei nº 10.639, de 9 de janeiro de 2003, que estabelece as diretrizes e bases da educação nacional, para incluir no currículo oficial da rede de ensino a obrigatoriedade da temática "História e Cultura Afro-Brasileira e Indígena".

O PRESIDENTE DA REPÚBLICA Faço saber que o Congresso Nacional decreta e eu sanciono a seguinte Lei:

Art. 1º O art. 26-A da Lei no 9.394, de 20 de dezembro de 1996, passa a vigorar com a seguinte redação:

"Art. 26-A. Nos estabelecimentos de ensino fundamental e de ensino médio, públicos e privados, torna-se obrigatório o estudo da história e cultura afro-brasileira e indígena.

§ 1º O conteúdo programático a que se refere este artigo incluirá diversos aspectos da história e da cultura que caracterizam a formação da população brasileira, a partir desses dois grupos étnicos, tais como o estudo da história da África e dos africanos, a luta dos negros e dos povos indígenas no Brasil, a cultura negra e indígena brasileira e o negro e o índio na formação da sociedade nacional, resgatando as suas contribuições nas áreas social, econômica e política, pertinentes à história do Brasil.

§ 2º Os conteúdos referentes à história e cultura afro-brasileira e dos povos indígenas brasileiros serão ministrados no âmbito de todo o currículo escolar, em especial nas áreas de educação artística e de literatura e história brasileiras." (NR)

Art. 2º Esta Lei entra em vigor na data de sua publicação.

Brasília, 10 de março de 2008; 187º da Independência e 120º da República.

LUIZ INÁCIO LULA DA SILVA

Fernando Haddad

Este texto não substitui o publicado no DOU de 11.3.2008.

Conforme podemos ver, as Leis de 2003 e 2008 mantêm a mesma tônica na defesa das culturas todas que participaram de nosso processo civilizatório, sendo que em 2003 determina-se a obrigatoriedade no currículo educacional nacional das matrizes culturais africanas e afro-brasileiras e, em 2008, a Lei mantém-se idêntica em sua forma somente incluindo a obrigatoriedade da inserção das matrizes culturais dos povos originários.

De qualquer forma, as leis por si mesmas não determinam a forma como isso se dá, assim como também não estabelecem punição a seu não cumprimento por parte de docentes ou profissionais da educação ou administração pública, e nem ao menos obrigam que os níveis de administração pública responsáveis pela educação pública e universal do país no ensino fundamental (assegurado pela Constituição) sejam obrigados a reservar dentro dos recursos destinados à Educação nenhuma dotação orçamentária para a aplicação da lei.

E logicamente nada foi feito no sentido de criar mecanismos para fiscalização da aplicação de tais leis em nenhum nível da administração pública em todo o país; isso faz com que, ainda que haja o reconhecimento institucional, neste 2023, vinte anos após a promulgação da Lei 10.639/03, ela não tenha sido efetivamente aplicada de forma ampla no território nacional, nem mesmo nos três níveis da educação pública.

De qualquer forma, em 2005, a professora Petronilha Gonçalves faz um parecer ao Conselho Nacional de Educação sobre as Diretrizes Curriculares Nacionais para a Educação das Relações Étnico Raciais para o Ensino de História e Cultura Afro-Brasileira e Africana amparada na Lei de 2003 e que serviu praticamente como a base e parâmetro principal para muitos autores em suas obras (das quais esta é um exemplo), e programas de ensino em todos os níveis assim como de formação de professores no Nível Superior. A seguir, faço uma análise baseada em tal documento:

Análise do Parecer ao Conselho Nacional de Educação sobre as Diretrizes Curriculares Nacionais para a Educação das Relações Étnico-Raciais e para o Ensino de História e Cultura Afro-Brasileira e Africana

Segundo vimos no primeiro tópico, no sentido da mudança de relações de hegemonia cultural, onde autores como Pierre Bourdieu contestam as Sociologias da Reprodução e buscam alternativas à reversão do quadro que a reprodução de relações culturais gera no sistema de ensino, não poderia deixar de analisar a importância da Lei 10.639/03 nesse contexto.

A Lei 10.639/03 é, sem dúvida, uma conquista nesse sentido. Promulgada em janeiro de 2003, pelo então presidente Luís Inácio Lula da Silva, ela é uma conquista a partir de reivindicações históricas dos movimentos negros nas últimas seis décadas, sobretudo.

A Lei de 2003 é uma emenda à última LDB de 1996, que define a obrigatoriedade do ensino de História e Cultura Africana e Afro-Brasileira nos currículos de História, Geografia, Português e Educação Artística dos ensinos Médio e Fundamental. Assim como cita o parecer:

> Este Parecer visa a atender os propósitos expressos na Indicação CNE/CP 06/2002, bem como regulamentar a alteração trazida à Lei 9.394/96 de Diretrizes e Bases da Educação Nacional, pela Lei 10.639/2003 que estabelece a obrigatoriedade do ensino de História e Cultura Afro-Brasileira e Africana na Educação Básica. Desta forma, busca cumprir o estabelecido na Constituição Federal nos seus Art. 5º, I, Art. 210, Art. 206, I, § 1º do Art. 242, Art. 215 e Art. 216, bem como nos Art. 26, 26 A e 79 B na Lei 9.394/96 de Diretrizes e Bases da Educação Nacional, que asseguram o direito à igualdade de condições de vida e de cidadania, assim como garantem igual direito às histórias e culturas que compõem a nação brasileira, além do direito de acesso às diferentes fontes da cultura nacional a todos brasileiros (PETRONILHA, 2004).

Aqui se evidencia que o parecer de Petronilha Gonçalves e a própria Lei 10.639/03 vêm desconstruir a reprodução de relações culturais até então vigentes na educação.

Com o intuito de "cumprir o estabelecido na Constituição Federal de 1988 e a LDB de 1996, ao assegurar o direito à igualdade de condições de vida e de cidadania assim como garantir o direito às histórias e culturas que compõem a nação brasileira, além do direito de acesso às diferentes fontes da cultura nacional a todos brasileiros", o parecer já começa admitindo que esses elementos de base e matriz africanas não faziam até então parte das relações culturais do meio escolar, o que significa que ela ocorre também no intuito de romper com estas relações culturais vigentes que até então excluíam tais matrizes de nossa educação, promovendo, dessa forma, a reprodução de relações culturais que privilegiavam o eurocentrismo. Referindo-se a estes dispositivos bem como ao Movimento Negro no século XX, a relatora conclui:

> Todos estes dispositivos legais, bem como reivindicações e propostas do Movimento Negro ao longo do século XX,

apontam para a necessidade de diretrizes que orientem a formulação de projetos empenhados na valorização da história e cultura dos afro-brasileiros e dos africanos, assim como comprometidos com a de educação de relações étnico-raciais positivas, a que tais conteúdos devem conduzir (PETRONILHA, 2004).

Desse modo, de acordo com o supracitado e admitindo que a história da cultura afro-brasileira e africana na escola, além da questão do rompimento de reprodução de relações culturais, vem por meio destas conduzir a uma educação de relações étnico-raciais positivas e a consequente contribuição na construção de novas relações culturais.

Nas questões introdutórias, o parecer declara seu intento assim como da Lei 10.639/03:

> O parecer procura oferecer uma resposta, entre outras, na área da educação, à demanda da população afrodescendente, no sentido de políticas de ações afirmativas, isto é, de políticas de reparações, e de reconhecimento e valorização de sua história, cultura, identidade. Trata, ele, de política curricular, fundada em dimensões históricas, sociais, antropológicas oriundas da realidade brasileira, e busca combater o racismo e as discriminações que atingem particularmente os negros. Nesta perspectiva, propõe à divulgação e produção de conhecimentos, a formação de atitudes, posturas e valores que eduquem cidadãos orgulhosos de seu pertencimento étnico-racial – descendentes de africanos, povos indígenas, descendentes de europeus, de asiáticos – para interagirem na construção de uma nação democrática, em que todos, igualmente, tenham seus direitos garantidos e sua identidade valorizada (PETRONILHA, 2004).

Mais uma vez, aparece a questão da valorização da história e cultura afro-brasileira e africana como uma demanda da população afrodescendente no sentido de políticas de ações afirmativas e reparações, assim como admite que a política curricular brasileira sem a Lei 10.639/03 não pode refletir a realidade brasileira, pois sem estes elementos no currículo escolar torna-se impossível a interação de todos os povos que nos formaram como nação na construção de uma nação igualmente democrática ao não garantir direitos e valorização de identidades.

Nesse âmbito, nos deparamos mais uma vez com as questões postas por Lahire e Charlot no que se refere à afirmação da identidade e da cultura de origem como cruciais para o sucesso escolar das crianças dos meios populares.

O documento fala também de ações afirmativas e deixa bem clara a necessidade de reconhecimento da cultura negra como constituinte de nosso processo civilizatório nacional no trecho:

Políticas de Reparações, de Reconhecimento e Valorização, de Ações Afirmativas

A demanda por reparações visa a que o Estado e a sociedade tomem medidas para ressarcir os descendentes de africanos negros, dos danos psicológicos, materiais, sociais, políticos e educacionais sofridos sob o regime escravista, bem como em virtude das políticas explícitas ou tácitas de branqueamento da população, de manutenção de privilégios exclusivos para grupos com poder de governar e de influir na formulação de políticas, no pós-abolição. Visa também a que tais medidas se concretizem em iniciativas de combate ao racismo e a toda sorte de discriminações.

Cabe ao Estado promover e incentivar políticas de reparações, no que cumpre ao disposto na Constituição Federal, Art. 205, que assinala o dever do Estado de garantir indistintamente, por meio da educação, iguais direitos para o pleno desenvolvimento de todos e de cada um, enquanto pessoa, cidadão ou profissional. Sem a intervenção do Estado, os postos à margem, entre eles os afro-brasileiros, dificilmente, e as estatísticas o mostram sem deixar dúvidas, romperão o sistema meritocrático que agrava desigualdades e gera injustiça, ao reger-se por critérios de exclusão, fundados em preconceitos e manutenção de privilégios para os sempre privilegiados (PETRONILHA, 2004).

Nessa parte, o parecer consolida seu apelo pela transformação do sistema de relações culturais que se estabeleceu em nosso país em seu processo histórico pós-escravista e que se mantém até os dias de hoje, afirmando que o sistema meritocrático atual que não leva em consideração as matrizes culturais africanas em nosso processo civilizatório e, em consequência, em nossa educação, agrava as desigualdades e gera injustiças regendo-se desta forma por critérios de exclusão, fundados em preconceitos e na manutenção de privilégios para os sempre privilegiados pelas relações culturais excludentes à nossa população negra, que nossa sociedade e consequentemente nossa escola mantém em relação a essa população.

Portanto, neste contexto, a Lei 10.639/03 se faz tão importante como sendo ela mesma uma ação afirmativa no sentido do reconhecimento de sua relevância em nosso meio escolar, como cita o trecho do parecer:

> Reconhecimento requer a adoção de políticas educacionais e de estratégias pedagógicas de valorização da diversidade, a fim de superar a desigualdade étnico-racial presente na educação escolar brasileira, nos diferentes níveis de ensino (PETRONILHA, 2004).

Trecho que evoca novamente a questão da necessidade de promoção da Afirmação Identitária e Cultural dos indivíduos das classes populares como fator a reverter o quadro de inculcação do arbitrário cultural que gera todo processo de reprodução das relações culturais segundo a teoria de Bourdieu.

Em outra parte do parecer é evocado o reconhecimento como também o respeito aos processos históricos de resistência negra desencadeados pelos africanos escravizados no Brasil e seus descendentes:

> Reconhecer é também valorizar, divulgar e respeitar os processos históricos de resistência negra desencadeados pelos africanos escravizados no Brasil e por seus descendentes na contemporaneidade, desde as formas individuais até as coletivas [...]
>
> Assim sendo, sistemas de ensino e estabelecimentos de diferentes níveis converterão as demandas dos afro-brasileiros em políticas públicas de Estado ou institucionais, ao tomarem decisões e iniciativas com vistas a reparações, reconhecimento e valorização da história e cultura dos afro--brasileiros, à constituição de programas de ações afirmativas, medidas estas coerentes com um projeto de escola, de educação, de formação de cidadãos que explicitamente se esbocem nas relações pedagógicas cotidianas. Medidas que, convêm, sejam compartilhadas pelos sistemas de ensino, estabelecimentos, processos de formação de professores, comunidade, professores, alunos e seus pais (PETRONILHA, 2004).

Neste trecho, evidencia-se a questão das expressões de matriz africana também na contemporaneidade como relevantes no processo de reconhecimento como um todo, assim, devendo ser incluídas nos currículos escolares, que é um dos temas centrais desta obra que trata da defesa da inclusão do estudo dos mitos afro-brasileiros e africanos na educação, com intuito de ser uma contribuição no contexto da transformação das relações culturais que se estabeleceram até o presente momento na ausência da aplicação da Lei 10.639/03.

Outro ponto importante que a Lei 10.639/03 traz para a discussão são as relações étnico-raciais e toda a complexidade que elas representam no seio de nossa sociedade. Em suma, segundo a relatora Petronilha Gonçalves, o sucesso dessas políticas públicas visando reparações depende, além de condições físicas e materiais, da reeducação de relações entre negros e brancos no âmbito destas relações raciais.

> Educação das relações étnico-raciais
>
> O sucesso das políticas públicas de Estado, institucionais e pedagógicas, visando a reparações, reconhecimento e valorização da identidade, da cultura e da história dos negros brasileiros depende necessariamente de condições físicas, materiais, intelectuais e afetivas favoráveis para o ensino e para aprendizagens; em outras palavras, todos os alunos negros e não negros, bem como seus professores, precisam sentir-se valorizados e apoiados. Depende também, de maneira decisiva, da reeducação das relações entre negros e brancos, o que aqui estamos designando como relações étnico-raciais. Depende, ainda, de trabalho conjunto, de articulação entre processos educativos escolares, políticas públicas, movimentos sociais, visto que as mudanças éticas, culturais, pedagógicas e políticas nas relações étnico-raciais não se limitam à escola (PETRONILHA, 2004).

A relatora afirma, ainda, que essas mudanças nas relações raciais, além do trabalho entre processos educativos escolares da articulação com outros fatores como as políticas públicas e movimentos sociais, uma vez que essas mudanças nas relações étnico-raciais não se limitam à escola. No trecho, podemos evocar novamente a teoria da Reprodução de Bourdieu, pois ela afirma que a reprodução de relações culturais atua na reprodução de relações sociais e que, a lei, ao propor mudanças nas relações raciais, começa por propor igualmente esta mudança pela transformação de relações culturais.

De grande relevância também no parecer de Petronilha Gonçalves sobre a Lei 10.639/03 é a definição de conceito de raça como construção social, e não biológica. A autora do parecer traz à tona uma questão muito importante no que se refere à reprodução de relações sociais ocasionada pela simples definição identitária racial que determina o destino e local social do negro na nossa sociedade brasileira.

> É importante destacar que se entende por raça a construção social forjada nas tensas relações entre brancos e negros, muitas vezes simuladas como harmoniosas, nada tendo a ver com o conceito biológico de raça cunhado no século XVIII e hoje sobejamente superado. Cabe esclarecer que o termo raça é utilizado com frequência nas relações sociais brasileiras, para informar como determinadas características físicas, como cor de pele, tipo de cabelo, entre outras, influenciam, interferem e até mesmo determinam o destino e o lugar social dos sujeitos no interior da sociedade brasileira (PETRONILHA, 2004).

Por determinar o destino e local na nossa sociedade, a construção social, que é a raça, conforme nos explica a relatora, foi ressignificada pelo Movimento Negro, se tornando antes de tudo uma posição política que tem por função valorizar o legado deixado pelos africanos.

> Contudo, o termo foi ressignificado pelo Movimento Negro que, em várias situações, o utiliza com um sentido político e de valorização do legado deixado pelos africanos. É importante, também, explicar que o emprego do termo étnico, na expressão étnico-racial, serve para marcar que essas relações tensas devidas a diferenças na cor da pele e traços fisionômicos o são também devido à raiz cultural plantada na ancestralidade africana, que difere em visão de mundo, valores e princípios das de origem indígena, europeia e asiática (PETRONILHA, 2004).

A relatora também evoca a questão da ancestralidade como central no legado cultural africano e na construção civilizatória que este legado tem tanto na África como na diáspora. Define que as sociedades africanas se baseando na senioridade e ancestralidade trazem em si uma visão de mundo, assim como valores e princípios diferentes das demais origens que nos constituem em nosso processo civilizatório brasileiro.

Algo muito relevante para esta pesquisa a ser evocado no relatório de Petronilha Gonçalves é a própria Violência Simbólica que a cultura europeia estabelece em relação não somente à cultura negra, mas também a todas as demais origens culturais que participam de nosso processo de formação.

Dessa forma, a lei torna-se necessária para a reversão deste quadro que por meio da inculcação da cultura europeia como arbitrário cultural acaba por reproduzir relações culturais que têm suas implicações diretas nas relações sociais segundo nos expõe Bourdieu.

A lei, neste caso, servirá para que este arbitrário cultural não seja inculcado à população negra, mas, sim, assimilado a partir do próprio universo simbólico. No caso dos demais alunos que não têm origem negra, a lei fará, por meio do aumento do repertório cultural desses alunos, com que a cultura negra seja reconhecida entre eles no sentido que igualmente participa da construção de nosso processo civilizatório nacional.

> Convivem, no Brasil, de maneira tensa, a cultura e o padrão estético negro e africano e um padrão estético e cultural branco europeu. Porém, a presença da cultura negra e o fato de 45% da população brasileira ser composta de negros (de acordo com o censo do IBGE) não têm sido suficientes para eliminar ideologias, desigualdades e estereótipos racistas. Ainda persiste em nosso país um imaginário étnico-racial que privilegia a brancura e valoriza principalmente as raízes europeias da sua cultura, ignorando ou pouco valorizando as outras, que são a indígena, a africana, a asiática.
>
> Os diferentes grupos, em sua diversidade, que constituem o Movimento Negro brasileiro, têm comprovado o quanto é

dura a experiência dos negros de ter julgados negativamente seu comportamento, ideias e intenções antes mesmo de abrirem a boca ou tomarem qualquer iniciativa. Têm, eles, insistido no quanto é alienante a experiência de fingir ser o que não é para ser reconhecido, de quão dolorosa pode ser a experiência de deixar-se assimilar por uma visão de mundo, que pretende impor-se como superior e por isso universal e que os obriga a negarem a tradição do seu povo (PETRONILHA, 2004).

Corroborando com o que foi anteriormente citado, o relatório de Petronilha Gonçalves define a inclusão da História e Cultura Afro-Brasileira e Africana como um ato, antes de tudo, político, com suas devidas repercussões pedagógicas até mesmo na formação de professores, afirmando que ela não se restringe à educação da população negra, mas de todos que participam de nossa sociedade multicultural e pluriétnica.

História e Cultura Afro-Brasileira e Africana – Determinações

A obrigatoriedade de inclusão de História e Cultura Afro-Brasileira e Africana nos currículos da Educação Básica trata-se de decisão política, com fortes repercussões pedagógicas, inclusive na formação de professores. Com esta medida, reconhece-se que, além de garantir vagas para negros nos bancos escolares, é preciso valorizar devidamente a história e cultura de seu povo, buscando reparar danos, que se repetem há cinco séculos, à sua identidade e a seus direitos. A relevância do estudo de temas decorrentes da história e cultura afro-brasileira e africana não se restringe à população negra, ao contrário, dize respeito a todos os brasileiros, uma vez que devem educar-se enquanto cidadãos atuantes no seio de uma sociedade multicultural e pluriétnica, capazes de construir uma nação democrática (PETRONILHA, 2004).

Devemos ressaltar que o objetivo da lei não é mudar um foco etnocêntrico de matriz europeia por um africano, mas como cita a relatora, ampliar o foco dos currículos escolares para a diversidade cultural, racial, social e econômica brasileiras. Dessa forma, como falamos anteriormente, contribuindo para o combate da Violência Simbólica existente até então no meio escolar que inculca esta cultura etnocêntrica de raiz europeia como um arbitrário cultural.

> É importante destacar que não se trata de mudar um foco etnocêntrico marcadamente de raiz europeia por um africano, mas de ampliar o foco dos currículos escolares para a diversidade cultural, racial, social e econômica brasileira. Nesta perspectiva, cabe às escolas incluir no contexto dos estudos e atividades, que proporciona diariamente, também as contribuições histórico-culturais dos povos indígenas e dos descendentes de asiáticos, além das de raiz africana e europeia. É preciso ter clareza que o Art. 26A acrescido à Lei 9.394/1996 provoca bem mais do que inclusão de novos conteúdos, exige que se repensem relações étnico-raciais, sociais, pedagógicas, procedimentos de ensino, condições oferecidas para aprendizagem, objetivos tácitos e explícitos da educação oferecida pelas escolas (PETRONILHA, 2004).

A lei, também segundo a relatora, é um instrumento importante na condução dá consciência Política e Histórica da Diversidade agregando os princípios de igualdade básica da Pessoa Humana e seus direitos, da diversidade cultural e racial que nos formam como Nação em nosso processo civilizatório, ao combate ao racismo e na construção de uma sociedade realmente democrática. Conforme cita o trecho abaixo.

Consciência Política e Histórica da Diversidade

Este princípio deve conduzir:

À igualdade básica de pessoa humana como sujeito de direitos;

À compreensão de que a sociedade é formada por pessoas que pertencem a grupos étnico-raciais distintos, que possuem cultura e história próprias, igualmente valiosas e que em conjunto constroem, na nação brasileira, sua história;

Ao conhecimento e à valorização da história dos povos africanos e da cultura afro-brasileira na construção histórica e cultural brasileira;

À superação da indiferença, injustiça e desqualificação com que os negros, os povos indígenas e também as classes populares às quais os negros, no geral, pertencem, são comumente tratados;

À desconstrução, por meio de questionamentos e análises críticas, objetivando eliminar conceitos, ideias, comportamentos veiculados pela ideologia do branqueamento, pelo mito da democracia racial, que tanto mal fazem a negros e brancos;

À busca, da parte de pessoas, em particular de professores não familiarizados com a análise das relações étnico-raciais e sociais com o estudo de história e cultura afro-brasileira e africana, de informações e subsídios que lhes permitam formular concepções não baseadas em preconceitos e construir ações respeitosas;

Ao diálogo, via fundamental para entendimento entre diferentes, com a finalidade de negociações, tendo em vista objetivos comuns; visando a uma sociedade justa (PETRONILHA, 2004).

Como vimos, nos autores que questionam as sociologias da reprodução, um dos fatores determinantes para a reversão do quadro de reprodução de relações culturais e consequentemente sociais reside na afirmação cultural e identitária dos indivíduos vítimas dessa reprodução. A relatora da Lei 10.639/03 traz também à discussão estas questões de afirmação identitária e cultural no âmbito da lei, orientando os princípios para este processo de afirmação identitária de forma central conforme podemos ver no trecho do relatório:

Fortalecimento de Identidades e de Direitos

O princípio deve orientar para:

O desencadeamento de processo de afirmação de identidades, de historicidade negada ou distorcida;

O rompimento com imagens negativas forjadas por diferentes meios de comunicação, contra os negros e os povos indígenas;

O esclarecimento a respeito de equívocos quanto a uma identidade humana universal;

O combate à privação e violação de direitos;

A ampliação do acesso a informações sobre a diversidade da nação brasileira e sobre a recriação das identidades, provocada por relações étnico-raciais.

As excelentes condições de formação e de instrução que precisam ser oferecidas, nos diferentes níveis e modalidades de ensino, em todos os estabelecimentos, inclusive os localizados nas chamadas periferias urbanas e nas zonas rurais (PETRONILHA, 2004).

Na última parte do parecer, Petronilha trata das ações educativas de combate ao racismo e às discriminações, colocando pontos importantes a se considerar que visem uma mudança de mentalidade; em outras palavras, mudança esta que implica na transformação de relações culturais conforme expõem os trechos a seguir:

Ações Educativas de Combate ao Racismo e Discriminações

Estes princípios e seus desdobramentos mostram exigências de mudança de mentalidade, de maneiras de pensar e agir dos indivíduos em particular, assim como das instituições e de suas tradições culturais. É neste sentido que se fazem as seguintes determinações:

> O ensino de História e Cultura Afro-Brasileira e Africana, evitando-se distorções, envolverá articulação entre passado, presente e futuro no âmbito de experiências, construções e pensamentos produzidos em diferentes circunstâncias e realidades do povo negro. É meio privilegiado para a educação das relações étnico-raciais e tem por objetivos o reconhecimento e valorização da identidade, história e cultura dos afro-brasileiros, garantia de seus direitos de cidadãos, reconhecimento e igual valorização das raízes africanas da nação brasileira, ao lado das indígenas, europeias, asiáticas (PETRONILHA, 2004).

O trecho evoca em si mesmo as próprias dinâmicas sociais africanas que, ao manter o tradicional, a partir deste, ressignifica o novo e nesse intuito "envolve a articulação de passado presente e futuro no âmbito de experiências, construções e pensamentos produzidos em diferentes circunstâncias e realidades do povo negro", reproduz as dinâmicas sociais próprias dos povos subsaarianos. Além disso, evoca a garantia de direitos cidadãos à população negra a partir do reconhecimento de seus valores civilizatórios.

> O ensino de História e Cultura Afro-Brasileira e Africana se fará por diferentes meios, em atividades curriculares ou não, em que: – se explicite, busque compreender e interpretar, na perspectiva de quem o formule, diferentes formas de expressão e de organização de raciocínios e pensamentos de raiz da cultura africana; – promovam-se oportunidades de diálogo em que se conheçam, se ponham em comunicação

CULTURA E TEORIA SOCIAL 69

diferentes sistemas simbólicos e estruturas conceituais, bem como se busquem formas de convivência respeitosa, além da construção de projeto de sociedade em que todos se sintam encorajados a expor, defender sua especificidade étnico-racial e a buscar garantias para que todos o façam; – sejam incentivadas atividades em que pessoas – estudantes, professores, servidores, integrantes da comunidade externa aos estabelecimentos de ensino – de diferentes culturas interatuem e se interpretem reciprocamente, respeitando os valores, visões de mundo, raciocínios e pensamentos de cada um.

O ensino de História e Cultura Afro-Brasileira e Africana, a educação das relações étnico-raciais, tal como explicita o presente parecer, se desenvolverão no cotidiano das escolas, nos diferentes níveis e modalidades de ensino, como conteúdo de disciplinas, particularmente, Educação Artística, Literatura e História do Brasil, sem prejuízo das demais, em atividades curriculares ou não, trabalhos em salas de aula, nos laboratórios de ciências e de informática, na utilização de sala de leitura, biblioteca, brinquedoteca, áreas de recreação, quadra de esportes e outros ambientes escolares.

Em História da África, tratada em perspectiva positiva, não só de denúncia da miséria e discriminações que atingem o continente, nos tópicos pertinentes se fará articuladamente com a história dos afrodescendentes no Brasil e serão abordados temas relativos: – ao papel dos anciãos e dos griots como guardiões da memória histórica; – à história da ancestralidade e religiosidade africana; – aos núbios e aos egípcios, como civilizações que contribuíram decisivamente para o desenvolvimento da humanidade; – às civilizações e organizações políticas pré-coloniais, como os reinos do Mali, do Congo e do Zimbabwe; – ao tráfico e à escravidão do ponto de vista dos escravizados; – ao papel dos europeus, dos asiáticos e também de africanos no tráfico; – à ocupação colonial na perspectiva dos africanos; – às lutas pela independência política dos países africanos; – às ações em prol da união africana em nossos dias, bem como o papel da União Africana, para tanto; – às relações entre as culturas e as histórias dos povos do continente africano e os da diáspora; – à formação compulsória da diáspora, vida e existência cultural e histórica dos africanos e seus descendentes fora da África; – à diversidade da diáspora, hoje, nas Américas, Caribe, Europa, Ásia; – aos acordos políticos, econômicos, educacionais e culturais entre África, Brasil e outros países da diáspora (PETRONILHA, 2004).

AFRICANOS NO BRASIL

ORIGENS E CONTRIBUIÇÕES

Segundo estudos etnológicos de pesquisadores diversos da Universidade de São Paulo, sabemos que a maioria dos escravizados que foram traficados a nosso país eram originários da **África Centro-Ocidental** e que tantos chefes políticos quanto mercadores comercializavam produtos tendo como uma das moedas de troca negros que tinham sido capturados.

Estes escravizados eram originários, sobretudo, das Costas Ocidentais da África em especial de Cabo Verde até o Congo e Angola atuais e eram divididos basicamente entre grupos de sudaneses (ocidentais ou orientais) e bantus (todos os que habitavam para além do atual rio Cross, que separa a Nigéria dos Camarões), e que de acordo com sua região tinham um determinado destino específico.

Os sudaneses que vieram a nosso país eram integralmente do Sudão Ocidental e em sua maioria iorubás, ashanti, fon, mina, ewe, ibo, ibibo, mahi e hausas e povoaram de forma mais intensa o nosso Nordeste. A partir do século XVIII, em um segundo ciclo de tráfico negreiro, vinham de reinos como Oyo, Ife, Ketu, Daomé, Akan, Popo, e os reinos Hausa, sendo que estes no Nordeste tinham como principal destino a Bahia.

Os bastus, por sua vez, foram bem mais numerosos e eram originários basicamente dos subgrupos: angola-congoleses e moçambiques. Sua origem é o que hoje temos em Angola, República Democrática do Congo e Moçambique (centro-sul da África) e tinha todo país como destino, contudo povoaram em uma primeira leva toda nação desde o século XVI, com o início da escravidão no Brasil, mas de qualquer forma predominaram no sul e sudeste do país após este período.

Alguns sudaneses eram muçulmanos, como os tapa, fulani, hausa e nupes em maioria e tiveram uma maior resistência ao processo de escravidão, do que a Revolta dos Malês foi um exemplo.

Durante praticamente quatro séculos de escravidão no país até a extinção do tráfico negreiro no Atlântico, em 1850, estima-se que mais de cinco milhões de africanos foram trazidos ao país (vivos, fora os milhões que morreram no processo do transporte no Atlântico).

De qualquer forma, o tráfico negreiro não era exclusividade às terras brasileiras, portanto, estima-se que só no tráfico Atlântico em quatro séculos foram traficados mais de doze milhões de africanos negros, fora o que houve em tráfico negreiro no Índico, no Mediterrâneo anteriormente ao tráfico para as Américas, pelas rotas das Kasbahs (entrepostos comerciais que ligavam a Savana e Africana no Sudão ocidental ao Mediterrâneo), assim como as rotas outras do Sudão Oriental a outros países do deserto e Europa.

Mapa das Principais Rotas do Tráfico Negreiro no Brasil e Atlântico

Fonte: https://www.tecconcursos.com.br/questoes/1431388

Portanto, três são as principais regiões das quais eram vindos os escravizados brasileiros:

1. Congo e Angola (Origem Banto);
2. África Ocidental (Sudaneses);
3. África Oriental – Moçambique atual (Origem Banto).

É importante esclarecer, ainda, de forma resumida, que existiam na África três tipos de escravidão.

A) **Escravidão Doméstica ou Linhageira** – As sociedades tradicionais da África subsaariana eram extremamente fechadas em si mesmas e celulares ou mesmo micro-celulares baseadas e organizadas a partir de linhagens que estabelecem relações com linhagens dentro de uma mesma hierarquia social e consequentemente cultural, e, não raro, guerras, razias (invasões para caça de novos escravizados) e simplesmente epidemias ou diversos outros fatores faziam com que crianças ficassem abandonadas à própria sorte dentro de determinadas aldeias ou povoados.

Estas crianças eram abrigadas por outras famílias de outras linhagens, contudo, não agregadas como parte integrante dessas mesmas linhagens, trabalhando como servas e podendo até mesmo ser moeda de troca com outras famílias ou povos, o que deu início ao processo do que é chamado Escravidão Linhageira, ou doméstica, na África, que por sua vez teve papel central no desenvolvimento dos demais tipos de escravidão no continente.

B) **Escravidão Muçulmana** – Com a expansão do Islã para a África, a partir do sétimo século da Era Cristã, começa o processo de expansão muçulmana a fim de converter os povos da África, incluso os sudaneses do Ocidente e Oriente, tanto que até o próprio nome Sudão, que deu origem a sudaneses, vem do árabe *Bilad al Sudan*, que quer dizer "país dos negros" em referência à cor *aswad* (negro, negra) dos habitantes que viviam para o sul do Egito em diante, a começar pela Núbia.

Portanto, toda região para o sul do deserto do Saara seja no ocidente do continente Africano ou no oriente era considerada *Bilad al Sudan* (dos negros), o que cunhou o nome "sudaneses", os quais tanto os núbios o são no Oriente do continente africano e os iorubás e todos os povos de idiomas kwa como os iorubás são no Ocidente. E que ainda que estejam distantes, houve e há trocas culturais que se evidenciam em hábitos comuns de povos que vivem a vários milhares de quilômetros entre Sudão Ocidental e Oriental; que conto em detalhes no meu *Antropologia dos Orixás*, com base em viagens ao Egito.

De qualquer forma, este processo de expansão muçulmana no Sudão Oriental e Ocidental visava a conversão ao Islã como forma de consolidar o poderio dos árabes na região e criar suas rotas de comércio; portanto, para tal, escravizavam os que não se submetiam à conversão ao Islã até que se convertessem, pois só assim ganhariam a liberdade, uma vez que, segundo a lei dos Escritos Sagrados islâmicos, estabelece que um muçulmano não pode ser escravizado (uma das razões também que a resistência dos imale – Malês – *hausa* – islamizados no Brasil, era tão forte em relação à sua situação de escravizados a ponto de seus levantes serem tão perigosos aos senhores de escravos caso tivessem eco maior ainda entre os demais cativos de outras etnias, que foram deportados à África para evitar tal contato após a Revolta dos Malês).

Desse modo, a escravidão muçulmana também criou rotas de escravidão entre o Sudão Ocidental e Oriental (seja pelas rotas das *kasbahs* ou Caravanas), seja para a Europa ou Oriente Médio pouco antes mesmo que a escravização comercial, e neste âmbito a Escravidão Linhageira e Doméstica entre os povos sudaneses também tinha papel auxiliar.

C) **Escravidão Comercial** – Este processo inicia-se quando entra em jogo a triangulação das rotas comerciais entre Europa – África e Américas e inicia-se a consolidação dessas rotas que necessitavam criar o tráfico comercial necessário para o estabelecimento da hegemonia e domínio das nações europeias no comércio Atlântico, sobretudo pós-processo de "Descoberta das Américas", as quais necessitavam ser integradas neste processo de expansão comercial e geopolítica.

Isso é tido por alguns estudiosos como principal razão de integração do tráfico negreiro em muitos países, como nós somos exemplo, neste âmbito, em vez da escravização dos povos originários, que não têm nada a ver com a caridade e piedade de uma Santa Sé, esta, por sua vez, justificava a escravização negra africana dizendo que nossos ancestrais não tinham alma por serem filhos do pecado de Cam – Filho de Noé – e que, portanto, nasceram negros por castigo divino e deveriam servir até a morte aos não negros para pagar seus pecados, o que rendeu à Santa Sé 10% do lucro do tráfico negreiro por séculos até sua proibição no Atlântico, em 1850.

Esse processo ocorreu de forma intensa em nosso país, em países como a Venezuela, Colômbia, as Guianas, Cuba, Jamaica, Haiti, República Dominicana, as demais ilhas do Caribe, os Estados Unidos e, em menor grau, em países como Uruguai, Paraguai, Argentina, Peru,

Chile e Equador, que em maior parte mantiveram neste processo de escravização servil suas populações originárias, assim como nos países da América Central e o México (todos atuais) são um exemplo.

Portanto, esse processo foi o mais cruel e desestabilizador de todos e todas as sociedades africanas, muito mais que a Linhageira ou Muçulmana, também por incentivar a desordem via guerras entre povos (reforçadas por relações de vassalagem entre reinos apoiados por estas nações europeias – como Portugal, França, Holanda e Inglaterra, sobretudo Portugal e Inglaterra) e a promoção de *razias*.

Trabalho, um dos Legados deixados Pelos Nossos Ancestrais Africanos em Nosso Processo de Formação Identitária e Civilizatório

As contribuições dos africanos à nossa cultura são diversas e trataremos de algumas em outros capítulos, contudo, aqui, não posso deixar de dizer que nossa ligação ao trabalho como um dever, vem muito mais de conceitos e valores civilizatórios de nossos ancestrais africanos em seus processos de escravização a nosso país do que de conceitos ocidentais conforme conhecemos na nossa formação acadêmica formal, como é o exemplo de "vocação" ("profissional"), que surge em Lutero com a Reforma Protestante, segundo nos afirma Max Weber em seu clássico *A Ética Protestante e o Espírito do Capitalismo*.

Para entender tal contribuição, devemos nos ater ao modo de produção e previdência (ou ausência dela), nessas sociedades subsaarianas em geral, (fazendo mais uma vez o recorte dos povos de idiomas e origens kwa, como os iorubás são um exemplo):

Nestas sociedades, os indivíduos depois que passam pelos ritos de passagem que marcam sua idade adulta, normalmente casam-se e devem ter descendentes que lhes garantam o sustento no futuro (do ponto de vista do modo de produção e previdência) e também ao estarem em idade produtiva devem, nesse período, produzir para seus ascendentes que não produzem mais e para seus descendentes que necessitam deles para seu sustento.

Portanto, ao não produzir o suficiente para os ascendentes e descendentes e, sobretudo, deixar de produzir de forma integral (ainda mais de forma voluntária) obrigará que outros indivíduos concedam seus excedentes de produção aos ascendentes e descendentes destes indivíduos que produzem menos que o necessário ou não produzem, o que desequilibra a cadeia de produção da comunidade como um todo.

Este fato tem efeito imediato em tornar um transgressor moral aquele que não produz o suficiente ou o integral para seus ascendentes e descendentes de forma voluntária, sobretudo, ou seja, faz do "preguiçoso" um transgressor moral e da "preguiça" uma transgressão social e de valor igualmente moral.

Os iorubás chamam esta figura de *olé* (traduzido como preguiçoso em iorubá), e a tais indivíduos são destinadas punições e até expulsões da comunidade, às vezes, até mesmo de seu clã familiar (em tempos passados) pelo desequilíbrio na cadeia de produção e previdência (já que não há um sistema de previdência social entre estes povos tradicionais) comunitária entre estes povos.

Esse é o exemplo dos iorubás, contudo, alguns povos mais, outros menos, este código de valores repete-se quase de forma idêntica na África Ocidental e Centro-Ocidental e a dignificação e valor do trabalho para tais povos é um valor cultural ancestral e mesmo de cunho moral (herdado da ancestralidade) entre estes povos que fazem daquele que se recusa a produzir um transgressor moral.

Os valores culturais e morais (da valorização do trabalho como um dever ancestral e a criminalização da recusa em produzir) entre os povos escravizados nas praças de comércio negreiro na África ou no Brasil ou na comercialização de escravizados tinham um valor ímpar para os mercadores, os senhores de escravos, chegando a definir até mesmo os valores pelos quais nossos ancestrais eram comercializados, assim como a preferência ou não de mercadores e senhores por determinadas etnias.

A partir do momento que se entra em contato com esse tipo de informação, somos convidados, assim como descendentes de africanos em maioria, a desconstruir o imaginário de que nosso povo é um povo indolente e isso tem suas raízes no trabalho escravo dos nossos ancestrais que nos fazem esse povo supostamente "indolente", que com as nossas 44 horas de CLT obrigatórias contra as 36 horas (que em alguns países já são 30 e outros se estudam 25 ou mesmo 24 horas semanais) dos supertrabalhadores da Europa Ocidental somos um dos povos que mais trabalham no mundo; e quem já esteve na Europa Ocidental e América do Norte sabe a fama de *bosseurs* (trabalhadores incansáveis, em francês, como ouvi de vários em Paris sobre nós brasileiros) que temos nestes países.

Portanto, se esse imaginário autossabotador serve a alguém, não é a quem produz, mas aos atuais senhores dos meios de produção da Modernidade em nosso país.

DIÁSPORA NEGRA NO BRASIL

(Fonte – Fundação Cultural Palmares, 2019)

Diáspora africana, você sabe o que é?

O termo *diáspora* tem a ver com dispersão e refere-se ao deslocamento, forçado ou não, de um povo pelo mundo. Foi largamente utilizado para nomear os processos de "dispersão" dos judeus entre os séculos 6 a.C. (cativeiro na Babilônia) e o século XX (perseguições na Europa). Além da diáspora judaica, outros processos diaspóricos são importantes para a compreensão das relações históricas e sociais entre os povos ao longo do tempo. Nesse sentido, é importante para nós, enquanto brasileiros e latino-americanos, destacar a *diáspora africana*.

A diáspora africana é o nome dado a um fenômeno caracterizado pela imigração forçada de africanos, durante o tráfico transatlântico de escravizados. Junto com seres humanos, nestes fluxos forçados, embarcavam nos *tumbeiros* (navios negreiros) modos de vida, culturas, práticas religiosas, línguas e formas de organização política que acabaram por influenciar a construção das sociedades às quais os africanos escravizados tiveram como destino. Estima-se que durante todo período do tráfico negreiro, aproximadamente 11 milhões de africanos foram transportados para as Américas, dos quais, em torno de 5 milhões tiveram como destino o Brasil.

Compreende-se que a diáspora africana foi um processo que envolveu migração forçada, mas também redefinição identitária, uma vez que estes povos (*balantas, manjacos, bijagós, mandingas, jejes, haussás, iorubás*), provenientes do que hoje são Angola, Benin, Senegal, Nigéria, Moçambique, entre outros, apesar do contexto de escravidão, reinventaram práticas e construíram novas formas de viver, possibilitando a existência de sociedades afro-diaspóricas como Brasil, Estados Unidos, Cuba, Colômbia, Equador, Jamaica, Haiti, Honduras, Porto Rico, República Dominicana, Bahamas, entre outras.

Ao embarcar nos navios negreiros, jejes, iorubás e tantos outros, eram obrigados a deixar para trás sua história, costumes, religiosidade e suas formas próprias de identificação. Passavam, então, a ser identificados pelos traficantes com base nos portos de embarque, nas regiões de procedência ou por identificações feitas pelos traficantes. Neste contexto, na diáspora, novas configurações identitárias iam surgindo: bantus (povos provenientes do centro-sul do continente), nagôs (povos de língua iorubá), minas (provenientes da Costa da Mina). Além destes, crioulos (escravizados nascidos na América) e, em um contexto de fim da escravatura, afrodescendentes.

A diáspora, neste sentido, constituiu um processo complexo que envolveu a promoção de guerras em África e a destruição de sociedades; captura de homens, mulheres e crianças; travessia do atlântico que durava em média 40 dias (entre Angola e Bahia, por exemplo); a inserção brutal em uma nova sociedade; lutas por liberdade e sobrevivência e a construção de novas identidades. As sociedades construídas com base no processo de diáspora africana, apesar das marcas estruturais decorrentes do passado escravocrata, conectam-se social e culturalmente, seja por meio da história e deste passado comum, das manifestações artísticas, da ciência, da religiosidade, da *black music*, do *jazz*, do *soul*, do *reggae*, do *samba*.

QUILOMBOS: HISTÓRIA, ORGANIZAÇÃO E CULTURA

Segundo estudo da Universidade Federal do Rio de Janeiro, Larissa Altoé (2021) nos afirma que Palmares foi realmente de longe o quilombo mais conhecido de nossa história, contudo as comunidades de resistência à escravização dos que fugiam desse processo foram uma regra geral em todo território nacional, assim como nos narra Flávio Gomes, em seus estudos no livro *Quilombos e Mocambos: uma história do campesinato negro no Brasil* (2015).

Segundo este autor, o processo de aquilombação era uma contestação e transgressão ao projeto colonial de Portugal e tem suas consequências diretas na formação da classe trabalhadora brasileira Contemporânea.

Flávio Gomes afirma que o ato de se aquilombar era, antes de tudo, um ato de resistência às relações de escravização e senhores e escravizados conforme vemos suas afirmações:

> Flávio Gomes escreveu que os escravizados se aquilombaram para lutar pelas transformações de suas vidas e também das relações escravistas. Desse modo, eles não eram vendidos ou transferidos; evitavam o aumento do ritmo de trabalho e os castigos rigorosos; garantiam o cultivo de roças próprias; e eram considerados livres e possuidores da terra depois da morte de seus senhores (ALTOÉ, 2021).

Quem Eram os Quilombolas?

Segundo a mesma autora, as comunidades que escapavam de suas fazendas e casas grandes constituíam narrativas complexas de invasão agrícola, e tantas outras características conforme afirma: "As comunidades de fugitivos da escravidão produziram histórias complexas de ocupação agrária, criação de territórios, cultura material e imaterial próprias baseadas no parentesco e no uso e manejo coletivo da terra".

Essas sociedades possuíam origens variadas, como descrevemos anteriormente sobre as origens dos escravizados no país, e não raro em suas organizações imitavam as ordens e hierarquias sociais de suas culturas, civilizações e povos de origem na África em suas sociedades de resistência nessas terras diaspóricas, como afirma:

De origens múltiplas, todos eles foram transformados – na visão dos europeus – em "africanos". Eram provenientes de microssociedades com chefias descentralizadas da Alta Guiné e da Senegâmbia, como de impérios e reinos do Daomé, Oyo, Ndongo, Ketu, Matamba e outros; ou de cidades como Uidá e Luanda, nas áreas ocidentais e centrais africanas, entre savanas e florestas (ALTOÉ, 2021).

Tipos de Quilombos

Segundo o mesmo estudo, os escravizados vinham de distintas regiões africanas e partiam em fuga coletiva formando comunidades a fim de estabelecerem-se em uma organização com base econômica e estrutura social autônomas; e nas Américas tivemos diversos tipos de exemplos dos mais variados portes como as resistências Maroon, na América do Sul e Caribe; os Palenques na Colômbia e Venezuela, sobretudo; e os Mocambos e Quilombos no Brasil principalmente, mas também sociedades em toda América Latina, com as mais variadas características e dimensões, fossem elas temporárias ou permanentes.

No Brasil, contudo, havia uma característica própria, assim como as de outras regiões e sociedades de resistência à escravização nas Américas, conforme nos descreve Flávio Gomes:

No Brasil, os quilombos eram comunidades móveis de ataque e defesa. Não houve algo como um quilombo de resistência versus um quilombo de acomodação. Desde as primeiras décadas da colonização tais comunidades ficaram conhecidas, primeiramente, com a denominação "mocambos" e, depois, "quilombos". Eram termos da África Central usados para designar acampamentos improvisados, utilizados para guerras ou mesmo apresamentos de escravizados.

Os quilombos "eram sinônimo de transgressão à ordem escravista". As autoridades coloniais os chamavam de "contagioso mal" porque eram muitos, estavam por toda a parte e atraíam cada vez mais fugitivos" (GOMES, 2015 *apud* Altoé, 2021).

Os quilombos brasileiros, assim como as demais sociedades de resistência à escravidão negra nas Américas, como os Palenques colombianos, Focos de Resistência Maroon como o da Jamaica e nas Antilhas em geral, as irmandades estadunidenses e tantas outras tiveram um papel central na formação do que hoje temos como o pensamento e movimento Pan-africano ou Pan-africanista.

Isso se dá porque, como no quilombo brasileiro, todas as demais formas e focos de resistência abrigavam sob a mesma comunidade econômica e politicamente autônoma indivíduos egressos do processo de escravização de diversos povos subsaarianos de etnias e culturas muito diferentes.

Tais indivíduos, por suas vezes, nessas comunidades, como foi o exemplo dos quilombos no Brasil, viam-se obrigados a organizar-se em uma mesma sociedade e buscar assim estabelecer suas relações a partir de valores em comum, ainda que fossem egressos e originários de diversos povos com culturas diferentes e até mesmo conflitantes em muitos casos.

Dessa forma, obrigados a organizarem-se a partir de um código cultural e civilizatório que lhes fosse comum enquanto africanos ou descendentes de africanos de diversas etnias, encontram os valores civilizatórios em comum à maior parte dos povos subsaarianos, como vimos exemplo, a ancestralidade, a senioridade, os códigos de caça e comércio, os códigos morais e legalistas, a cultura oral que faz da palavra algo documental, os mitos transgressores (*trickster* – comuns a todas as sociedades tradicionais africanas subsaarianas e ameríndias) e principalmente as relações entre autóctones e invasores, os mitos andróginos da criação e o duplo que dão origem à visão de mundo da dialética africana e da negritude, que vai contra a visão cartesiana e linear da branquitude do colonizador europeu, as relações de produção e com os detentores dos meios de produção dentro das comunidades, as relações linhageiras e estruturas hierárquicas sociais e culturais entre seus povos, entre tantas outras coisas, que são comuns à maior parte destes povos da África Negra, os quais foram sequestrados de forma involuntária.

Portanto, podemos dizer que o Pan-africanismo e a ideia da própria União e Integração Africana nasceu nas Américas, nas sociedades de resistência à escravização, onde os descendentes de africanos e africanos aqui presentes descobriram que ainda que toda diversidade dos povos do continente africano os fizesse diferentes e únicos em suas etnias, os valores civilizatórios que têm em comum os unem e conferem uma unidade e força ímpar e inquebrantável. Tanto que seus ancestrais, ao voltarem à África após o processo de Libertação, tiveram a voz no advento do Pan-africanismo, que une não só a África em si mesma, mas a África à diáspora onde ela surgiu.

Conexões Com a Sociedade

Segundo Flávio Gomes, os quilombos não eram sociedades isoladas e forneciam produtos até mesmo à Corte dos senhores de cativos, como era o caso da lenha, o combustível mais importante da época, tendo mesmo influência no abastecimento estratégico desse recurso energético para a Corte, assim como para comerciantes com os quais trocavam produtos que não produziam por tais bens de consumo, assim como afirma:

> Os quilombos mantinham trocas econômicas com variados setores da população colonial, que incluíam, além dos taberneiros, lavradores, faiscadores, garimpeiros, pescadores, roceiros, camponeses, mascates e quitandeiras – tanto escravos como livres. Tais trocas, que nunca foram sinônimo

> de paz ou ausência de conflitos, sobretudo significaram experiências que conectavam toda a sociedade escravista, tanto aquela que reprimia como a que acobertava os quilombolas e suas práticas.
>
> No século XIX, as posturas municipais (conjunto de normas, regras e imposições de penalidades aos infratores) em várias regiões reproduziam em vão os artigos que tentavam reprimir os contatos e o comércio de quilombolas nas vendas e tabernas das vilas (GOMES, 2015 *apud* Altoé, 2021).

Os quilombos tiveram longa existência, por séculos, no período de escravidão. Produtores, latifundiários, políticos, autoridades e escravizados não escondiam estar cientes de que em determinadas regiões existiam aquilombações muito antigas com descendentes de ex-escravizados que eram nascidos no próprio quilombo.

E Depois da Abolição em 1888?

Segundo nos narra Flávio Gomes, mesmo após o advento da Lei Áurea, em maio de 1888, os quilombos, enquanto pequenas aglomerações camponesas, continuaram com suas dinâmicas de reprodução, declínio e ascensão; migração no conjunto das dinâmicas laborais do país como um todo.

Esse deslocamento contínuo foi uma característica marcante para várias famílias de ex-escravizados no início do século XX. A partir de composições de formas de sobrevivência, essas gerações primeiras de ex-escravizados do século XX tentaram assentar-se em territórios de subsistência comunitária e familiar. Nesse sentido, aqui se conclui com o trecho de Flávio Gomes em seus estudos com esta definição:

O termo "remanescente de quilombos" foi oficializado na Constituição de 1988. O artigo 68 dos Atos das Disposições Constitucionais Transitórias (ADCT) promulgou que "aos remanescentes das comunidades dos quilombos que estejam ocupando suas terras é reconhecida a propriedade definitiva, devendo o Estado emitir-lhes os títulos respectivos". O artigo 216 da Constituição instituiu o tombamento de documentos e sítios detentores de remanescências de antigos quilombos, determinando que sejam reconhecidos como patrimônio cultural da nação (GOMES, 2015 *apud* Altoé, 2021).

A CULTURA NO PÓS-ABOLIÇÃO

Um dos autores que melhor define este quadro é Gilberto Maringoni, em seu artigo "O destino dos negros após abolição", sobre o qual comentaremos neste tópico para tratar deste tema.

Segundo nos fala Maringoni, o abolicionismo da segunda metade do século XIX atinge diversos setores da sociedade nacional, o que não evitou que, passado o dia da assinatura da Lei Áurea, os negros fossem abandonados à própria sorte, sem nenhuma ação para sua integração social ou de reparação, por menor que fosse.

Segundo este autor, isso deveu-se a "um projeto de modernização conservadora que não tocou no regime do latifúndio e exacerbou o racismo como forma de discriminação" e, ainda que a campanha abolicionista tivesse mobilizado indivíduos de todas as classes sociais no país, esta não resultou em nenhum processo que levasse à integração dos libertos a uma massa de trabalhadores assalariados e, nesse sentido, em seu texto, Maringoni cita Florestan Fernandes, afirmando:

> A desagregação do regime escravocrata e senhorial se operou, no Brasil, sem que se cercasse a destituição dos antigos agentes de trabalho escravo de assistência e garantias que os protegessem na transição para o sistema de trabalho livre. Os senhores foram eximidos da responsabilidade pela manutenção e segurança dos libertos, sem que o Estado, a Igreja ou qualquer outra instituição assumisse encargos especiais, que tivessem por objeto prepará-los para o novo regime de organização da vida e do trabalho. [...] Essas facetas da situação [...] imprimiram à Abolição o caráter de uma espoliação extrema e cruel (MARINGONI, 2012).

Quanto à questão, Maringoni afirma que o fato principal que levou ao declínio da escravidão e a adesão de muitos membros da elite ao abolicionismo não foi exatamente nada relacionado à questão de prováveis Direitos Humanos ou da dignidade do trabalhador e do Ser Humano em si, em muitos casos, mas o advento da industrialização e do capitalismo industrial que inviabilizava a questão do trabalho escravo e, além de torná-lo anacrônico, conforme ele mesmo fala, o torna improdutivo e pouco interessante aos detentores dos meios de produção industrial no contexto da Revolução Industrial, que se desenvolvia no momento, ainda que alguns setores de fazendeiros e latifundiários resistissem.

Acelerada Transformação

Segundo a obra de Maringoni nos narra, o Brasil das últimas décadas do século XIX era uma sociedade em rápido processo de desenvolvimento devido à atividade cafeeira que ganhava o centro das atenções desde antes de meados do século XIX, sendo a exportação de café a principal atividade econômica do país até então, fazendo pontes com o mercado externo como um polo exportador desta *commodity*, assim como a borracha, que iniciava seu ciclo, e a cana, que desde o século XVI era uma atividade importante no país, mas nada se comparava ao café naquele momento.

A partir desse momento, após o final da Guerra do Paraguai, as exportações de *commodities* tem um enorme salto e o país passa por uma elevada entrada de fluxos de capitais notadamente britânicos em investimentos de infraestruturas na malha ferroviária e de transportes em geral, sobretudo, assim como atividades do mercado financeiro e logística para exportação de *commodities*, avalizados pelo capital do Tesouro Nacional.

O período é marcado pela supremacia britânica e o crescimento e expansão econômica internacional provocada pela Segunda Revolução Industrial, que demandava matérias-primas pelos países centrais e provocou consequentemente um enorme ciclo de entrada de capitais nos países produtores de *commodities* como o nosso. Segundo Maringoni, o historiador inglês Eric Hobsbawm assinala o seguinte em seu livro *A Era dos Impérios*: "O investimento estrangeiro na América Latina atingiu níveis assombrosos nos anos 1880, quando a extensão da rede ferroviária argentina foi quintuplicada, e tanto a Argentina como o Brasil atraíram até 200 mil imigrantes por ano".

A Libertação

No ano seguinte à libertação, temos o advento da República e devido a um grande excedente de mão de obra imigrante, os libertos passam a ser uma enorme multidão de mão de obra industrial de reserva e sem poder de mobilização política ou sindical na República que nascia.

Os latifundiários, sobretudo os barões do café, aproveitavam-se da mão de obra europeia a baixo custo subsidiada pelo governo (por desvio de arrecadação fiscal a este fim, em especial no Sul e Sudeste conforme nos narra Maringoni) enquanto os negros ficaram jogados à própria sorte.

A esse respeito, conforme Maringoni, Celia Maria Marinho de Azevedo cita:

> A força de atração destas propostas imigrantistas foi tão grande que, em fins do século, a antiga preocupação com o destino dos ex-escravos e pobres livres foi praticamente sobrepujada pelo grande debate em torno do imigrante ideal ou do tipo racial mais adequado para purificar a "raça brasílica" e engendrar por fim a identidade nacional (MARINGONI, 2012).

As Teorias do Branqueamento

O projeto de modernização conservador do país, assim como nos fala o autor, também trazia um projeto de estruturação social a partir de características étnicas, quanto a isso, segundo Maringoni, Joaquim Nabuco cita em *O abolicionismo*: "O principal efeito da escravidão sobre a nossa população foi africanizá-la, saturá-la de sangue preto. [...] Chamada para a escravidão, a raça negra, só pelo fato de viver e propagar-se, foi se tornando um elemento cada vez mais considerável na população".

E conforme nos afirma Maringoni, Nabuco não estava isolado, pois outros intelectuais como Silvio Romero (ainda que Republicano e antiescravocrata), estava preocupado com a relação entre fatores físicos e populacionais do país ao desenvolvimento cultural. Defendia a ideia de uma raça nacional que a partir da mestiçagem de supremacia branca seria determinante para que superássemos nosso atraso econômico cultural e social e tais fatos seriam determinantes para justificar a imigração europeia ao país, conforme cita em seu livro *Contos populares do Brasil* (1885), em sua introdução:

> Das três raças que constituíram a atual população brasileira, a que um rastro mais profundo deixou foi, por certo, a branca, segue-se a negra e depois a indígena. À medida, porém, que a ação direta das duas últimas tende a diminuir, com o internamento do selvagem e a extinção do tráfico de negros, a influência europeia tende a crescer com a imigração e pela natural tendência de prevalecer o mais forte e o mais hábil. O mestiço é a condição dessa vitória do branco, fortificando-lhe o sangue para habilitá-lo aos rigores do clima. Tais opiniões eram predominantes entre os intelectuais abolicionistas no que se refere à formação étnica da população do país como um todo de forma ideal, eram membros de elites, não raros do latifúndio como o próprio Nabuco, positivistas defensores igualmente da modernização liberal do país ao modelo das economias dos países centrais aos quais o Brasil deveria integrar-se (*apud* Maringoni, 2011).

Segundo afirma Maringoni, no período em questão não era uma contradição um abolicionista defender posições tidas hoje em dia como racistas, pois de fato não havia nenhum compromisso entre os abolicionistas e os negros cativos em termos econômicos. Não era uma transgressão para um membro de alta classe ser abolicionista, desde que não houvesse nenhuma ameaça para "a ordem institucional, que tinha como pilar central a grande propriedade da terra".

Raízes do Racismo

Segundo o autor, o preconceito racial presente entre os abolicionistas tinha origens nos ambientes intelectuais tanto exteriores quanto nacionais e defendia a superioridade da raça branca a partir do ideal de progresso, assim como nos lembra Eric Hobsbawm.

Com a Conferência de Berlim, em 1890, e a partilha da África por nações europeias, surge a questão do processo de colonização dessas nações assim como de nações e povos asiáticos e como se daria o processo de subjugar estes povos e nações lastreados em suas teorias liberais.

Nesse momento, surgem as pioneiras teorias racialistas visando justificar a superioridade em todos os níveis do branco europeu (do moral ao físico e intelectual) e o primeiro e maior intelectual desse meio foi o conde francês Joseph-Arthur Gobineau, que se tornou conhecido com a publicação de seu ensaio sobre a desigualdade das raças humanas (1855).

E como diz Maringoni, a partir do ensaio de Gobineau: "Se os outros povos eram inferiores, como poderiam ter os mesmos direitos dos europeus?"

A noção de superioridade racial passou a ser legitimadora da ordem imperial, na qual o fornecimento ininterrupto e a bom preço de matérias-primas era o combustível para o funcionamento da economia internacional. As teorias raciais surgiram para legitimar uma concepção de mundo que pregava liberdade, igualdade e fraternidade entre brancos e que justificava a superexploração de outras etnias.

E é importante saber, a partir desses estudos, que temos ainda nos dias de hoje dentro da ideologia do racismo no mundo a formação do imaginário dos racistas em nossas sociedades ainda que em países como o nosso, da "periferia do sistema", e que explicam de forma determinista as relações de hierarquia social e sua estratificação consequente assim como "a europeização acrítica de nossas camadas dominantes", incluso no meio acadêmico de onde sai nossa elite intelectual.

Indesejados dos Novos Tempos

Segundo o artigo, os libertos converteram-se em uma massa de desocupados, trabalhadores temporários, *lúmpens*, mendigos e crianças abandonadas, sendo estes os indesejados dos novos tempos pós-abolição causando o aumento da violência, que pode ser verificada pelo maior espaço dedicado ao tema nas páginas dos jornais.

Escrevendo sobre esse período, Lima Barreto (1881-1922) ressalta que "Nunca houve anos no Brasil em que os pretos [...] fossem mais postos à margem".

E também descreveu o historiador Luiz Edmundo, em seu livro *O Rio de Janeiro do meu tempo* (1938), sobre o morro de Santo Antônio e suas moradias e vielas miseráveis:

> Por elas vivem mendigos, os autênticos, quando não se vão instalar pelas hospedarias da rua da Misericórdia, capoeiras, malandros, vagabundos de toda sorte: mulheres sem arrimo de parentes, velhos que já não podem mais trabalhar, crianças, enjeitados em meio a gente válida, porém o que é pior, sem ajuda de trabalho, verdadeiros desprezados da sorte, esquecidos de Deus [...] No morro, os sem-trabalho surgem a cada canto.

Assim, verifica-se que nada muda com o Regime da República que mantém a mesma estratificação social elitista e excludente, por sua vez, e como consequência manifestações populares como a capoeira era um exemplo, passavam a ser reprimidas, assim como todas as que agrupassem ou reunissem negros e pobres.

Largados à Própria Sorte

De toda forma, como nos evidencia o artigo de Maringoni, a campanha dos abolicionistas do final do século XIX pouco tinha de preocupações realmente humanitárias ou solidárias à causa e condição social da população negra escravizada ou que seria egressa do processo de escravização. E também estava longe de preocupações sociais com estas populações de forma geral. E o tempo deixa isso claro, ainda que o discurso das elites, simpático à libertação, tivera suas contradições.

Um exemplo disso é o projeto de Joaquim Nabuco, que fora rejeitado pela Câmara dos Deputados, em fins de 1880, no qual manifestava de alguma forma uma mínima preocupação social com esta população que em seu artigo 49 defendia: "Serão estabelecidas nas cidades e vilas aulas primárias para os escravos. Os senhores de fazendas e engenhos são obrigados a mandar ensinar a ler, escrever, e os princípios de moralidade aos escravos".

Quanto a isso, o historiador Robert Conrad afirma:

> Os abolicionistas radicais, como Nabuco, André Rebouças, José do Patrocínio, Antonio Bento, Rui Barbosa, Senador Dantas e outros esperavam que a extensão da educação a todas as classes, a participação política em massa e uma ampliação de oportunidades econômicas para milhões de negros e mulatos e outros setores menos privilegiados da sociedade brasileira viessem a permitir que estes grupos assumissem um lugar de igualdade numa nação mais homogênea e próspera.
>
> O mesmo pesquisador assinala ainda o fato de que, "durante os anos abolicionistas, a reforma agrária foi proposta frequente e urgentemente". E lembra do plano de André Rebouças, no qual grandes proprietários venderiam ou alugariam lotes de terras a libertos, imigrantes e lavradores. Trata-se de uma modalidade de reforma que prescinde da democratização fundiária, restringindo-se às regras do mercado então vigentes (*apud* Maringoni, 2011).

Por fim, quando a campanha dos abolicionistas ganha corpo, as propostas foram sendo paulatinamente ignoradas e esquecidas e, quanto a isso, nos afirma Florestan Fernandes que tenta nos dar uma resposta resumida às suas razões quando esclarece:

> A preocupação pelo destino do escravo se mantivera em foco enquanto se ligou a ele o futuro da lavoura. Ela aparece nos vários projetos que visaram regular, legalmente, a transição do trabalho escravo para o trabalho livre, desde 1823 até a assinatura da Lei Áurea. [...] Com a Abolição pura e simples, porém, a atenção dos senhores se volta especialmente para seus próprios interesses. [...] A posição do negro no sistema de trabalho e sua integração à ordem social deixam de ser matéria política. Era fatal que isso sucedesse (*apud* Maringoni, 2011).

E segundo nos conclui Maringoni: "A história que se seguiu confirmou essas palavras".

Culturas Afro-brasileiras Contemporâneas

No período atual, temos diversas expressões da cultura negra no país, de Norte a Sul, das quais trataremos com mais atenção no decorrer da obra. Entre as quais: o Hip Hop, o Funk, das expressões Folclóricas ainda vigentes em todo país do Teatro Experimental Negro e tantas outras.

RESISTÊNCIA POLÍTICO-CULTURAL NEGRA NO BRASIL

A REVOLTA DOS MALÊS

A Bahia foi palco de diversas revoltas de escravizados no século XIX, sobretudo na primeira metade e, sem dúvida, a mais relevante entre todas foi a Revolta dos Malês; que além da questão racial, tinha igualmente seus propósitos religiosos na tentativa de catequese católica cristã aos negros islamizados (chamados em iorubá de *imale*, em referência à islamização deles, sendo tanto de origens de povos kwa como os iorubás islamizados ou mesmo os hausa, fulani, tapa, nupe e todas as demais etnias de sudaneses muçulmanos) que se passou em Salvador, em janeiro de 1835.

Nesse período de nossa história, a Salvador tinha cerca de metade de sua população composta por negros escravizados ou libertos, de todas as etnias e origens da África subsaariana, entre os quais os imale (muçulmanos sudaneses) como os hausa e iorubás islamizados.

Estes foram os que lançaram a revolta conhecida como dos imalê (Malê), os negros muçulmanos que liam e escreviam em árabe para poder ter acesso às suras e versos do Alcorão, entre os quais em maior parte negros de ganho que tinham maior mobilidade do que em relação aos negros cativos em fazendas, ainda que sujeitos a tudo que lhes reservava suas condições de escravizados, mas que economizavam seus ganhos excedentes a fim de comprar suas alforrias.

A revolta em si inicia-se quando, em janeiro de 1835, cerca de 1.500 negros, liderados pelos muçulmanos Manuel Calafate, Aprígio, Pai Inácio, dentre outros, conspiraram a fim de libertar os demais negros muçulmanos e assassinar os brancos e mestiços que consideravam traidores, a ação foi agendada para ter seu estopim dia 25 daquele mês.

Como eram em maior parte negros de ganho, economizaram e fizeram arrecadações a fim de comprar armas e munições e fizeram toda redação dos seus planos de conspiração em árabe, contudo foram traídos por uma mulher negra a um juiz de paz.

Ainda atacaram o quartel da cidade, mas foram derrotados por serem menos numerosos e estarem mal armados em relação ao oponente. Assim são abatidos pela tropa da Guarda Nacional, pela polícia local e por civis com seus armamentos, que temiam a possibilidade do sucesso do levante. (No final, os planos levariam até mesmo à transformação da Bahia em um Califado nas Américas).

As tropas oficiais tiveram sete baixas no confronto e os revoltosos setenta, sendo que duzentos foram julgados e condenados desde a pena de morte, trabalhos forçados, degredados e açoitados e, sem exceção, antes todos foram barbaramente torturados.

Conforme nos contam os relatos, mais de quinhentos foram expulsos para a África em retorno e, ainda que massacrados, o levante mostrou um determinado potencial de resistência ao processo de escravização que fora algo presente de forma intensa do período da Regência ao Segundo Império.

> Segundo nos contam algumas narrativas, Luiza Mahin foi uma figura central neste levante, e para entender a questão da rebelião estar de forma igualmente central ao islã e a população negra muçulmana escravizada da Bahia, é necessário que nos remetamos aos preceitos corânicos islâmicos que determinam que um mulçumano não pode ser escravo

e se for submetido a este estado deve rebelar-se por razões religiosas até a morte, que é mais digna que a escravização para um muçulmano em muitos casos segundo sua cultura de base, razão pela qual a reação do governo local tivera sido tão violenta levando até ao degredo para evitar a propagação de tal ideal entre outros escravizados de outras etnias.

EXPRESSÕES DE RESISTÊNCIA CULTURAL DA JUVENTUDE NEGRA

Várias são as expressões da Resistência Cultural entre a Juventude Negra Brasileira e aqui vou citar as mais marcantes que são o Hip hop, o Rap (origem do Hip hop) e o Funk (no caso de protesto).

Hip Hop

O Hip hop pode ser definido como algo que vai muito além de um simples gênero musical de uma determinada tribo urbana, ele é, além de tudo, uma expressão da cultura popular que aparece nas comunidades afro-latinas dos subúrbios de Nova York e irradia-se para outras cidades estadunidenses e, daí, para o mundo, a partir dos anos 1970.

Além de tudo, é um estilo e forma de vida e afirmação social a fim de ocupar espaços muitas vezes negados pelas hierarquias sociais e culturais em seu processo de estratificação social. Fazendo-o através da arte e de forma simbólica e que tem na sua expressão enquanto protesto por direitos sociais (*Rhythm and Poetry*) conhecido como Rap, sua expressão enquanto denúncia social.

A primeira canção gravada no estilo foi feita pelo grupo **Fatback Band**. Que gravou a faixa *King Tim III* (*Personality Jock*), o primeiro *single* de hip hop da história, em 1979, e abriu assim espaço para novas manifestações do gênero.

O Movimento no Brasil

O Hip hop enquanto movimento no Brasil surge nos anos 1980, principalmente no estado de São Paulo, ainda que não fosse identificado dessa forma. Isso ocorre no mesmo período que o *Break Dance* era uma mania mundial e nacional.

Desta forma, o *break* passa a ser o motor e mola mestra do movimento, sendo 1984 o ano do advento da dança de rua no país, em uma era que as informações, ao contrário da atualidade, não chegavam com a mesma velocidade da nossa era da internet, que faz notícias chegarem em segundos.

Foram filmes e notícias que fizeram chegar ao Brasil a cultura hip hop que repercute primeiramente na cidade de São Paulo, que se transforma no local de encontro e integração da juventude negra e periférica (sobretudo). Em uma sociedade extremamente racista, elitista e em pleno final da ditadura militar, onde os jovens não tinham nenhum espaço de expressão identitária ou artística, ainda que fosse considerado apenas como expressão de uma cultura puramente periférica e da apologia à violência, pelas elites culturais e financeiras.

O Rap Como Manifesto Cultural

O Hip hop acarreta reflexões sociais e seu processo de hierarquização e estratificação cultural e social; portanto, a partir da conscientização de classe, possibilita à juventude negra enxergar seu potencial criativo de forma igualmente crítica podendo desenvolver assim tais potenciais de forma artística.

Tais reuniões como manifestação em São Paulo ocorriam na estação do metrô do Largo São Bento, no Centro da capital, que se tornou um ponto de encontro de *office boys*, a fim de dançar *break*, cantar e mostrar seus grafites.

Existem diferenças marcantes entre os estilos no Brasil e Estados Unidos atualmente, sendo que no caso estadunidense, não raro, encontra-se muito mais influência do puro pop de ostentação onde luxúria e esbanjamento são constantes, o que foge do caráter de música de protesto que tem nas periferias das cidades brasileiras, sobretudo São Paulo, Porto Alegre e Belo Horizonte, acreditando-se que é uma desvirtuação do propósito original do movimento, conforme surgiu no nosso país.

Nos anos 1990, o movimento do Rap começa a ganhar mais visibilidade e surgem programas de rádio para ressaltar o Movimento de Rua e lhes dar espaço, como foi o exemplo da Rádio Imprensa, que teve o primeiro programa 100% dedicado ao Rap nacional.

O Hip Hop na Atualidade

Ainda que tenha mudado muito em suas formas, estética e sonoridade, o Rap consolida-se cada vez de forma mais firme no ambiente cultural do país e mundial, indo além de limites raciais, de localização e gênero, ganhando espaço para além das periferias e conquistando públicos para além dos locais sociais e geográficos no ambiente urbano.

De qualquer forma, ainda que com profundas mudanças estéticas em relação às primeiras faixas lançadas, o sentido central do movimento permanece e conta histórias que denunciam injustiças e desigualdades que se passam no cotidiano das periferias do país e do mundo, devido sobretudo à estratificação social de nossos países em relação à nossa juventude negra e pobre.

Funk de Resistência

Ainda que extremamente marginalizado e vítima de preconceitos diversos, o funk do Rio de Janeiro fora considerado patrimônio cultural e imaterial do Estado há alguns anos. O estilo ganhou conotação pejorativa nos anos 2000, ainda que popular nas favelas e periferias cariocas, sobretudo por alguns temas que faziam apologia ao crime e contravenções em geral, assim como a forma que muitas depreciavam a posição da mulher com letras misóginas em versões que nem ao menos podiam ser reproduzidas em nenhuma mídia de rádio ou TV abertas (os proibidões). De qualquer forma, o Funk vai muito além do que simplesmente essa variante.

Influenciado pelo *Black Music, Charme e Rhythm and Blues* dos estadunidenses em suas periferias e bairros negros, nos anos 1990, o funk em seus bailes da periferia carioca foi difundido como uma das maiores diversões da juventude negra pobre e periférica carioca em seus programas noturnos. Tudo ao som dos vinis tocados pelos DJs ou cantadas diretamente pelos MCs.

FRENTE NEGRA BRASILEIRA E ENTIDADES CONTEMPORÂNEAS DO MOVIMENTO NEGRO NA SOCIEDADE CIVIL

Frente Negra Brasileira

A Frente Negra Brasileira (FNB) foi criada em outubro de 1931, na cidade de São Paulo, sendo uma das organizações pioneiras na primeira metade do século XX que lutou pela igualdade de direitos assim como a participação dos negros e suas lideranças nas instituições nacionais.

A Frente era liderada por Arlindo Veiga dos Santos, José Correia Leite e outros tantos líderes negros e desenvolvia variadas atividades de cunho político, cultural e educacional voltadas a seus associados e participantes como palestras, seminários, cursos de alfabetização, oficinas de costura e festivais de música.

Em sua sede no bairro da Liberdade funcionava o jornal *O Menelik*, que era o órgão oficial e porta-voz da organização, que foi sucedido pelo *O Clarim da Alvorada*, sob a direção de José Correia Leite e Jayme de Aguiar.

A FNB tinha participantes em todo o território nacional, como era o exemplo de Abdias Nascimento e Sebastião Rodrigues Alves e com a finalidade de discutir o racismo, promover melhores condições de vida e a união política e social da "gente negra nacional"; a Frente tinha representações em cidades paulistas e estados como Bahia, Minas Gerais, Pernambuco, Espírito Santo e Rio Grande do Sul. É estimado que a FNB tenha chegado a aproximadamente cem mil integrantes em todo território o nacional.

No terreno político, a FNB ressaltava que era fundamental que o negro superasse a condição subalterna de cabo eleitoral, que ajudava a perpetuar subalternidade de sua inserção na sociedade como um todo que impedia igualmente o protagonismo negro no cenário político.

Dessa forma, a FNB promovia o incentivo do lançamento de candidaturas políticas negras e chegou até mesmo a se organizar enquanto partido político.

Em 1937, o Estado Novo de Getúlio Vargas fecha todos os partidos assim como as associações políticas, aplicando um forte golpe na FNB, que teve, portanto, de encerrar suas atividades.

Principais entidades do Movimento Negro Nacional:

- Afro Gabinete de Articulação Institucional e Jurídica (AGANJU);
- Agentes de Pastoral Negros do Brasil (APNs);
- Alma Preta;
- Associação de Amigos e Familiares de Presos/as (Amparar);
- Centro de Estudo e Defesa do Negro do Pará (CEDENPA);
- Centro de Estudos das Relações de Trabalho e Desigualdades (CEERT);
- Coletivo Luiza Bairros (CLB);
- Coletivo de Juventude Negra Cara Preta;
- Coletivo Negro Afromack;
- Coletivo Sapato Preto Lésbicas Amazônidas;
- Coordenação Nacional de Articulação das Comunidades Negras Rurais Quilombolas (Conaq);
- Criola;
- Educafro;

- Evangélicos Pelo Estado de Direito;
- Frente de Mulheres Negras do DF e Entorno;
- Frente Favela Brasil;
- Frente Nacional de Mulheres do Funk;
- Frente Nacional Makota Valdina;
- Gabinete Assessoria Jurídica Organizações Populares (Gajop);
- Geledés – Instituto da Mulher Negra;
- Iniciativa Negra por Uma Nova Política Sobre Drogas;
- Instituto de Desenvolvimento de Ações Sociais (IDEAS);
- Instituto Marielle Franco;
- Instituto Negra do Ceará (Inegra);
- Irohin – Centro de Documentação, Comunicação e Memória Afro-brasileira;
- Mães da Bahia;
- Mahin Organização de Mulheres Negras;
- Mandata Quilombo da Deputada Estadual Erica Malunguinho – SP;
- Marcha das Mulheres Negras de SP;
- Movimento Negro Unificado (MNU);
- Movimento de Mães do Socioeducativo;
- Movimento Nacional de Pescadoras e Pescadores;
- Mulheres Negras do DF;
- Nova Frente Negra Brasileira;
- Núcleo de Consciência Negra da USP;
- Okan Dimó – Coletivo de Matriz Africana;
- Pretas em Movimento;
- Programa Direito e Relações Raciais (PDRR-UFBA);

- Protagonismo Negro da UFSM;
- Movimento Pré-Vestibular para Negros e Carentes (PVNC);
- Rede Afirmação;
- Rede de Mulheres Negras PE;
- Rede de Proteção e Resistência ao Genocídio;
- Rede Fulanas NAB;
- Renafro;
- Uneafro;
- Unegro.

········
TEATRO EXPERIMENTAL DO NEGRO

(Fonte – Fundação Palmares, 2016)

O **Teatro Experimental do Negro (TEN)** surgiu em 1944, no Rio de Janeiro, como um projeto idealizado por Abdias Nascimento (1914-2011), com a proposta de valorização social do negro e da cultura afro-brasileira por meio da educação e arte, bem como com a ambição de delinear um novo estilo dramatúrgico, com uma estética própria, não uma mera recriação do que se produzia em outros países.

Alguns anos antes aflorara em Abdias uma inquietação diante da ausência dos negros e dos temas sensíveis à história da população negra nas representações teatrais brasileiras. Em geral, quando lhes era concedido algum espaço cênico, este vinha para reforçar estereótipos, a partir do direcionamento dos atores/atrizes negros/as a papéis secundários e pejorativos. Havia, segundo ele, uma rejeição do negro como *"personagem e intérprete, e de sua vida própria, com peripécias específicas no campo sociocultural e religioso, como temática da nossa literatura dramática"* (NASCIMENTO, 2004, p. 210).

Por essa razão, o TEN foi pensado para ser um organismo teatral que promovesse o protagonismo negro. Nas palavras do próprio Abdias do Nascimento, desde que era ainda uma ideia em gestação, o TEN teria como papel defender a *"verdade cultural do Brasil"*.

À sua proposta, aderiram de imediato o advogado Aguinaldo de Oliveira Camargo, o pintor Wilson Tibério, Teodorico Santos e José Herbel. Logo em seguida, foram acompanhados pelo militante negro Sebastião Rodrigues Alves, Claudiano Filho, Oscar Araújo, José da Silva, Antonio Barbosa, Arlinda Serafim, Ruth de Souza, Mariana Gonçalves (as três trabalhavam como empregadas domésticas), Natalino Dionísio, entre outros.

> O corpo de atores era formado, inicialmente, por operários, empregados domésticos, moradores de favelas sem profissão definida e modestos funcionários públicos. O TEN os habilitou a enxergar criticamente os espaços destinados aos negros no contexto nacional.

> Este projeto disponibilizou a seus membros cursos de alfabetização e de iniciação à cultura geral, além do de noções de teatro e interpretação, mesclando aulas, debates e exercícios práticos, e contando com a contribuição dos professores Rex Crawford, Maria Yeda Leite e José Carlos Lisboa, do poeta José Francisco Coelho e do escritor Raimundo Souza Dantas, que ajudavam o grupo em formação por meio de palestras.

> O Teatro Experimental do Negro tinha grandes ambições artísticas e sociais, dentre elas, estava a exaltação/reconhecimento do legado cultural e humano do africano no Brasil.

> Dada à inexistência de peças dramáticas que refletissem sobre a situação existencial do negro no Brasil, o grupo decidiu interpretar o texto *O Imperador Jones*, de Eugene

O'Neill, que se dedicava àquele mesmo empreendimento, embora tendo como referência o contexto estadunidense. O autor cedeu os direitos autorais ao TEN, por simpatizar com a iniciativa e reconhecer a similitude de condições entre o teatro brasileiro da década de 1940 e o teatro estadunidense de duas décadas antes.

A estreia da peça se deu em 8 de maio de 1945, no Teatro Municipal do Rio de Janeiro, onde nunca antes havia pisado um negro, fosse como intérprete; fosse como público.

Após o sucesso de crítica, que destacou a atuação de Aguinaldo de Oliveira Camargo, o passe seguinte do grupo foi o da criação e encenação de peças dramáticas nacionais que focassem as questões mais caras da vida afro-brasileira. Antes disso, porém, o grupo interpretou, em 1946, outro texto de O'Neill: *Todos os filhos de Deus têm asas*.

O primeiro texto escrito especialmente para o TEN foi *O filho pródigo*, de Lúcio Cardoso, inspirado na parábola bíblica. Foi considerado por parte da crítica como a maior peça do ano. A montagem seguinte se deu sobre o texto *Aruanda*, de Joaquim Ribeiro. Como desdobramento dessa peça, formou-se o grupo Brasiliana, constituído por seus percussionistas, cantores e dançarinos. O grupo de dança Brasiliana excursionou por quase 10 anos por toda Europa (Fundação dos Palmares, 2016).

A atuação do TEN não se limitava ao teatro ou a uma crítica social restrita à esfera discursiva. As aspirações do grupo incluíam a melhoria real da qualidade de vida da população afrodescendente, o que não podia prescindir do engajamento político de artistas, autores, diretores e demais formadores de opinião. Assim, o TEN organizou o Comitê Democrático Afro-Brasileiro e, em seguida, a Convenção Nacional do Negro, que apresentou à Constituinte de 1946, entre outras propostas, a inserção da discriminação racial como crime de lesa-pátria. Merecem destaque também a realização, em 1950, do primeiro Congresso do Negro Brasileiro, e a edição entre os anos de 1948 e 1951 do jornal *Quilombo*.

O TEN adotava a postura político-discursiva do Negritude, movimento político-estético que impulsionou a luta pela independência de muitos países africanos, como o Senegal, e influenciou a busca por libertação dos povos afro-americanos. Assim, tinha como bandeira *"priorizar a valorização da personalidade e cultura específicas ao negro como caminho de combate ao racismo"* (NASCIMENTO, 2004, p. 218).

As dificuldades financeiras, porém, selaram a história do TEN, no ano de 1961. Todavia, não obstante, o curto tempo de duração do grupo, o Teatro Experimental do Negro, juntamente com o grupo Os Comediantes, é responsável por inaugurar o teatro moderno brasileiro. Priorizando seu projeto artístico sem levar em conta o gosto médio da plateia, acostumada com as fáceis comédias de costume, abrindo mão da profissionalização dos atores, encenando textos de expoentes da literatura e da nova dramaturgia brasileira, como Jorge Amado, Augusto Boal e Nelson Rodrigues, por exemplo, além de suas próprias peças (como *Sortilégio*, de Abdias do Nascimento), e atraindo a atenção e a colaboração de outros inovadores como o diretor Zigmunt Turkov e o cenógrafo Tomás Santa Rosa, o TEN *"significou uma iniciativa pioneira, que mobilizou a produção de novos textos, propiciou o surgimento de novos atores [Ruth de Souza e Haroldo Costa, por exemplo] e grupos e semeou uma discussão que permaneceria em aberto: a questão da ausência do negro na dramaturgia e nos palcos de um país mestiço de maioria negra"* (Enciclopédia Itaú Cultural).

O CORPO COMO EXPRESSÃO DE ARTE E RESISTÊNCIA: A CAPOEIRA, O JONGO, O MACULELÊ E AS PRINCIPAIS EXPRESSÕES DE ARTE DE RESISTÊNCIA NEGRAS.

Nas tradições africanas, o corpo tem um espaço central na expressão da arte e valores de civilizações por todo continente africano, algumas vezes sendo mesmo de forma ritualística, como temos em uma das explicações das origens do nosso Samba a partir de danças rituais de povos bantus de Angola, como é o caso dos Mbundus, Kimbundus e Imbangalas, seja em ritos de passagem ou na ocasião de outros eventos sociais.

A questão é que nessas sociedades da África subsaariana, regidas pela oralidade que tem peso documental e, portanto ritual, o gesto e o movimento têm igual valor simbólico e ritual; assim como praticamente toda expressão artística africana subsaariana, em seus diversos povos, assume de acordo com suas características próprias.

Neste contexto, a dança, enquanto expressão artística para os povos subsaarianos, tem uma importância simbólica e muitas vezes também ritual, tendo a corporeidade a função de expressar universos igualmente simbólicos e rituais que vão para além do simples entretenimento, no caso da música e dança, e do simples objeto puramente decorativo, no caso das artes plásticas quando nos referimos às artes em geral.

Como falo no meu *Antropologia dos Orixás* sobre a Oralidade Africana e suas tradições literárias e corpus literários igualmente dentro desta modalidade enquanto cultura oral, segundo nos diz Tierno Bokar Salif da célebre Escola de Dakar, a oralidade não significa uma falta de habilidade desses povos para adquirir os padrões do letramento em qualquer idioma, mas representa por si só uma forma específica de comunicar-se segundo uma característica cultural muito própria a estes povos da África

Negra, que veem, por exemplo, a própria Criação como surgida do Verbo, tendo este o poder de concretizar o que é falado pelo simples fato de mencionar a palavra que, por si só, porta o conhecimento, sendo a escrita uma "fotografia" do conhecimento por meio da expressão escrita, mas não o conhecimento em si mesmo, que existe na expressão sonora da palavra que materializa-se na tradição ancestral e só adquire valor na transmissão às gerações vindouras dentro de suas características culturais muito próprias a partir dos seus valores civilizatórios.

Portanto, nesse âmbito, para entender como se dá a relação com a corporeidade entre os povos subsaarianos (ainda mais em suas expressões artísticas), temos que nos ater à relação que eles têm com suas tradições literárias dentro da oralidade, pois da mesma forma que para eles, seguindo esta lógica, a palavra escrita é a fotografia do conhecimento (que tem sua expressão viva na cultura oral ancestral), mas que se inicia por sua vez no conceito, a arte inicia-se no conceito do artista e tanto a obra de arte enquanto expressão de artes plásticas como o movimento do coreógrafo ou do dançarino são meras fotografias da arte que começa no conceito do artista e que, no caso dos povos subsaarianos das sociedades tradicionais, como falei, não são respectivamente meros objetos decorativos ou puro entretenimento, mas portam em si um valor simbólico rico e na maior parte das vezes ritual.

Quanto à corporeidade e sua consequente expressão artística para os subsaarianos, podemos dizer que não é de se admirar que grande parte de sua forma de expressão de resistência se dê por via dessa mesma corporeidade, que na maioria das ocasiões porta um valor simbólico para além do puro entretenimento e nem sempre é entendida pela cultura eurocêntrica ocidental como expressão de protesto, devoção, gesto ritualístico, resistência ou que porte qualquer simbolismo para além do puro entretenimento quando se expressa por êxtase ou alegria, que o banalizam (não enxergando, por exemplo, as tristezas que um samba, ou a devoção efusiva das festas de Largo em Lavagens de Escadarias de Igrejas na Bahia com suas músicas carnavalescas, herdeiras destas tradições, pode expressar em si, em ambos os casos sendo expressões de uma resistência cultural herdeira de tradições milenares do continente africano, berço de todas as civilizações).

Portanto, ainda que não esteja sempre explícito na aparência, é uma constante no caso das tradições de matrizes africanas, dentro da oralidade ou na expressão artística em objetos ou a partir da corporeidade enquanto arte que elas expressem atos de resistência, remetendo-se ao significado simbólico, e no caso de tradições como o Candomblé e Umbanda até mesmo ritual dessa resistência cultural e até política.

O próprio Samba das Escolas do Rio de Janeiro nasce na Bahia nas tradições do Samba de Roda, que nasce das tradições do Jongo e da Umbigada e que alguns estudiosos relacionam às danças rituais Bantu, e que as Tias Ciatas, Mães de Santo do Recôncavo Baiano, no final do século XIX e início do XX, quando migraram ao Rio de Janeiro, trouxeram dentro do que seria o Candomblé. Depois dos eventos religiosos, os Sambas eram inicialmente tocados de forma ritual, até que apenas anos depois passam a ter valor mais marcado como entretenimento (e até os dias de hoje representando locais e focos de resistência negra nas comunidades). Portanto, até mesmo os nossos Sambas-enredos das escolas cariocas de hoje nasceram na forma de resistência simbólica e ritual ao modelo dos valores civilizatórios dos povos negros africanos subsaarianos que lhes são ancestrais. Sendo expressões da corporeidade como arte de resistência.

A História da Capoeira no Brasil

A capoeira é um símbolo de resistência cultural que é parte integrante da identidade cultural nacional internacionalmente reconhecido, e aparece enquanto reação às violências que os escravizados eram submetidos em tempos coloniais.

A capoeira regional, no caso, que tem suas origens na Capoeira de Angola, em diversos idiomas de origem bantu do local significava Dança da Zebra, que imitava os movimentos desse animal pelas savanas da região, servindo com seus movimentos lentos para defesa em casos de ataques pessoais (à semelhança do Tai Chi Chuan na cultura chinesa, que igualmente imitava animais com movimentos lentos e tem caráter de pura defesa e em ambos os casos não existia "golpe para ataque").

No período da escravização no Brasil, esses movimentos ganham velocidade e, ainda que basicamente voltados à defesa, ganham contornos de uma corporeidade ágil de resistência e de luta que permitisse a defesa no caso das perseguições sofridas pelos agentes dos senhores de escravos, uma vez que não possuíam armas brancas e muito menos de fogo para lutar.

Com a proibição da prática de qualquer esporte que fosse, os lutadores fazem adaptações em seus movimentos incluindo novas coreografias e elementos musicais para disfarçar seu real significado e função.

Ainda após a abolição, a prática da capoeira, assim como seus praticantes, continuam a sofrer perseguições, sendo até mesmo criminalizada e tida como vadiagem e contravenção, devido, sobretudo, ao poder de atrair trabalhadores negros em potencial para uma provável mobilização social e de resistência em torno de uma prática cultural que lhes era própria e familiar. Apenas em 1837 deixa de ser considerada crime segundo o Código Penal Brasileiro.

Atualmente, a capoeira é vista como uma das principais manifestações da cultura nacional e é internacionalmente reconhecida enquanto esporte e arte ao mesmo tempo, e sua música a torna uma prática ímpar entre as demais artes marciais mundiais, sendo mandatório a seus praticantes que saibam tocar instrumentos musicais correlacionados à prática para serem declarados plenos no esporte e arte (sendo o principal o berimbau). De forma que também existiam toques específicos de acordo com a ocasião conforme a história da prática nos narra, como quando se aproximava a polícia para que se dispersassem, é um de tantos exemplos.

A Capoeira no Mundo

O Dia Mundial da Capoeira (05 de julho) deve ser comemorado conforme o Artigo 10 da Convenção Internacional da Capoeira, que criou a Federação Internacional dessa prática, congrega todas as comunidades de capoeira ao redor do mundo e estabelece um organismo único de regulamentação do esporte.

O Esporte e Arte foi reconhecido Patrimônio Imaterial da Humanidade pela UNESCO em 2014 de forma a promover, resgatar e proteger esta prática que é um patrimônio da memória e resistência de nossos ancestrais africanos.

Já no Brasil, a Roda de Capoeira havia sido reconhecida pelo Iphan como Patrimônio Cultural Nacional a partir de 2008 – conquista que tem o significado de mais de oitenta anos de resistência contra os preconceitos a esta arte de expressão nacional.

História do Jongo

O Jongo também é conhecido como caxambu e entre os diversos nomes e denominações temos corimá, tambu, batuque, ou mesmo tambor e é uma dança nacional de origem africana que se utiliza de tambores como o próprio caxambu, que lhe dá um dos nomes.

É uma prática comum sobretudo nos meios rurais tendo influência muito forte dentro do que se tem hoje como sendo o samba carioca e outros estilos da música brasileira e cultura nacional em geral.

Essa prática costuma adquirir características das comunidades que a fazem nativa e está muito presente em estados como o Rio de Janeiro, São Paulo, Espírito Santo e até mesmo Bahia; e segundo a sua etimologia teria vindo de um termo quimbundo (*jhungu*), evocando som de tambores e instrumentos em uma dança ritual deste povo.

Segundo relata-se, o Jongo está no âmbito das danças de umbigada, dessa forma, tendo parentesco direto com o semba e masemba angolanos, sendo trazido ao país por escravizados de etnias bantu de reinos como Dongo e do Congo, onde seria hoje a atual Angola.

Tem como características a poesia de improviso, se desafiam em repentes a partir de cantigas e pontos com seus enigmas e que evocam à estrutura do jogo de adivinhação angolano que se denomina *jinongonongo*.

Também funciona tal qual uma expressão ritual e simbólica de valor supostamente sobrenatural e sagrada que pode acarretar fenômenos mágicos. Assim, o fogo que afina instrumentos, ilumina, igualmente os espíritos dos ancestrais e os tambores são vistos como ancestrais da própria comunidade trazendo à tona todo significado simbólico próprio às tradições africanas de forma que a dança circular remete a rituais de fertilidade, assim como as metáforas usadas na composição de seus pontos, que são indecifráveis aos que não estão envolvidos na prática do Jongo.

Do Jongo, em certa medida, nasce o samba nacional enquanto seu rebento na riqueza dos seus tambores ancestrais, sendo este o ritmo mais tocado nas favelas e comunidades quilombolas do país, nos lares berços do Samba e seus compositores da velha guarda das escolas de samba onde compartilhavam suas rodas e pontos de Jongo, dos quais surgiram os primeiros versos de partido-alto e do samba de terreiro, inventados e respondidos no improviso na herança de tal prática ancestral de resistência.

O Maculelê

Originalmente, prática de africanos e afro-brasileiros negros e caboclos da região do Recôncavo da Bahia, esta dança faz a simulação de uma luta com bastões de madeira e se dá ao som dos atabaques e cantos que lhe são próprios e característicos; a partir do último século, alguns de seus praticantes passaram a utilizar-se de facões em vez dos clássicos bastões de madeiras a fim de obter maiores efeitos em suas apresentações de cunho folclórico.

É sugerido por alguns estudiosos que esta manifestação tenha tido seu início na Bahia a partir do século XVIII, herdada provavelmente dos povos escravizados de origem sudanesa, ou mesmo através de tradições lusas a partir da dança dos "paulitos" e que, ainda que seja uma mistura de ambos, tenha incorporado elementos tanto indígenas quanto europeus e africanos.

Na atualidade, ainda que esta manifestação (Maculelê) seja largamente praticada por grupos de capoeiristas, ao contrário desta prática que ganhou status de uma verdadeira arte marcial, o Maculelê permanece sendo uma manifestação puramente folclórica.

Raízes do Maculelê

É provável que as origens do Maculelê sejam as antigas danças de espadas do Oriente, especialmente dos árabes, transmitidas aos povos sudaneses e africanos em geral em suas expansões pelo continente.

Essas danças podem remontar de outras mais antigas que se utilizavam de bastões e eram comuns tanto na Europa quanto na Ásia (até mesmo na China e sudeste Asiático) onde estes são os principais instrumentos de luta.

Já entre os lusitanos, tais danças eram popularmente conhecidas como danças ouriscas ou dos paulitos, sobretudo no norte do país, do Douro ao Minho; dessa forma, é provável também que, além da origem direta árabe, o Maculelê tenha sido influenciado fortemente por danças lusas herdadas dos portugueses em seu processo de expansão de navegações por terras do Oriente, Europa ou mesmo África.

Na Bahia, tais danças teriam ganhado forma própria e teriam originado o Maculelê.

Outras Considerações

Nos dias de hoje, esta manifestação (o Maculelê) tem características e estilo próprio baiano, mais especificamente de Santo Amaro.

Salvador do século XVIII fervilhava em expressões e manifestações culturais, reconhecidas ou não pelo poder e elite culturais vigentes sendo a maior cidade do Império Português após a própria capital Lisboa, maior que Goa, Macau ou qualquer outro porto ou cidade de Ultramar do Império Luso, igualmente com suas expressões culturais reconhecidas e não reconhecidas pelas elites culturais lusas e europeias e que trocavam e intercambiavam referências culturais que certamente influenciaram suas manifestações. Devido a registros históricos dessas influências, ou outras não reconhecidas entre si, pode ocultar raízes e influências que possam ter participado de processos culturais em comum conforme é possível que seja o Maculelê (em suas origens) um exemplo.

· · · · · · · ·

AFRICANIDADE, RELIGIOSIDADE TRADICIONAL E VALORES CIVILIZATÓRIOS DE MATRIZES AFRICANAS COMO EXPRESSÃO DE RESISTÊNCIA CULTURAL E AFIRMAÇÃO IDENTITÁRIA

Conforme tratado sobre as dimensões do Mito, segundo Joseph Campbell, temos que todo mito tem quatro funções: mística ou religiosa; cosmológica (que explica a ordem e estrutura do Universo); sociológica (que cria corpos sociais); e pedagógica (que cria arquétipos de comportamentos que imitamos).

Portanto, na primeira função onde tudo começa, na função religiosa, temos na história do nosso país, nas tradições de Matrizes Africanas, toda uma forma de resistência de valores culturais que vão muito além do puramente religioso; mesmo antes do advento do sincretismo quando os escravizados cultuavam suas entidades ancestrais embaixo dos santos católicos, ou na Criação das Primeiras Irmandades Negras de Culto aos Orixás e Voduns no Brasil, que se travestiam de sociedades Católicas (como foi o exemplo das três mais tradicionais casas de candomblé da Bahia, Casa Branca, Gantois e o Afonjá).

Falo da Resistência de Valores Culturais e Civilizatórios, que por muito tempo foram e ainda são nos dias de hoje resguardados por estes valores da Religiosidade de Matrizes Africanas que se passam nas tradições do Matriarcado, sobretudo das

RESISTÊNCIA POLÍTICO-CULTURAL NEGRA NO BRASIL 119

principais casas de Matrizes Africanas, como as citadas anteriormente, são um exemplo e na verdade são um patrimônio histórico e cultural imaterial nacional, portanto, tangendo todos os brasileiros independentemente de suas religiosidades.

Como falarei com mais detalhes em outros aspectos mais adiante, é importante que nos atenhamos que no caso das nossas casas de matrizes africanas (terreiros) e também nos cultos dos povos tradicionais originários em geral, estes espaços desempenham uma função dentro do sagrado para os adeptos dessas religiões, mas também dentro do civilizatório para todos os cidadãos do país independentemente de suas religiões, como locais de expressão onde estes valores civilizatórios nacionais de matrizes africanas (patrimônio cultural nacional de todo e qualquer cidadão brasileiro, qualquer que seja sua posição religiosa ou filosófica) são resguardadas e propagadas à sociedade.

Portanto, entende-se perfeitamente que tradições religiosas como as das denominações de religiões judaico-cristãs em geral tenham práticas diferentes das tradições de matrizes africanas no que se refere às suas liturgias ou dogmas religiosos. Não há a intenção de converter ninguém às religiões tradicionais ou obrigar a adotar práticas religiosas, contudo, fala-se aqui de valores civilizatórios que são constituintes de nosso processo de formação identitária nacional e que são um patrimônio cultural e imaterial de nosso Estado Nacional, devido a isso, nesta dimensão civilizatória de que gozam em relação a uma coletividade social nacional sendo igualmente este espaço para além do sagrado e religioso (que varia de acordo com a liberdade religiosa e de expressão de cada um) em relação a essas coletividades e, portanto, deve ser respeitado como tal com toda proteção institucional que merece enquanto um patrimônio cultural do Estado Nacional.

É direito que não se siga uma religião, que não aceitem preceitos ou as práticas, contudo, a demonização de mitos e os consequentes valores civilizatórios que eles resguardam e representam é inaceitável e deveria ser reprimida e até mesmo punida por ser uma agressão direta a um patrimônio cultural e imaterial do Estado Nacional constituinte do nosso processo civilizatório e identitário.

E muitíssimo brevemente vou citar exemplos desses valores civilizatórios dos mitos africanos com o recorte dentro dos Orixás iorubanos e sua importância nesse processo de constituição de nosso processo civilizatório e identitário nacional. Falarei adiante com mais detalhes qual impacto têm os principais deles no desenvolvimento econômico e social do país dentro dos conceitos de Estudos da Antropologia Cultural da Economia; inclusive, quais são os efeitos do apagamento epistemológico do arcabouço civilizatório de matrizes africanas presente nestes mitos.

Exu, por exemplo, o *trickster* (transgressor, revolucionário) da antropologia dos iorubás, quebra e desafia a ordem estabelecida, transgride quando a ordem social entra em ciclos autodestrutivos, resiste à opressão e ridiculariza o opressor e o detentor do poder desafiando a ordem estabelecida como o que estabelece a revolução (razão pela qual foi é tão demonizado pela Igreja e todos durante os tempos que representaram a autoridade do poder estabelecido, o que fez ser sincretizado com quem foi).

Ogum, Oxóssi e Nanã, os Orixás Onilê (Senhores da Terra) estabelecem relações entre autóctones e invasores e trazem o sentido de pertencimento à Terra e de Pátria (sobretudo neste caso Nanã, a Senhora da Terra) como explico mais detalhadamente em outro momento, o que delineia o processo de Identidade Nacional a partir deste pertencimento.

Oxumaré e Xangô que dão, de acordo com suas características específicas, o sentido de duplo e da dialética africana; Oxumaré, a partir do imaginário da Divindade Andrógina; e Xangô, na questão dos Gêmeos e do próprio Oxé (machado) que em ambos os casos desafiam com a visão dupla de uma dialética transgressora africana que leva em conta nos processos de registros históricos, fatores tanto da objetividade coletiva (única que levam as tradições ocidentais e eurocêntricas) quanto da subjetividade individual e também simbolizando pelo Oxé de Xangô, as dinâmicas sociais africanas subsaarianas sujeitas a esta dialética negra africana (transgressora) que mantém o tradicional e ressignifica o novo, que deu origem ao Candomblé e depois à Umbanda no país neste processo e que influencia outras tantas dinâmicas de nossa sociedade presentes em nossas visões de mundo de forma predominante com esta dialética africana transgressora que vai contra o pensamento cartesiano e linear eurocêntrico da branquitude.

Sendo assim, um patrimônio civilizatório e identitário que não se relaciona diretamente com a religião específica de nenhum afrodescendente ou não brasileiro que está submetido a esta visão por sua visão de mundo.

Temos em Yansã os arquétipos das chefes de família que chegam a ser maioria onde este mito tem mais influência no nosso país, e Oxum como o Mito da Educação e tantos outros, e nada disso tem nada a ver com Religião. É inadmissível que seja demonizado por líderes religiosos de formação duvidosa por um projeto de poder conforme explico mais à frente de forma detalhada.

Portanto, a situação ideal é que nossos terreiros tornem-se centros propagadores desses valores como continuidade do ato de resistência ancestral, quando estiver claro que no caso de nossos terreiros e casas de matrizes africanas (ao contrário das demais religiões) há a dimensão do sagrado e ritualístico para os adeptos, mas também a dimensão do civilizatório e que é de interesse público e coletivo, pois como digo e reafirmarei mais à frente, o bater de nossos tambores é um ato político e está muito longe de ser um ato puramente religioso, ritualístico e muito menos banal; ele porta em seu ressoar o grito ancestral de todo peso, suor, sangue e lágrimas dos que nos constituíram enquanto brasileiros em identidade e civilização.

O ideal seria o Estado designar pessoas com formação acadêmica adequada para tal ação, como é o caso de estudantes de ensino superior (Graduação, Mestrado, Doutorado) pagos com bolsas de ensino para levar estes valores a alunos do Ensino Médio nos barracões dos Terreiros do país, havendo assim um projeto paralelo dos órgãos governamentais para transformar, desta forma, nossos terreiros (justamente por estarem para além do espaço do simples sagrado, mas também do civilizatório) em pontos de cultura e, assim, fazer de forma a institucionalizar a agressão e depredação destes locais como uma agressão direta a um patrimônio do Estado, e não somente a um templo religioso ao qual a ação Estatal é limitada (o que traria uma pena muito maior aos infratores). Isso com certeza teria um efeito infinitamente maior do que o puro e simples reconhecimento institucional do dia Nacional do Candomblé ou da Umbanda.

A importância que tanto a religiosidade quanto os valores civilizatórios de matrizes africanas são centrais no processo de resistência negra e na formação de nosso processo identitário e civilizatório é mais que evidente, faz-se necessário esse reconhecimento coletivo para além das entidades da sociedade civil do movimento negro, a fim de pressionar as autoridades governamentais de vários níveis com ações para além do puro reconhecimento institucional, mas com ações práticas que merecem conforme a citada, e conforme comprova-se inclusive pela importância no desenvolvimento socioeconômico do país – como argumento detalhadamente nesta obra nos próximos capítulos.

CULTURA AFRO-BRASILEIRA E AFRICANA NA EDUCAÇÃO

········

FORMAÇÃO DE PROFESSORES, CONTRIBUIÇÕES, TENSÕES E PERSPECTIVAS

Um dos maiores desafios para as Leis 10.639/03 e 11.645/08 é o fato de não existir nenhuma fiscalização, seja em nível Federal, Estadual ou Municipal quanto ao seu cumprimento e a falta de punição quanto ao seu não cumprimento, também há a questão da não obrigatoriedade de reserva de dotação orçamentária na educação pública de todos os níveis para sua aplicação, o que a torna vulnerável à vontade de professores, docentes e administrações públicas quanto à sua efetiva aplicação, e não é diferente na questão da formação de professores.

É sabido que grande parte do fato de a Lei, em 2023, vinte anos depois de sua promulgação, ainda não estar plenamente aplicada deve-se a questões de cunho religioso de grande parte dos docentes e professores que se recusam muitas vezes em tocar em qualquer assunto que se refira ao tema, o fazem por não serem punidos já que não há nenhuma fiscalização nesse sentido, assim como nenhuma obrigatoriedade de previsão de dotação orçamentária para sua aplicação.

Como professor e autor do tema, sei bem na pele qual é a dificuldade de tratar do assunto em Universidades Privadas de onde sai a maior parte dos professores da educação básica no país. Resguardando o nome da Universidade e dos alunos e alunas em questão, para ilustrar um caso e a temática, transcrevo o artigo publicado na Revista *Fórum*, no Blog *Maria Frô*, em junho de 2017, logo após ter sido demitido de uma Universidade Privada devido à avaliação de alunas evangélicas que se recusaram a ler minha dissertação de mestrado tão somente por tê-la dedicado aos meus ancestrais africanos (e, diga-se de passagem, eram em maior parte negras).

O texto que narra o caso expõe claramente os conflitos e desafios que nós professores dessa temática temos que enfrentar, na maior parte das vezes sem nenhum apoio institucional, no processo de formação de docentes e professores dentro das temáticas das Leis 10.639/03 e 11.645/08 e creio que transmite muito mais, a partir de uma experiência vivida em sala de aula, sobre como se dá esse processo realmente desafiador.

Ivan Poli: O Fundamentalismo Religioso Contra a Laicidade e os Valores Civilizatórios Africanos na Educação Brasileira faz Suas Vítimas

(Blog Maria Frô, Revista Fórum, 27/06/2017)

Os retrocessos não cessam. Recebo uma denúncia que fere não apenas a liberdade de expressão, mas também as Leis 10.639/03 e 11.645/08. A Universidade, em vez de abrir um espaço de debate e diálogo para enfrentar o preconceito religioso e em grande medida racial, escolheu o caminho mais fácil, a demissão do professor que não abriu mão de educar e formar com o compromisso de combater o fundamentalismo religioso, os preconceitos e a ignorância promovida por igrejas que fizeram da fé um mercado e dos fiéis consumidores. As obras do professor Ivan Poli podem ser encontradas em seu perfil da **Academia.Edu.** Abaixo seu relato:

Primeiramente, agradeço a este espaço editorial progressista em tempos tão sombrios e de retrocessos em nome de minha ancestralidade africana e os valores civilizatórios que herdamos desses ancestrais que ajudaram a nos constituir enquanto Nação Brasileira, sobretudo os valores civilizatórios africanos que pregam pelo respeito e amor ao "Espírito da Terra" em que nascemos e que alimenta e acolhe a nós afrodescendentes e que transformamos em nossa Pátria, assim como a Terra de Nossos Ancestrais.

Em nome da Memória dos valores civilizatórios herdados de minha ancestralidade africana e da laicidade da nação que acolheu estes meus ancestrais, venho denunciar a agressão que eu e minha obra acadêmica sofremos pela defesa de tais valores na Educação Brasileira, por parte do ódio e fundamentalismo religioso. Sou um professor da Universidade de São Paulo e leciono a disciplina de Etnicidades e Africanidades em um curso de pós-graduação voltado, sobretudo, para militantes do Movimento Negro na Escola de Comunicação e Artes dessa Universidade. Sou também um militante do movimento negro e autor de livros sobre o Renascimento Africano, reconhecido por autoridades políticas, acadêmicas e tradicionais deste continente na defesa dos valores civilizatórios africanos, especialmente na Educação.

Até junho de 2017, fui professor de diversas disciplinas do curso de Pedagogia de uma universidade privada de grande conglomerado de educação até ser desligado devido ao baixo resultado de minha avaliação institucional por parte dos alunos da instituição, como também devido à diretiva do conglomerado (como comum em universidades privadas em geral) em não desagradar esses alunos. Devido a minha larga experiência internacional em diversos países e meu trabalho dentro da militância pela diversidade e questões étnico-raciais, fui contratado pela Coordenação Pedagógica em janeiro com o objetivo de proporcionar aos alunos do curso de Pedagogia o diferencial do repertório cultural e dos valores da diversidade tão necessários à formação do Educador nos dias de hoje.

Ao iniciar, apresentei minha obra dentro do Renascimento Africano e Diversidade Cultural a quem pudesse interessar e mencionei questões relativas a esta diversidade que devemos falar das dimensões: sociológica (que forma corpos sociais) e pedagógica (que cria padrões de comportamento que imitamos), que são funções civilizadoras dos mitos africanos na Educação em cumprimento à Lei 10.639/03, assim como são aceitos socialmente os mitos nórdicos e helênicos nestas dimensões e no objetivo de descolonizar nosso currículo escolar, mas que não é correto usar liturgias religiosas em sala de aula, como orar o Pai-Nosso, uma prática comum em escolas públicas da Grande São Paulo que, apesar de ilegal pelo princípio de laicidade do Estado, nós que somos professores sabemos que é socialmente aceita e praticada por professores cristãos, sobretudo evangélicos neopentecostais com o objetivo de "acalmar os alunos" sem que isso cause qualquer punição. O que causou manifestações adversas de alguns alunos.

Entre as disciplinas que lecionava, estava Filosofia para alunos do 5º semestre do curso em dois *campi*. Ao ver que o curso como um todo não contemplava autores clássicos da educação, essenciais na formação do educador, fiz a introdução desses autores ao que fui autorizado e incentivado pela Coordenação com o objetivo de contemplar conteúdos do exame de avaliação do curso (ENADE), que seria realizado no final do ano pelos alunos. Usei inclusive minha obra acadêmica *Pedagogia dos Orixás*, resultado de minha dissertação de Mestrado, cuja pesquisa gerou diversos relatórios para a SEPPIR e MEC utilizados na implementação de políticas públicas durante os governos Dilma. Usei os capítulos para apresentar um autor clássico na Sociologia da

Educação e outro na Área de Psicologia da Educação presentes na obra, ao que fui igualmente autorizado pela Coordenação.

Para minha surpresa, fui questionado em uma sala do 5º semestre pela representante que falou, supostamente em nome da sala, que eu estava usando um livro religioso e havia alunas que estavam se recusando a ler por falar em Orixás no título, que corresponde ao mesmo absurdo de um aluno ateu se recusar a ler o clássico de Max Weber em *Sociologia: A Ética Protestante e o Espírito do Capitalismo*, por citar o protestantismo. Em outra sala do mesmo *campus* em que usei o livro, fui denunciado por alunas à Coordenação por "fugir do programa e usar livros inapropriados à disciplina de Filosofia, como o *Pedagogia dos Orixás* (onde usei autores clássicos de Sociologia da Educação e Psicologia da Educação ausentes no programa do curso) e os textos clássicos da Filosofia de Platão e Rousseau, que fiz com autorização da Coordenadora para se aproximar ao currículo da USP.

A fim de parar de gerar polêmica nesse *campus*, pedi que os alunos fizessem uma resenha crítica dos capítulos em questão de minha obra acadêmica *Pedagogia dos Orixás* e que indicassem baseado em autores também da Academia o que era inapropriado para o uso em um curso de Pedagogia. Alguns dias depois, fui alertado pela Secretaria do Campus que os alunos de uma dessas salas do noturno na qual lecionava estavam indo reclamar da religiosidade do título do meu livro (que é uma dissertação acadêmica) e me sugeriu para que não descontentasse os alunos, o que é uma diretiva do conglomerado, a passar somente as páginas dos capítulos em questão sem mostrar o título "Pedagogia dos Orixás", ao que me neguei e reforcei que justificassem academicamente a partir de autores onde havia conteúdo inapropriado para o uso em um curso de Pedagogia a partir de uma resenha crítica.

Bem, os alunos fizeram, contudo uma aluna me alerta de que havia outras alunas que estavam combinando de me avaliar mal em retaliação ao fato de tê-las obrigado a ler meu livro "religioso", segundo elas. Nas áreas dos *campi* que lecionava, 80% da comunidade é evangélica neopentecostal e não me admira nada se descobrir no futuro que tal combinado tenha sido feito em um culto de igreja igualmente neopentecostal como proliferam pelas regiões e toda periferia da Grande São Paulo. Em outro *campus*, peço que seja feita a mesma resenha dos mesmos capítulos do meu livro *Pedagogia dos Orixás* em Sociologia da Educação e Psicologia da Educação; e a representante, que é evangélica, junto a outra aluna, me pede para que lhes desse outros livros, pois estavam impossibilitadas de fazer a resenha crítica de tais livros por razões religiosas, devido ao fato de minha dissertação acadêmica falar sobre Orixás, e elas serem evangélicas.

Cito o caso de Weber, que tem a palavra Protestante em um dos livros e nem por isso o clássico da Sociologia é um livro religioso, e elas falam que neste caso era mais importante o Protestantismo, e isso justificava o uso de Weber. Dizem que não podem fazer a resenha de meu livro acadêmico por eu ter na dedicatória da minha dissertação dedicado o meu anel de pós--graduação e minha obra a meus ancestrais africanos na figura de Xangô, da qual tenho descendência e é a minha origem mais nobre da corte de Oyo, que descendo por linhagem materna em uma sociedade matrilinear (para elas era coisa do demônio). De qualquer forma, disseram que não fariam a resenha de um livro dedicado aos Orixás (que para elas era o demônio) nem a mães de Santo como Mãe Stella e Oba Biyi, que têm uma função histórica no combate ao racismo no Brasil. Falei que aquilo era um ato racista contra os valores civilizatórios africanos de meus ancestrais e que me sentia fortemente ofendido por ver agredida pelo fundamentalismo religioso minha origem mais nobre de onde herdei meus principais valores civilizatórios, pois se estivesse falando de origens e mitos europeus isso não aconteceria, ao que elas se surpreendem e se ofendem fortemente motivando uma campanha entre as demais alunas evangélicas para que não fizessem a resenha, dizendo que não era racismo de forma alguma.

Bati firme na questão e disse que se quisessem podiam ir à coordenação ou mesmo à Justiça, que não mudaria o livro. Na semana seguinte, sou questionado pela coordenação para que me retratasse com as alunas da sala devido a uma série de insatisfações levantadas pela representante (a mesma que me questionou quanto ao livro), pois era uma diretiva do conglomerado não deixar os alunos insatisfeitos. Entre os pontos estava a questão de elas não estarem satisfeitas com o *feedback* que dei sobre o uso do meu livro acadêmico *Pedagogia dos Orixás,* e que me retratasse por ter obrigado tal uso; sendo pressionado a mudar de atividade para que as alunas não ficassem insatisfeitas para, assim, seguir a diretiva do conglomerado.

Revoltei-me com tal atitude e disse que se alguém tinha que se justificar sobre o caso eram as alunas que questionavam o uso de uma obra acadêmica, por razões religiosas, e que era inadmissível e mesmo ilegal e criminoso diante da laicidade do Estado que eu tivesse que me retratar com alunos pelo uso de uma obra acadêmica por razões de cunho religioso, que ofendiam inclusive os valores civilizatórios africanos historicamente constituintes de nossa civilização e identidade nacionais. Deixo bem claro isso: que aquele ato era criminoso diante do conceito de laicidade do Estado e que aquilo contrariava esses princípios e devido à pressão sofrida para que os alunos não ficassem descontentes segundo as diretivas do grupo educacional, deixando claro que o caso era passível de denúncia ao Ministério Público, me vejo obrigado a mudar de atividade e preparo um questionário sobre laicidade e diversidade para aplicar nas salas a fim de poder diagnosticar o quanto os alunos daquela instituição conheciam estes conceitos.

No dia seguinte, em retaliação pela Coordenação, levo uma advertência da Diretoria de Área de Humanas do conglomerado, por diversos fatores, sobretudo, por supostamente ter mudado o programa sem o consentimento da Coordenação (o que não é verdade) e sou informado de que minha avaliação institucional por parte dos alunos dos *campi* estava muito abaixo da média dos outros professores (que não "desagradaram" os alunos) e, na sequência, com o pedido de disponibilidade de horário para o semestre seguinte, sou informado de que o critério principal para atribuição de aulas seria a avaliação institucional dos alunos.

No dia de aplicar a prova e questionário para a turma com a qual tive que me retratar por ter usado meu livro acadêmico *Pedagogia dos Orixás*, a representante, por razões religiosas, se recusa a responder o questionário sobre laicidade e diversidade e, igualmente, por razões religiosas, incita as alunas evangélicas a não responderem e é seguida por diversas alunas e, declara, diante de todos na sala (que podem testemunhar) de forma desrespeitosa e agressiva, que estava fazendo aquilo para salvar meu emprego (deixando evidente que as insatisfações levadas à coordenação tinham o propósito que perdesse o emprego) e que não responderia o questionário, pois ficou profundamente incomodada com a minha dedicatória de meu anel de pós-graduação e minha obra acadêmica a meus ancestrais de origem africana na figura de Xangô, assim como as autoridades de comunidades tradicionais e ao patrimônio histórico nacional que é o *Ile Ase Opo Afonjá* em Salvador, a quem fazia agradecimentos da pesquisa.

Ao sair da sala, como todos são igualmente testemunhas, ela me ameaça e diz que, se marcasse o nome dela em algum questionário, o caso sairia dali e iria em comitiva reclamar à

Coordenação que eu estava obrigando-as a estudar sobre Orixás (e que para elas era errado por ser coisa do demônio), ao que não há uma resposta positiva e então reclamam que a prova estava muito fácil, que todo mundo foi muito bem, terminou muito rápido e que não se sentiram avaliadas. Levam isso à Coordenação, alegando que eu dei as respostas da prova por ter aplicado um questionário com perguntas semelhantes na aula anterior de revisão, o que fez com que eu tivesse de me justificar a pedido da Coordenação à Direção de Área, sobretudo, por deixar as alunas insatisfeitas e contrariar as diretivas do conglomerado. Preparo, então, outra prova do mesmo tema para ser aplicada a essas alunas que se sentiram descontentes por não terem se sentido avaliadas, contudo, elas se negam a fazer e um grupo de alunas vai à Coordenação dizer que a revolta, de fato, era por eu as obrigar a ler meu livro acadêmico *Pedagogia dos Orixás*, mentiram ao dizer que haviam dado respostas.

De qualquer forma, o único punido foi eu, nada aconteceu às alunas, pois pela diretiva do conglomerado educacional os alunos não podem ficar insatisfeitos. Nos questionários entre as perguntas que faço, ainda é alarmante em pleno século XXI o número de alunos dessas turmas do 5º semestre que não sabem o que é Laicidade, que não acham errado orar em sala de aula e que afirmam que mesmo trabalhando em escola pública terão essa prática com os alunos. Também é relevante o número de alunos que não respondeu o questionário de diversidade e laicidade por questões religiosas para não expor sua opinião, assim como os que se recusariam a falar em mitologia africana (Orixás), mas não se recusariam a falar em mitologia nórdica e helênica alegando que no caso dos Orixás se trata de religião. Também é relevante o número que não considera racismo, mas justificável por razões religiosas, não falar em mitos e valores civilizatórios africanos em sala de aula como pede a Lei Federal 10.639/03, o que indica razões pelas quais a laicidade não é respeitada na

Educação Pública, assim como os valores civilizatórios africanos fundadores de nossa civilização nacional são igualmente negligenciados devido ao fundamentalismo religioso, sobretudo neopentecostal, apesar da legislação nesse sentido, assim como o caráter laico da educação pública.

Ao fim do período de provas, sou chamado pela Coordenação, que informa sobre meu desligamento da Universidade devido ao fato de não me adaptar ao que chamam "perfil cultural" dos alunos dos *campi*, e que meu perfil é para o padrão cultural dos alunos de Universidades como a USP (onde ao contrário do que aconteceu nesta Universidade Privada, tenho altíssimo nível de aprovação entre os alunos de pós-graduação usando somente minhas obras); o que ocasionou minha baixa avaliação institucional, resultado de minha demissão, que chegou a admitir que teve influência de racismo e preconceito conforme chegou a discutir com determinados representantes de sala. Afirma que minhas aulas e programa tinham um nível muito superior ao capital cultural dos alunos da instituição, que na verdade reclamavam a volta do currículo de educação tecnicista e que este "descontentamento" por parte dos alunos com um currículo que traz repertório cultural e temas inquietantes da diversidade também foram razões para minha baixa nota na avaliação institucional e que voltaria a aplicar o currículo tecnicista a pedido pelos alunos (alguns alunos raros que gostavam da questão do repertório cultural também chegaram a me dizer que ocorreu o mesmo com outros professores que não seguiam o currículo da formação tecnicista).

Também afirma que fora diversas vezes questionada pela Reitoria devido ao uso de minha obra acadêmica *Pedagogia dos Orixás* devido às reclamações que chegaram por autoridades (que não soube explicar quais eram, mas posso mesmo imaginar) e que isso também pesou no quadro em geral. Independente do que possam vir a alegar quanto à minha demissão, é fato inegável a ilegalidade do ato em pedir que me retratasse com alunos devido ao uso de uma obra acadêmica autorizada pela Coordenação a integrar o currículo, por razões religiosas, o que não condiz com as regras da academia e fere o princípio de laicidade do Estado, o que já é suficiente para uma ação junto ao Ministério Público.

Agradeço a todas as entidades políticas, do Movimento Negro e das Comunidades Tradicionais que estão se manifestando e se manifestarão em repúdio ao ato de racismo, ofensa à laicidade e aos valores civilizatórios africanos na Educação por todo o Brasil, pois, como aconteceu comigo, acontece com diversos professores que defendem estes valores e a laicidade Brasil afora conforme sabemos. O repúdio a este ato gerou reações até mesmo do outro lado do Atlântico por parte das autoridades africanas que reconhecem minha obra como integrante do Renascimento Africano e representante dos valores civilizatórios africanos na Educação. A família real do Daomé representada pelo herdeiro do trono, o príncipe de Abomey Serge Guézo, descendente direto do Lendário rei Guézo e de Na Agontimé, fundadora do Candomblé Jeje no Brasil, como detalha o documentário de Pierre Verger quando foi desterrada ao Brasil como escrava e também tida como uma das precursoras da tradição do Tambor de Mina, está colocando o assunto na pauta do Manifesto do Evento do Bicentenário do lendário rei Guézo, no qual autoridades tradicionais e intelectuais africanos discutirão suas questões.

O que mais deixou revoltada a família real do Daomé, que reconhece em minha obra a defesa dos valores civilizatórios africanos na Educação, foi o fato de uma mulher negra que talvez nem se declare negra repudiar e odiar os próprios ancestrais míticos de seu povo. Recusar a ancestralidade para um africano, independentemente da sua religião, é negar um valor civilizatório central e o próprio senso de humanidade que o constitui criando um estado de barbárie inaceitável em uma sociedade. Ancestralidade é Memória; e Memória é Resistência, assim afirmo em minha obra que por isso é reconhecida por autoridades como representantes do Renascimento Africano.

Um povo que nega a ancestralidade ofende a Memória Histórica Nacional e, por não resistir, se descaracteriza, e isto é o que mais os deixou tristes. Com relação à agressão aos valores civilizatórios africanos na Educação reconhecida por esta família real em minha obra, o príncipe de Abomey Serge Guézo está refazendo o pedido de restituição do trono do rei Andadozan, que foi enviado pelo rei Guézo ao Brasil no século XIX, em uma missão diplomática do Daomé na busca da rainha Na Agontimé, fundadora da Nação Jeje do Candomblé, usando mais este argumento e em ato de repúdio à ofensa aos valores civilizatórios africanos presentes em minha obra. Além de pertencer historicamente ao Benin, por ser um elemento de culto aos príncipes de Abomey, esta ação, segundo o príncipe Serge Guézo, visa ser uma reação de repúdio que chame a atenção das autoridades para a agressão que os valores civilizatórios africanos presentes em minha obra sofreram, assim como sofrem todos os professores que as defendem de forma heroica em nosso país. Também é um repúdio à invasão de nossas casas de matrizes africanas, assim como sua ancestral, Na Agontimé, fundou no Brasil guardiãs de nossos valores civilizatórios para resistir ao ódio religioso, muitas vezes, inclusive, de negros que foram privados de ter o contato com os seus valores ancestrais (outra razão de minha obra ser reconhecida pela família real do Daomé) independentemente de suas religiões.

Também é um ato simbólico de solidariedade aos que lutam contra o genocídio da juventude negra de todas as formas, muitas vezes privada de seu patrimônio civilizatório e, igualmente, como uma forma de repúdio a este genocídio. Ao ser publicado este artigo, a família real do Daomé levará o caso de agressão aos valores civilizatórios africanos na Educação representados em minha obra como denúncia à Comissão das Nações Unidas dos Direitos Humanos e à Comissão do Decênio dos Afrodescendentes por representação do Benim. Além desta, a família real de Savè, na figura do rei de Savè, que também reconhece minha obra como representante do renascimento africano, descendente direto de Odudwa, está mobilizando as autoridades reais de origem iorubá no Benim e Nigéria para um ato de repúdio.

E, por fim, os estudantes das Universidades do Panafricanismo na África que usam meu trabalho como referência e como os oriento, estão divulgando a informação entre os outros estudantes para um ato de repúdio. Ou seja, não estamos sós. Em agradecimento a todos que se importam com esta causa, deixo os links dos meus livros sobre Renascimento Africano e valores civilizatórios africanos para download e consulta gratuitamente (academia.edu), pois creio que intolerância, ódio e fundamentalismo só se combate com conhecimento. Indico, também, a obra de minhas precursoras Conceição Oliveira, *África, tantas Áfricas*, e Vanda Machado, *Ire Ayo*, como representantes desses valores civilizatórios africanos na Educação. Lembrando de minhas raízes, pois como diz a tradição ancestral: "A raiz sagrada do Iroko é sempre a sagrada raiz do Iroko".

IFE WON OMO IYA MI (AMOR MEUS IRMÃOS)

IVAN POLI (OSUNFEMI ELEBUIBON)

Autor do Renascimento Africano

DO HERÓI GREGO E O PAI ROMANO À HEROÍNA E HERÓI NEGROS NA EDUCAÇÃO

O Herói Grego, o Herói Africano e Seus Códigos Morais

Ao falar de educação, não podemos negligenciar que os heróis de nossas civilizações são os responsáveis pela criação de arquétipos que imitamos nesse processo educativo.

O motivo principal de estudarmos os heróis gregos e o pai romano na formação clássica de Educadores é porque esta formação defende que esses são os arquétipos principais que delineiam os comportamentos na Educação. Exemplos que determinam o que deve ser ensinado enquanto valores e os primeiros responsáveis por esta criação de arquétipos que nossos ancestrais imitavam.

Estudamos os clássicos gregos como a *Ilíada* e *A Odisseia* para entender, sobretudo, como se dá a construção desse herói responsável pela formação de arquétipos na Educação. Estudamos a história de Catão (o pai romano) como o exemplo de referência na educação e de educador de nossa civilização.

É inegável que o herói grego e o pai romano fazem parte da formação de arquétipos da Educação na civilização europeia e, por termos influência dessas civilizações, em nossa educação também.

Da mesma forma, os códigos morais dos heróis gregos e do pai romano são elementos que trabalham no sentido da formação de arquétipos (exemplos que imitamos).

Contudo, o que as Universidades de referência em nosso país na Educação clássica estranhamente negligenciam é que mitos e heróis (e heroínas) de origem africana ou afro-brasileira tenham participado do processo de criação de arquétipos em nossa Educação, mesmo que sejamos um povo de 90% de afrodescendentes e, no qual, a maioria (51%) se declare negra.

É como se todas as civilizações africanas que participaram de nosso processo civilizatório não tivessem nada a contribuir com nossos processos educativos, como se não tivesse tido seus heróis, seus mitos fundadores, seus ancestrais míticos ou, mesmo que tivessem, é como se nenhum deles tenha participado de nosso processo civilizatório estando relegados somente ao plano religioso de uma minoria. É como se os mitos africanos fossem menos mitos do que os mitos gregos, como se a mãe negra africana (e brasileira) que se inspirava em seus arquétipos de heroínas para caçar, guerrear e alimentar seus filhos fosse menos educadora que o pai romano que se inspirava em um código moral para educar seus filhos.

Em suma, todos esses heróis e heroínas negros africanos e brasileiros, apesar de tudo isso, é como se não existissem atualmente para nossa Academia. É como se suas civilizações, seus heróis e mitos não tivessem nenhuma relevância em nosso processo civilizatório brasileiro tornando-se invisíveis nesse processo.

Contudo, apesar de invisíveis para nossa Academia atual, esses heróis, heroínas e mitos existiram e de alguma forma influenciaram na formação de arquétipos da educação brasileira em nosso processo civilizatório, mesmo que não sejam reconhecidos.

Os códigos morais dos heróis gregos e do pai romano que estudamos em nossa formação clássica de educadores não participaram sozinhos do processo de formação de nossa civilização; os códigos morais dos povos africanos, invisíveis para nossa Academia, estiveram por meio de seus heróis e mitos presentes nesse processo. Isso é inegável.

Ao estudarmos a questão da Violência Simbólica e da imposição do arbitrário cultural no início desta obra, entendemos melhor o que ocorreu com nosso patrimônio civilizatório de matriz africana perante nossa Academia que, ao negligenciar a participação desses códigos morais de origem africana, assim como seus heróis, heroínas e mitos em suas funções civilizatórias em nosso processo educacional, mostra a face mais cruel e injusta de seu pensamento predominantemente ainda colonizado.

A areté

Um dos conceitos centrais que formam os arquétipos da Educação (e do herói grego) é justamente a *areté*. Citando o texto de Gilda Naércia Maciel de Barros, temos as definições dos conceitos centrais do que é esta *areté* para a Educação Clássica Ocidental:

> Quando tratamos de cultura grega e educação, invariavelmente observamos que é impossível considerar os ideais de formação humana entre os gregos da antiguidade sem referir um conceito da mais alta importância para eles – *areté* (h(a)reth/).
>
> A palavra grega que poderia aspirar à equivalência relativamente à palavra latina educação é *paideia* (h/paide/ia,aj), etimologicamente presa a pais, *paidós* (o/,h/pai=j, paido/j), que significa, pura e simplesmente, criança. Já o verbo *paideúo* (paideu/w – paideu/sw,e pai/deusa, pepai/deuka) se traduz por criar, instruir, formar e também se aplica a animais com o sentido de criar, formar.
>
> Werner Jaeger lembra que a palavra paideia só aparece no século V a.C., e dá como registro mais antigo, dele conhecido, o passo 18 de Sete contra Tebas, de Ésquilo, onde, a seu ver, a palavra tem o mesmo sentido de *trophé* (h) Qrofh/, h=j. Na verdade, no início do século V a palavra tinha o simples significado de "criação de meninos". Mas é ainda Werner Jaeger quem adverte: o melhor fio condutor para

CULTURA AFRO-BRASILEIRA E AFRICANA NA EDUCAÇÃO

> se estudar a educação grega em suas origens não é a pala-
> vra *paideia*: mais importante do que ela é a palavra *areté*!
> (Barros, [*s.d.*])

A *areté* para os gregos se define como um dos conceitos básicos da Educação a partir do qual se constroem todos esses arquétipos da formação educativa.

Mais importante que a palavra educação em grego (*paideia*), o conceito de *areté* é o melhor "fio condutor" para se estudar a educação grega, segundo nos cita Gilda Naércia sobre os estudos de Werner Jaeger.

> É muito comum traduzir-se a palavra areté por virtude e o seu plural, aretai, por virtudes. No entanto, isso pode induzir a se pensar que o sentido original de areté é de natureza ética. Ora, esse não é o sentido original exclusivo nem de *areté*, que melhor se traduziria por excelência, nem de *uirtus*, que se costuma traduzir por virtude (Barros, [*s.d.*]).

Importante ressaltar aqui que o sentido de areté, mesmo quando traduzido como virtude, não está diretamente relacionado com a natureza ética que temos em nossa língua da palavra virtude. Aliás, para os gregos, nem a palavra uirtus que deu origem ao que chamamos de virtude tem um sentido de retidão ética. Areté, antes de retidão ética ou caráter, implica mesmo excelência. Ter excelência em uma qualidade.

> A palavra *areté* (h(a)reth/, h=j) designa o mérito ou qualidade pelo qual algo ou alguém se mostra excelente. Esta qualidade pode referir-se ao corpo e aplicar-se a coisas, como terra, vasos, móveis; pode referir-se à alma. Pode ter o sentido particular de coragem ou atos de coragem ou o sentido moral de virtude. A ela se prende *aristós* (a)risto/j, h/, o/n), superlativo de *agathós* (a)gaqo/j, h/, o/n). Ambas as palavras podem ser usadas no mesmo contexto e para a mesma finalidade (Barros, [*s.d.*]).

Supracitado, temos mais um exemplo que esta *areté* representa como algo ligado à excelência, mérito ou qualidade pela qual alguém se mostra excelente e não necessariamente a qualidades relacionadas ao caráter ético dos indivíduos (o que é um ponto importante para compararmos com o exemplo de uma das civilizações da África Ocidental que participaram de nosso processo civilizatório que darei exemplo).

> No livro I da República, Platão introduz algumas reflexões acerca do conceito de areté. É verdade que ela vai direcioná-las para o objetivo principal que tem em mente, qual seja, discutir a ideia de justiça: sua natureza, se é vício e ignorância ou sabedoria e virtude; se é mais vantajosa a injustiça do que a justiça. Mas é interessante que, aí, a ideia de areté vem associada a outra, também importante, que é a ideia de érgon, que se pode entender por função.
>
> Platão parte da verificação de que cada coisa tem sua função (Rep. 353 a) e uma areté própria a preencher. (Rep. 353 b). Vejamos o exemplo referente ao cavalo. Como qualquer outro animal, ele tem uma função (érgon) que lhe é própria. Que função é essa? Aquela que apenas ele pode fazer, ou, pelo menos, que apenas ele pode fazer do modo mais perfeito (árista). A saber, mostrar força, velocidade, firmeza na batalha etc.
>
> Assim também ocorre com os olhos, com os ouvidos. A função do primeiro é ver, a do segundo é ouvir. Ver, ouvir são funções (erga) deles, olhos e ouvidos. (Rep. 353 b e seguintes). Em certas condições em que o exercício da visão se opera bem, mal, com maior ou menor grau de perfeição. Assim, areté dos olhos é a visão, o seu contrário (kakían), a cegueira. E ouvidos desprovidos de sua areté não poderão ouvir bem! (Barros, [s.d.]).

Mesmo em Platão, o sentido de Areté está ligado à excelência ou melhor forma de desempenhar uma função, não tendo assim necessariamente suas implicações em um comportamento ético.

CULTURA AFRO-BRASILEIRA E AFRICANA NA EDUCAÇÃO

> Mas nesse diálogo, Platão está interessado em uma areté, a justiça (h/ dikaiosu/ nh, hj), que ele procura definir. Assim, no mesmo livro I, mais adiante, aplicando esses ensinamentos ao conhecimento do homem, raciocina de novo com cavalos e cães e suas excelências (aretai), com vistas a chegar à areté do homem.

> Platão quer saber se é possível prejudicar a um homem em sua excelência (e)ij th\n a [nqrwpei/an a]reth\n...). Para isso é preciso saber em que o homem e só o homem é excelente, isto é, qual a sua areté. O que permite ao homem cumprir o seu érgon no mais alto grau de perfeição? (Barros, [s.d.]).

Atingir alguma habilidade com o mais alto grau de perfeição, este é o objetivo dessa Areté (excelência).

O herói dos clássicos gregos

> Originalmente, o sentido de areté nos é dado pela poesia heroica, de que *Ilíada* e *Odisseia* são dois grandes paradigmas. Se analisamos esses dois grandes poemas, vemos que o sentido básico de areté, como ensina W. Jaeger, é o de constituir uma força, uma capacidade, por vezes diretamente definida, como ocorre quando se diz que vigor e saúde são a areté do corpo; sagacidade e penetração a areté do espírito. A conotação ética não é a principal (Barros, [s.d.]).

Aqui se explana o principal fator a que nos devemos ater. Os arquétipos da Educação do herói dos clássicos gregos se baseiam no alcançar a excelência, quando o sentido básico da *areté* é de constituir uma força, uma capacidade única referente ao homem, sendo que a conotação ética não é a central; é importantíssimo que nos atenhamos a isso ao estudarmos os outros exemplos de civilizações subsaarianas que nos constituíram como nação, assim como nossos arquétipos na Educação, ainda que nossa Academia não os reconheça.

O objetivo do herói grego é constituir-se nessa *areté* e ser excelente em suas qualidades. Mesmo lutando contra seus inimigos, não importando suas estratégias.

O plano ético fica em segundo plano nessa excelência, e a busca pela perfeição de suas qualidades está no centro de toda atividade do herói que busca ser excelente nas qualidades que lhe são atribuídas.

Campbell e o Arquétipo do Herói

Dentro do estudo do papel do herói na Educação, em uma perspectiva maior, não podemos ignorar o trabalho de Joseph Campbell em seu memorável *Herói de mil faces*, que vem agregar a questão do herói grego às diversas formas como os heróis se apresentaram na História das mais diversas culturas, contudo, faço um complemento de uma função do herói de que Campbell não tratou especificamente e que para o estudo das sociedades subsaarianas é essencial que seja abordado, que é o herói como ancestral.

Campbell expõe em seu clássico o herói nas mais variadas funções: o herói como guerreiro, como amante, como redentor, como imperador e tirano e como santo. Exponho brevemente as principais características dessas funções do herói de Campbell, me remetendo a seu clássico *O herói de mil faces*.

O Herói Como Guerreiro

> Campeão da vida criadora. Surgem tiranos humanos que usurpam os bens de seus vizinhos e provocam o alastramento da miséria. Estes também devem ser suprimidos. Os feitos elementares do herói consistem em limpar o campo – Hércules, é um exemplo do herói como guerreiro, que

enfrenta a tirania, e todo simbolismo que ela representa. Na mitologia iorubá, Ogum é um herói guerreiro, assim como quase todas as mitologias têm seus representantes (CAMPBELL, 1999).

O Herói Como Amante

> A Hegemonia roubada do inimigo, a liberdade ganhada da malícia do monstro, a energia vital liberada [...] são simbolizadas como uma mulher. Ela é a donzela dos inumeráveis assassinatos do dragão, a noiva roubada do pai ciumento, a virgem resgatada do amante profano [...] Ela é a imagem do destino que ele deve tirar da prisão da circunstância que o envolve (CAMPBELL, 1999).

Rama ao resgatar Sita, no clássico *Ramaiana*, é um exemplo deste herói como amante. Krishna ao ser amante de Radha e das Gopis é um destes inúmeros exemplos de herói como Amante. O herói que defende sua amada, ou o inverso é o arquétipo deste herói amante. Na mitologia iorubá, há o exemplo de Xangô amante de Yansã, Oxum e Obá.

O Herói Como Redentor

> Há que se distinguir dois graus de iniciação na mansão do pai. Do primeiro, o filho volta como emissário, do segundo, com o conhecimento, "eu e meu pai somos um". Os heróis desta segunda e mais alta iluminação são os redentores do mundo, as assim chamadas encarnações em seu mais alto grau. Seus mitos adquirem proporções cósmicas. Suas palavras têm uma autoridade superior a tudo dito por qualquer outro tipo de herói (CAMPBELL, 1999).

Os líderes fundadores das principais religiões mundiais são exemplos deste herói.

O Herói Como Imperador e Tirano

> O herói supremo, de fato, não é meramente o que continua a dinâmica do ciclo cosmogônico, mas, sim, quem reabre os olhos, de maneira que apesar de todas idas e vindas, os deleites e as agonias do panorama do mundo a Presença Única será vista novamente (CAMPBELL, 1999).

Os reis como Carlos Magno, Alexandre, o Grande, são exemplos deste herói. Na mitologia iorubá, o rei Edé (Oxóssi) em sua dimensão histórica são exemplos.

O Herói Como Santo

> Antes de passarmos ao último episódio da vida, um tipo de herói mais deve ser mencionado: o santo ou asceta, o que renuncia ao mundo. – Dotado de um entendimento puro, refreando o ego com firmeza, distanciando-se do som e os outros objetos e abandonando o apego ou a aversão, vivendo sozinho, comendo pouco, dominando a palavra, o corpo, a mente, sempre em meditação e concentração, cultivando a libertação das paixões, esquecendo a vaidade e a força, o orgulho e a luxúria, a ira e as posses, tranquilo de coração e livre do seu ego merece tornar-se um só ser com o Imperecível – Bhagavad Gita. (CAMPBELL, 1999).

Todos os ascetas e santos de todas as religiões são um exemplo desse herói.

O Herói Como Ancestral

Este foi um ponto não trabalhado especificamente na obra de Campbell, contudo trabalhado na obra dos antropólogos que estudam as civilizações subsaarianas, por exemplo, Georges Balandier e Carlos Serrano.

A maior parte das sociedades subsaarianas tem esse herói como formador de sua própria civilização, no qual se baseia toda a organização social e a partir do qual todos os corpos sociais se estruturam.

O ancestral mítico é o herói que dá origem a um povo ou nação nas civilizações da África subsaariana em maioria, e pelo qual todos se identificam como pertencentes a uma mesma etnia.

Cada indivíduo tem seu ancestral, que se une aos ancestrais de sua linhagem, que se unem aos ancestrais que formaram os clãs, que por sua vez se unem ao ancestral responsável pela fundação daquela cidade, que se une ao ancestral mítico de toda etnia em questão.

No caso dos iorubás, o ancestral mítico de todo povo é Oduduá, que lhes dá o sentido de etnia, sendo que seus descendentes fundaram as cidades, que tiveram descendentes que fundaram os clãs, que tiveram descendentes que fundaram as linhagens, de forma que cada indivíduo é ligado a este ancestral mítico por esses outros ancestrais.

Os ancestrais, ao serem responsáveis por códigos morais de convívio das comunidades, assim como valores civilizatórios dos povos e etnias, são deificados e se transformam em heróis responsáveis pela criação de arquétipos na Educação dos indivíduos dessas linhagens, clãs e etnias a partir de códigos morais.

No caso dos iorubás, o culto aos Orixás é o culto ao Ancestral da cidade em que se vive ou cidade de origem de seu clã ou linhagem. Fora isso, há o culto aos ancestrais em si, masculinos (*egungun*) e femininos (*geledés*).

Iwà

Para poder fazer um paralelo com o que vimos em relação à *areté* grega, introduzo um código moral de um dos povos da África subsaariana que participaram de nosso processo civilizatório enquanto nação, que foram os iorubás, com arquétipos ainda presentes em nosso processo de formação educacional.

Para os iorubás, a Educação está ligada ao conceito de *kó* (conhecimento), e diferentemente de nosso conceito em língua portuguesa, professor (aquele que professa, que prega) em iorubá é traduzido pela palavra *olukó* (dono do conhecimento); e aluno (aquele que não tem luz) é traduzido pela palavra *akekó* (aquele que busca o conhecimento). Portanto, etimologicamente, em iorubá, aprender algo é se apropriar de um conhecimento, que ao passo que isso ocorre, transforma-se senhor desse conhecimento, diferentemente do que se tem em português, onde o ser sem luz absorve o que lhe é pregado.

Da mesma forma, ensinar algo, etimologicamente em iorubá, não é fazer uma pregação para pessoas sem luz, mas, sim, permitir que o conhecimento seja transmitido e ressignificado pelo *akekó* (quem busca o conhecimento), que ao se apropriar dele se torna *oluko* (senhor do conhecimento – mestre).

Em relação à Educação em si, temos os exemplos da tradição oral no código dos babalawos. Para que possamos entender o "fio condutor" deste processo educativo, devemos entender igualmente o que significa a palavra e o conceito de *iwà*, que é central nesse código moral.

Para se tornar um babalawo e se iniciar nos segredos do corpus literário dos Odus de Ifá (composto por mais de 130.000 versos), que é um corpus literário da oralidade iorubá, um dos pré-requisitos é o desenvolvimento de *iwà*, que se traduz em *iwà pèlé* e *iwà-rere*.

Sem esse pré-requisito, um trabalhador não pode trabalhar, um sacerdote não pode iniciar ninguém nem fazer suas obrigações e um estudante de Ifá não pode se tornar babalawo.

Iwà é o conceito central de onde todo processo de formação de arquétipos da educação iorubá emana e pode se traduzir literalmente em português por caráter.

Uma das lendas que fala da origem de *iwà*, conforme transcrita a seguir, foi retirada do corpus literário dos *Odus de Ifá* e é citada pelo Babalawo Ogunjimi.

> *Iwà pèlé* é o caráter
>
> Nos tempos antigos, Iwà foi a mulher mais bonita da aldeia e todos queriam se casar com ela. Foi somente Ọrúnmìlá que fez a oferenda apropriada e foi autorizado a se casar com Iwà. Quando Ọrúnmìlá fez a oferenda foi-lhe dada uma instrução especial: que ele nunca poderia gritar ou maltratar Iwà.
>
> Um dia, quando já estavam há muitos anos casados, Ọrúnmìlá voltou para casa e sua comida ainda não estava preparada e Ọrúnmìlá começou a gritar com Iwà. Iwà pacientemente suportou o peso da ira de Ọrúnmìlá. Rapidamente ela terminou de preparar a comida e Ọrúnmìlá sentou-se e comeu. Na manhã seguinte Iwà arrumou suas coisas e deixou a casa de Ọrúnmìlá e voltou para o Céu.
>
> Ọrúnmìlá procurou muito por Iwà, mas não a encontrou e pensou que poderia encontrá-la no Céu.
>
> Quando Ọrúnmìlá foi para o céu para encontrar Iwà, ele trocou de roupa para não parecer consigo mesmo. Chegando ao Céu foi onde Iwà estava e a chamou, não reconhecendo

Ọrúnmìlá, que estava fantasiado, Iwà saiu para saber o que aquele homem queria.

Quando Iwà saiu, Ọrúnmìlá permitiu que ela o reconhecesse e pediu que ela voltasse com ele para casa, no Aiyé (Terra). Ela concordou, mas disse que nunca voltaria em forma humana novamente. Ela só voltaria em espírito. A pessoa que é paciente vai ver Iwà, por intermédio de Suuru (Paciência) que é o pai de bom caráter.

Grandes coisas na vida vêm para aqueles com paciência. O bom caráter é fácil para alguns e muito difícil para outros, tudo depende de sua mente, de seu Orí. Na sociedade iorubana, se uma pessoa não tiver um bom caráter, ninguém gostará dela e ficará isolada, sozinha, mas se tem bom caráter, todos gostarão dela e em um vai lhe dar o bom conselho.

Se você tem uma mente boa, se você tem pensamentos construtivos para você e para os outros, você tem um bom caráter. Quem não se preocupa e quem não alimenta o bom caráter, não terá comportamento digno e essa é uma condição necessária para que os Orísá estejam ao teu lado, para que Eles cuidem de você.

Para que Orísá trabalhe com você, te ampare e te proteja é preciso ter Iwà, que exige um bom caráter e paciência. É ji Ogbe e Ogbe Ogunda são dois dos muitos Ọdu que também falam de Iwà.

O bom caráter está no centro dos códigos morais dos mitos e heróis formadores de arquétipos da educação para os iorubás (e diversos povos da África Ocidental que também participaram de nosso processo civilizatório).

Iwà rere já pode ser traduzido como bom comportamento, mas também bom caráter e se emprega de acordo com as palavras em volta. Outro ponto importante proveniente deste conceito de *iwà* (caráter) no código dos babalawos e que teve participação em nosso processo civilizatório é que, a partir desse conceito de *iwà*, três são grandes transgressores morais segundo esse código moral:

- *Eke*: mentiroso, pois para os iorubás (e a maioria das outras sociedades que se baseiam na tradição oral), a palavra é documental e o mentiroso se torna assim um transgressor moral que fere os princípios do bom caráter.
- *Awé*: instável, pois uma pessoa que tem *iwà* (caráter) não deve mudar de opinião a todo instante.
- *Odale*: traidor, pois uma pessoa que tem *iwà* não deve trair seus princípios.

Desse último princípio herdeiro de *iwà*, nasce a frase *Awo mo dale awo* (babalawo não trai babalawo), que deu origem em nosso processo de escravização à frase "Malungo não trai Malungo" (companheiro de navio negreiro e senzala), e também nas religiões de matriz africana no Brasil a frase: "Quem é do Santo não trai quem é do Santo".

Iwà – Areté

Mais uma vez, ao nos depararmos com o conceito que para os iorubás (e muitos outros povos subsaarianos da África Ocidental que participaram do nosso processo civilizatório) é o fio condutor para a formação dos arquétipos dos seus heróis na Educação, que é o conceito de *iwà* em comparação com o conceito de *areté*, que nos é contado como sendo uma história única, nos remete ao que nos fala a escritora nigeriana Chimamanda Adichie, em sua memorável palestra em Harvard em 2009, "O perigo de uma História Ùnica", quando sobressalta a visão parcial que uma única versão da história nos traz.

Visão parcial em relação à história de nosso próprio povo; e aqui digo mais uma vez que estas civilizações subsaarianas são tratadas como se não fossem nem ao menos civilizações pela nossa Academia, que as ignora no processo de construção de nossa Educação.

Uma vez presente no código dos babalawos em *Awo mo dale awo*, (babalawo não trai babalawo) por sua vez, dos escravizados em nossos navios negreiros e senzalas no código "Malungo não trai Malungo", é realmente um crime invisibilizarmos este conceito "fio condutor" da educação de diversos povos da África Ocidental em nosso processo de Educação e igualmente na formação do herói (que também é negro, ou que também é africano), como também o fato que temos de levar em conta que além de guerreiro, imperador, amante, redentor ou santo, este herói se baseava em conceitos civilizatórios subsaarianos como a senioridade e a ancestralidade.

Grande parte dos heróis e heroínas negros de nossos quilombos e levantes contra a escravização, assim como os mitos dos heróis iorubanos na figura dos Orixás (nossos ancestrais que foram divinizados, antes de tudo) tinham como fio condutor de seus comportamentos conceitos como o de *iwà*, seja adquirido em suas terras de origem, seja no contato com outros povos escravizados na diáspora, o que nossa Academia ignora.

Vemos claramente que há diferenças centrais neste fio condutor que definia arquétipos da educação grega que era a *areté*, e iwà no caso dos iorubás. Enquanto o primeiro (*areté*) se referia geralmente à excelência em alguma habilidade que diferenciava o herói ou o homem comum dos demais, mas relegava a conotação de valores éticos em segundo plano à segunda (*iwà*), coloca como sendo um valor central à formação do caráter, e isso quer dizer muita coisa, muita coisa mesmo nas diferenças que têm esses fios condutores entre as civilizações.

Isso leva, por exemplo, a construir os arquétipos na Educação nos quais o herói grego se forma a partir do fato de ser excelente em algo, o melhor, contudo, os valores éticos ficam em segundo plano em sua civilização, e este não necessariamente tem uma ligação de ancestralidade com o seu povo.

Já no caso do herói subsaariano da África Ocidental (mais especificamente o iorubá), seu arquétipo não se constrói sem que os valores morais e o caráter estejam no centro de sua formação arquetípica, e sem que esteja relacionado à ancestralidade dos indivíduos, o que traz suas consequências para a formação de arquétipos de nosso herói na Educação, que hoje ignoramos.

Vemos claramente, por exemplo, no código moral de Xangô, que ainda delineia comportamentos em toda região iorubá este fio condutor de *iwà* presente quando escutamos os versos de Oriki: "Não faça mal a minha boa fortuna, minha boa fortuna a você pertence", versos nos quais iwà (a formação do bom caráter) tem valor central, e que define todo sentido de coisa pública nessa civilização. Neste caso, a partir do conceito de *iwà*, pode se estabelecer uma sociedade na qual o outro se transforma em parte essencial desta coisa pública, algo que entendemos melhor ao estudarmos as dinâmicas sociais das sociedades da África subsaariana, nas quais, para que haja sustentabilidade social, um ofício depende dos outros, desta forma, os clãs e linhagens que estruturam a sociedade estabelecem uma relação de interdependência, o que sem *iwà* (a formação do bom caráter) não seria possível estabelecer. A sustentabilidade dessas sociedades não se estabeleceria a partir da *areté* grega, assim como as sociedades quilombolas no Brasil, onde seus heróis tinham o conceito de *iwà* (ou conceitos semelhantes), não se estabeleceriam como sociedades de resistência que foram como se organizaram em seus corpos sociais apenas a partir do conceito de *areté* grego (excelência). A formação do caráter de seus heróis e mitos estava presente de forma central nas sociedades de resistência à escravidão.

Outro exemplo no qual estava presente de forma central o conceito de *iwà* era entre as mulheres do mercado da África Ocidental e suas herdeiras, as negras nagô e de mina de nossos mercados na diáspora.

Ao vermos o trecho de Oriki de um dos mitos legitimadores dos comportamentos dessas mulheres descendentes das primeiras chefes de família que as *razias* (caça por cativos) causavam em suas regiões, que era Yansã, quem segundo sua lenda se vestia de búfalo para caçar e alimentar seus filhos, vemos este conceito de *iwà* também como central na formação do caráter dessas mulheres.

> *"Oyá que cuida das crianças,*
>
> *Bela na briga altiva Oyá,*
>
> *Aquela que luta nas alturas*
>
> *Senhora da Caça*
>
> *Senhora da Guerra,*
>
> *Aquela que doma a dor da miséria,*
>
> *Aquela que doma a dor da desonra,*
>
> *Aquela que doma a dor da tristeza,*
>
> *Aquela que doma a dor do vazio,*
>
> *Altiva Oyá,*
>
> *Quem não sabe que Oyá é mais que o marido,*
>
> *Oyá é mais que o alarido de Xangô"*

Esse mito de heroína formou um arquétipo imitado por mulheres na África e na diáspora, por mulheres que na África acabaram transgredindo a ordem estabelecida e formando os mercados. Mercados estes onde a trapaça nas negociações era tida como uma transgressão moral; e que aí vemos novamente a abrangência do fio condutor da educação da civilização que é *iwà* (a formação do bom caráter).

Não teria sido desta forma se o fio condutor da educação destas civilizações fosse a *areté* (excelência). Nem o corporativismo existente nessas sociedades que trabalhavam para a sua própria sustentabilidade e sobrevivência se consistiriam como constituíram. Fora *areté* (excelência individual) e não *iwà* (formação do bom caráter) o seu conceito central, seriam sociedades baseadas centralmente na competição como a sociedade capitalista ocidental atual e jamais se formariam como sociedades de resistência, sobretudo no caso dos quilombos na diáspora.

Itan Ifá – A Desmacunaimização do Herói Brasileiro em um Jovem que se Descobre Negro e até Então não Sabia

Dentro do livro *Antropologia dos Orixás*, utilizei em alguns capítulos para explanar melhor certos conceitos, relatos autobiográficos nos quais os mitos iorubanos se traduziam em fios condutores de meu processo de formação, o que se assemelha com o formato do gênero literário do Itan Ifá dentro do corpus literário dos Odus de Ifá.

Nesta obra, farei isso em algumas ocasiões quando vir que estes relatos servem para enriquecer o conteúdo e facilitar a compreensão dos leitores aos conceitos expostos, este é o objetivo central desse tipo de intervenção na forma de relatos autobiográficos.

Dentro do contexto do herói, sempre me intrigou como paulistano antropofágico, em contraposição aos paulistanos fascistas (pois São Paulo ainda é a capital do fascismo no Brasil), a questão do herói brasileiro como sendo o herói sem caráter da obra *Macunaíma* de Mário de Andrade.

Macunaíma nasce negro e, segundo diz sua história, ele embranquece, o que pode ser também uma metáfora e mesmo uma crítica para as políticas de embranquecimento da população do final do século XIX e início do século XX. Contudo, além de embranquecer, Macunaíma também é um herói que se forma a partir da perda do seu caráter. O herói sem caráter de Mário de Andrade como uma metáfora ao arquétipo formado pelo herói brasileiro até mesmo na Educação. A falta de ética de nossos governantes, a falta de estrutura moral de nossas instituições, a corrupção em nossa sociedade presente de forma generalizada.

De forma geral, pode se dizer que este herói sem caráter que era negro e embranquece tem diversas *aretés* (excelências), entre elas a esperteza, o dom de ludibriar, da trapaça e tudo mais que a falta de caráter forma em um herói.

Paralelamente, neste contexto, na época em que entrei em contato com este herói em minha educação, me declarava branco somente por ter um sobrenome de origem italiana e pele clara para os padrões brasileiros, mesmo sendo afrodescendente e com avó, mãe e tia maternas de traços e pele negra não me considerava negro e, aliás, nem sabia que poderia me declarar como tal.

Achava-me mais um dos milhões de oriundos de São Paulo, orgulhoso de sua origem europeia de uma classe média que busca não se identificar com os padrões brasileiros.

Bem, isso se deu até que eu fosse para a Europa e lá não fosse aceito pelos europeus como um deles, pelo meu tom de pele, tradição cultural (que achava que era europeia como grande parte de outros oriundos de nossa classe média paulistana acha), forma de andar, de me expressar e tudo mais que contrastava em muito com o que de fato se passa na Europa. Apesar de falar italiano bem na Itália e muito bem o francês na França, os grupos de europeus, italianos e franceses não me viam como um integrante de seus grupos, dos quais eu e grande parte dos integrantes da classe média brasileira nos consideramos até então. Na Itália, cheguei a ser chamado de *tizione* (tição) pelos meus traços, e na França era o *métis* (mestiço).

Aceitavam-me como sendo parte integrante de seus grupos os imigrantes árabes egípcios, magrebinos, sírios, libaneses, hindus, africanos subsaarianos, antilhanos e todos mais.

Na verdade, esquecemos nós que também temos origem europeia em nossas ancestralidades na América, que nossos ancestrais vieram da Europa fugindo de guerras e fomes ocasionadas por uma elite que não os queria lá, e ainda não nos quer lá, os descendentes desses camponeses em maioria.

Bem, a partir disso, não tive mais nenhum motivo para me orgulhar em ser um representante das civilizações europeias em meu país e passei a integrar os grupos que me aceitavam de fato, que em maior parte se declaravam negros.

Vi na pele o que é ser negro como uma posição política, antes que um tom de pele, uma vez que a maioria de nós não se dá conta disso porque tem uma ascendência europeia.

Ao afirmar minha identidade e cultura, venci o arbitrário cultural a que estava submetido e, ao ampliar meu universo simbólico através da valorização dessas culturas, todas minhas ancestrais (pois a ancestralidade é um valor civilizatório de meus ancestrais africanos que passei a valorizar), aumentei os códigos de comunicação em cerca de dez línguas, além das três anteriores que tinha quando me achava um perfeito europeu.

De qualquer forma, em meu imaginário não me orgulhava dos heróis do meu país, por estar presente nesse imaginário que o arquétipo de herói era um herói que fugiu de suas origens negras e, além de tudo, perdeu o caráter (o que segundo o conceito de *areté* grega não há nada de errado desde que mantenha a excelência em determinadas qualidades que o diferenciem).

Um dia, já no Brasil, de volta, em uma aula em universidade de elite da educação brasileira, um professor de História da Educação que falava de uma viagem sua à Europa e o contato com os protocolos da Academia das Universidades portuguesas, ao ser perguntado pelos acadêmicos portugueses qual é o protocolo nas universidades brasileiras, dissera-lhes que não temos protocolo, mas "pretocolo" e que no Brasil era difícil formar estes arquétipos do herói na educação por não termos heróis "de verdade", em uma alusão direta à desvalorização dos referenciais subsaarianos em nosso processo educativo de formação e seu completo desconhecimento dos códigos morais que formaram os arquétipos de nossos heróis negros em suas sociedades de resistência.

Isso me levou a querer estudar estes heróis desprezados em nosso imaginário, e que apesar disso não deixam de fazer parte de nosso processo civilizatório.

Ao entrar em contato com lideranças tradicionais do atual Renascimento Africano, entro em contato com esses códigos morais e descubro o conceito de *iwà*, que centra na formação do arquétipo do herói justamente o caráter.

Paralelamente a isso, descubro que minha afrodescendência permite que eu me declare negro, apesar de que, pelo fenótipo e cor de pele, no Brasil não ser necessariamente visto como tal. Entretanto, consciente de que, antes de tudo, se trata de uma posição política, não pude deixar de assumir minha negritude com todo orgulho, em nome de todos os meus ancestrais, meu patrimônio identitário e cultural e todos aqueles que na Europa me aceitavam como sendo integrante de seus grupos. Resolvi, portanto, me identificar como sendo do grupo que me aceita sem restrições em qualquer lugar do mundo, e não poderia ser outra coisa senão um NEGRO.

Consegui fazer o que chamo de processo de Desmacunaimização do meu herói nacional, que de negro se torna branco e perde o caráter, recupera o seu caráter (*iwà*) dos códigos morais de seus ancestrais, e negando uma falsa identidade europeia e branca dos que não o aceitam em seu grupo, assume sua identidade mestiça valorizando todos os matizes culturais que me formam, contudo de forma afrocentrada pelo conceito de ancestralidade ser um valor civilizatório africano e negra antes de tudo como posição política resgatando esta origem perdida no arquétipo da formação do herói sem caráter.

Vejo em relação a esta história única (como diz a escritora nigeriana Chimamanda Adichie, uma de minhas inspirações maiores) que define e venera a *paideia* grega como a única que pode formar arquétipos de heróis da educação, todo processo de Violência Simbólica em relação a nossas tradições de Matriz Africana que trato no primeiro capítulo desta obra. E até imagino Exu, ou o próprio Macunaíma quando na obra clássica de Mário de Andrade entra em contato com o que Exu me disse quando me pediu que o nome de uma de minhas obras fosse *Paideia Negra*, que é uma revelação para mim tão preciosa, como os *daimons* (espíritos inspiradores) de Sócrates lhe diriam: "Meu filho, estes desta Paideia Branca também peidam que nem nós. Não estão acima do bem e do mal".

Viva Zumbi.

Viva Xangô. Viva Oyá. Viva Luiza Mahin. Vivam Luiz

Gama e todos os heróis negros de nossa nação que formaram nossos arquétipos da educação mesmo que sejam ainda invisíveis ao pensamento predominantemente colonizado de nossa Academia.

Eparrey Yansã.

Kawo Kabiyesi l `Oba Baba Sango.

Laroye Esu.

INSERÇÃO DE VALORES CIVILIZATÓRIOS TRADICIONAIS E MITOLOGIAS AFRICANAS NA EDUCAÇÃO E SEUS IMPACTOS ECONÔMICOS NO DESENVOLVIMENTO DO PAÍS

Em meus estudos e andanças pelo mundo nos mais de 22 países em que estive por mais de 9 anos nos 5 continentes, vi a necessidade sobretudo de que, para entender as dinâmicas sociais de um país ou região e seu processo de desenvolvimento ou estagnação econômica, é necessário ir além de conceitos clássicos de teóricos da economia, como Marx, Keynes, os teóricos da Escola de Viena ou demais escolas do passado ou mesmo Contemporâneas e se faz necessário entender de fatores antropológicos que definem ou delineiam dinâmicas culturais, sociais e consequentemente econômicas de determinadas regiões, segundo o caso em questão; pois a experiência e minhas pesquisas me mostraram que esses fatores culturais e suas dinâmicas sociais têm reflexo direto nas vocações econômicas dos espaços geográficos em suas dimensões diversas.

Isso se reforça ainda mais neste momento de crise do neoliberalismo pós-2008 no qual o mundo passa da transição da ordem Monopolar inventada no Consenso de Washington do início dos anos 1990, após a queda do Muro de Berlim, no sentido da consolidação de uma Nova Ordem Mundial Multipolar mais justa e menos opressiva (ao que tudo indica), na qual estes fatores socioculturais das diversas zonas geográficas do mundo, sobretudo do Sul econômico onde estamos inseridos, passam a ser ainda mais determinantes nos processos de desenvolvimento econômico das mesmas regiões geográficas em suas diversas dimensões, devendo seguir suas próprias vocações segundo esses fatores socioculturais e mesmo históricos e identitário-civilizatórios para obter sucesso no processo de desenvolvimento econômico pós-queda da ordem neoliberal Monopolar, quando os fatores que determinam a vocação são centrais e ganham ainda mais importância que anteriormente.

Neste âmbito, no Brasil em específico, o resgate do arcabouço civilizatório de matrizes africanas (e indígenas) faz-se essencial, pois, ainda que tenham sofrido um processo de apagamento, esses valores civilizatórios desse arcabouço ainda estão presentes no imaginário da população do país, sobretudo a afrodescendente, e também para além dela, tendo, portanto, uma importância estratégica no desenvolvimento econômico e social do país, em especial neste momento do início da segunda década do século XXI, quando estamos passando por um processo de reconstrução econômica (e também simbólica em muitos outros aspectos) de nossa nação.

São vários os valores civilizatórios presentes no nosso imaginário, ainda que não saibamos suas origens devido ao apagamento epistemológico que sofreram e que reflete em nossos currículos de educação básica, sobretudo. Dentre eles, temos os das guerreiras africanas e mulheres do mercado que estão presentes e são legitimadas em suas funções sociológicas e pedagógicas de diversos mitos africanos, por exemplo, os dos Orixás Exu e das Ayabás (Deusas Rainhas como Yansã, Oxum, Yemanjá, Nanã, Obá, Yewá, Ewá e tantas outras) e outros de civilizações diversas da África subsaariana com aspectos semelhantes.

Para ater-se melhor a esta questão, recorrendo às minhas obras *Antropologia dos Orixás* e *Paideia Negra*, temos que Exu é o senhor do mercado por ser senhor de toda transgressão (o *trickster*, ou transgressor e revolucionário que enfrenta e transgride, por sua vez, o poder estabelecido segundo a tradição, grosso modo) e que as mulheres fundaram o mercado com o auxílio das dimensões sociológicas e pedagógicas dos mitos de Exu e das Ayabás por serem elas, as mulheres, transgressoras por natureza, como nos diz Georges Balandier no seu clássico *Antropo-logies*.

Segundo Geoges Balandier em sua obra, e Roger Bastide e Pierre Verger em seu artigo "A História dos Mercados no Baixo Benim", assim como os estudos do Historiador e Araba de Osogbo Ifayemi Elebuibon, antes de o Mercado ser fundado na África Ocidental (fazendo um recorte dos povos falantes dos idiomas de origem kwa como é o caso do iorubá, fon, ewe, igbo, ibibo, mina, e outros sobretudo dos Golfos de Guiné e Benin) a regra que regia as relações para obtenção do excedente de produção de outros povos, ou mesmo clãs em um povo, era determinada pelo patriarcado e definia que o processo para tal deveria dar-se pelo confronto e pela guerra entre esses clãs ou povos distintos.

Em um determinado tempo, com o crescimento das populações ou povos em questão, as necessidades de excedentes de produção de outros povos ou mesmo clãs aumenta e, portanto, com o aumento da população, mais pessoas são colocadas em estado vulnerável para tais guerras e disputas que se tornam mais sangrentas, aumentando consequentemente o número de baixas de homens e jovens de ambos os sexos.

Em alusão a esse processo, temos o registro no *Oriki de Oxum* (Canto sagrado da Deusa Oxum de Osogbo), segundo nos disse o príncipe Ogunbiyi Elebuibon, que diz: "Mulher descontente no dia que seu filho briga".

As mulheres que ficavam nas aldeias e povoados, ao verem que seus maridos e sobretudo seus filhos e mesmo filhas muitas vezes não voltavam de tais embates para passar pelo processo de educação, ficam preocupadas e aflitas cada vez mais com este processo que por determinação do patriarcado definia que a disputa era o único meio de obter excedentes de produção de outros povos ou clãs.

Em determinado tempo, quando muitas aldeias e povoados tinham suas populações bruscamente reduzidas ou mesmo quase dizimadas por esse processo, as mulheres motivadas pelo instinto materno e suas posições de matriarcas chefes de famílias em sociedades matrilineares, como a maior parte das subsaarianas o são, sobretudo na África Ocidental, resolvem reagir e buscam junto aos sacerdotes dos *tricksters* (Exu no caso dos iorubás) de seus povos legitimar práticas transgressoras que levassem a uma solução para esse problema. Elas revolucionaram os costumes e desafiaram a regra e ordem patriarcal que estava levando a sociedade em questão ao extermínio, o que pedia uma reação destas mulheres, que por esse motivo são, dentro do matriarcado africano, transgressoras por excelência.

Portanto, a atitude de que faço um recorte de tais povos citados anteriormente, mas que se generaliza na maior parte da África subsaariana em diferentes períodos, é que as mulheres, legitimadas pelos sacerdotes de seus *tricksters* (deuses transgressores das tradições), passam a levar os excedentes de produção para as picadas dos caminhos que ligavam suas aldeias e povoados a outras de outros clãs e povos para promover o escambo e a troca de tais produtos em suas localidades.

Em um segundo momento, na África Ocidental, passa a surgir como elemento simbólico para tais trocas os búzios, que se convertem em moeda mais tarde, paralelamente ocupando este espaço, o ouro e o cobre.

Após este período inicial, das estradas surgem praças, das praças surgem os mercados e dos mercados surgem as primeiras aglomerações urbanas e inicia-se nessas regiões (assim como em toda África subsaariana em diferentes períodos) o processo de urbanização e, assim, a civilização é salva de seu aniquilamento e dizimação, devido ao ato "transgressor" das mulheres.

Ou seja, o mercado na África Negra (Ocidental, sobretudo) surge de uma transgressão de mulheres e devido ao instinto materno delas, que inclusive saíam seminômades com seus filhos por cidades nos quatro dias da semana (no caso dos iorubás) para fazer circular mercadorias em uma rede maior de cidades e garantir o processo de urbanização; o que evitou que a regra anterior do patriarcado da disputa e guerra por excedentes de produção voltasse a estar em voga, fazendo do mercado o contrapeso da guerra, assim como afirma Bastide nos seus textos.

Ao contrário disso tudo, o Mercado Ocidental e Europeu surge e consolida-se, sobretudo, pelo Espírito do Capital, que como vemos em Weber no seu clássico *A Ética Protestante e o Espírito do Capitalismo*, é a predisposição de acumular capital como uma finalidade em si mesma e sem nenhuma interrupção, o que é algo muito distinto do instinto materno próprio ao mercado africano subsaariano, especialmente, na África Ocidental e de povos que nos formaram em nosso processo identitário.

Nesses mercados africanos subsaarianos, as mulheres predominavam praticamente em todos os comércios, exceto de carne e ferramentas (pois ferreiros eram sempre homens de acordo com as tradições habituais dos donos da faca dessas sociedades); e a chefe do mercado inclusive era uma mulher que, no caso dos iorubás, chama-se Iyalode, que quer dizer literalmente "mãe ou senhora da praça, ou mercado" e que geralmente tinham funções ritualísticas assim como na administração e decisão política em sociedades como a Ogboni, que tinha o mesmo papel da Câmara

Popular de decisão em diversas cidades iorubás, além de seu papel místico e religioso enquanto sociedade, repleta de rituais e simbologias de acesso ao poder político que só essas Senhoras do Mercado (Iyalode) frequentavam como figuras femininas, representando o matriarcado e a administração do comércio das cidades.

Da tradição desses mercados africanos temos em nossa história as "Negras de Ganho" e ou "Negras de Mina", que muitas vezes compravam as próprias cartas de alforria com seus trabalhos no período da escravidão. Nossos mercados e comércios populares, sobretudo na Bahia, Minas Gerais, Rio de Janeiro, Pernambuco e Maranhão (assim como na maior parte do Nordeste) estavam praticamente sempre dominados por herdeiras dessas mulheres do mercado de nossas ancestrais africanas, precursoras do afroempreendedorismo no país.

Podemos perguntar: o que isso pode ter a ver com processos de desenvolvimento econômico, hoje em dia, em nosso país? E a resposta é: tudo! Ainda mais neste momento de reconstrução em vários aspectos pelo qual passamos enquanto nação nesta segunda década do século XXI; e vou dar um exemplo claro:

Em 2010, o país teve sua consolidação de políticas de auxílio social com o programa Estatal de cunho Federal então em voga, que determinava que o benefício seria pago à mulher responsável pela família, fosse ela sua chefe ou não, e neste ano, com a consolidação do ciclo de desenvolvimento levado por estas políticas sociais, cresce o número de afroempreendedoras que usavam o benefício para impulsionar seus pequenos negócios a fim de gerar renda, sobretudo nas regiões mais carentes do país (Norte, Nordeste, norte de Minas Gerais) e os chamados "Grotões" do Nordeste, inclusive no Sertão, e que tinham níveis de índices de Desenvolvimento Humano muito inferiores à média Nacional.

Nesse mesmo ano, o país cresce 7,5% (claro, com a ajuda da alta do ciclo internacional de *commodities* que somos produtores), que quase chegou ao nível chinês de então e ultrapassa o atual nível de crescimento desta que é a segunda e será a primeira economia do mundo em alguns poucos anos, sendo muito superior e estando muito acima da média do crescimento da maior parte dos países em desenvolvimento do mundo, e um dos maiores do planeta neste ano, inclusive.

O crescimento em nível macroeconômico também é fato, deveu-se ao crescimento microeconômico das diversas regiões do país sendo o Nordeste, onde estão estes chamados "grotões" e zonas mais carentes a região do país, que mais cresceu praticamente no ano com aumento consequente no IDH da maior parte dessas regiões, o que no geral puxou o crescimento do país como um todo.

Coincidentemente, os mitos africanos e seus correspondentes valores civilizatórios que legitimaram os comportamentos das africanas e brasileiras negras, sobretudo, senhoras dos mercados na África e Brasil, ancestrais dessas afroempreendedoras estão mais presentes no imaginário das mulheres de tais regiões (negras ou não) de forma inclusive predominante e constituem sua formação cultural e identitária de forma muito mais intensa que em outras regiões do país, acentuando sua vocação para o afroempreendedorismo (pois 70% dos microempreendedores do país são mulheres negras, ainda que estas não passem de 28% da população do país). Portanto, é evidente que esta vocação esteja aí presente e esse sucesso no crescimento econômico dessas regiões, entre outros fatores, ocorreu devido a elementos socioculturais dos quais estes mitos e seus arcabouços e valores civilizatórios estão presentes no imaginário das mulheres. Se estes não estivessem aí presentes, o resultado não teria sido o mesmo em sentido positivo.

Estes mitos em específico são os exemplos da heroína guerreira africana representada pelo mito de Yansã (fazendo um recorte pelos iorubás) que era mãe de nove filhos e vestia-se de búfalo para caçar e alimentá-los, o que é uma alusão a estas mulheres sobretudo negras chefes de família, vestirem-se para sair e trabalhar para buscar o sustento dos filhos, assim como Yansã, na África, fazia para legitimar o comportamento das chefes de família que tinham que caçar e guerrear para sobreviver na época que seus maridos e filhos eram levados pelas *razias* (caças de cativos) ou morriam em guerras entre povos e clãs muitas vezes provocadas pelo processo de escravização em diversos períodos da História Africana, principalmente nos seus últimos quatro séculos.

Como seus cantos vemos todas nossas mães, sobretudo negras, que são chefes de família, nos trechos do Oriki de Yansã, que me emociono ao lembrar por saber na infância, como narrei anteriormente, tendo uma mãe filha de Yansã (mas que não necessariamente necessitaria ser desta Orixá ou mesmo ser do Candomblé ou Umbanda), ao vê-la vestir-se de búfalo para caçar, quando vestia suas roupas para ir ao trabalho, e que é a história de todos nós, filhos das mães desta nação, sejam negras ou não, e que são chefes de família, sobretudo:

> *Oriki de Yansã (Fragmento)*
>
> *Mulher que cuida das crianças.*
>
> *Aquela que luta nas alturas,*
>
> *Senhora da Caça*
>
> *Senhora da Guerra,*
>
> *Mulher Revolta como o Vendaval,*
>
> *Mulher Suave como o Sol que se vai,*

Mãe que doma a dor do vazio,

Mãe que doma a dor da tristeza,

Mãe que doma a dor da desonra,

Mãe que doma a dor da miséria

Quem não sabe que Yansã é mais que o marido?

Yansã é mais que o alarido de Xangô!

Podemos ver todas as mulheres dessas regiões, como as beneficiárias dos programas sociais, principalmente, que foram corresponsáveis pelo crescimento gigantesco do nosso país em 2010 e que movem, de fato, nossa economia real segundo sua própria vocação, segundo os valores civilizatórios presentes em versos desse tipo, ainda que elas nem tenham ouvido ou os que demonizem por razões de cunho religioso.

Mulheres estas como o documentário *As Severinas*, que descreve exatamente quais foram as estratégias destas afro-microempreendedoras das regiões mais carentes do sertão nordestino para trabalhar o capital dos benefícios sociais em favor do crescimento e manutenção de seus negócios de subsistência. Assim como faziam as mulheres dos mercados africanos, dos nossos mercados e suas negras vendedoras ambulantes que compravam suas alforrias e que foram mulheres transgressoras, que com este ato de desobediência ao patriarcado salvaram a civilizações que estavam sendo dizimadas, para garantirem a subsistência de seus filhos para que não morressem mais em guerras pela disputa de excedentes de produção.

Mulheres estas tantas Severinas de hoje (que também são tantas Marias, Anas, Socorros e tantas outras de todos os nomes e de todas as denominações e crenças ou não), descendentes das mulheres inspiradas nesses mitos de guerreiras negras, ainda que os demonizem em suas religiões por razões outras, distantes do que as tornaram as bravas mulheres que são hoje devido aos mesmos mitos que muitas vezes rejeitam.

Segundo nosso último Censo, 40% das chefes de família são mulheres no país, e nas regiões onde esses mitos são mais presentes no imaginário da população feminina, sobretudo negra, como é o caso da Bahia, mais especificamente Salvador e o Recôncavo Baiano, o número é bem maior, podendo ser maioria de cerca de 60%.

Na versão ampliada e revisada do meu livro *Pedagogia dos Orixás* há uma série de oficinas e relatos de experiências pedagógicas para docentes e professores do Infantil, Fundamental e Médio, que intitulo "Nossos Pais, Nossos verdadeiros Heróis", dentre os quais fiz trabalho de comparações de histórias de vida de pais, coletadas em entrevistas e lendas de mitos e heróis africanos. Um exemplo são os casos dos Orixás, no texto sobre Yansã (Iya Mesan – Mãe dos nove filhos que deu origem ao nome Yansã) comparada com uma mãe nordestina que era retirante, veio para São Paulo e se realiza na filha, que consegue estudar para ser professora e ensinar sobretudo na alfabetização de jovens e adultos que, como ela e seus pais, nunca tiveram acesso ao estudo, o que os limitou em diversos campos, desde o social ao profissional e financeiro, essa mãe sentia-se contente pela filha seguir um caminho para liberar pessoas como ela da limitação que o analfabetismo impunha.

Como esta, mais uma Severina, que era afroempreendedora e descobre-se negra após ter contato com a lenda de IIya Mesan (Yansã) e assim passa a declarar-se com orgulho por compreender que o mito que legitimava e ajudava a explicar seus comportamentos e reações perante às dificuldades e intempéries da vida, assim como de suas ancestrais e do seu povo, existia de fato em uma belíssima tradição, ainda que tivesse passado por um apagamento epistemológico, devido aos interesses dos mesmos que a fizeram o demonizar.

Ela viu-se reconhecida em uma verdadeira heroína guerreira, assim como sua filha viu sua mãe e suas ancestrais, como não vê nos filmes da princesa frágil branca ou dos mitos nórdicos dos enlatados da Marvel, sente que sua luta segue um pulsar de tantas mulheres transgressoras, bravas e guerreiras como ela, que são as verdadeiras heroínas desta nação, como todas as mulheres negras de nossas favelas, comunidades, subúrbios, sertões, grotões, ainda que nossa história não as reconheça e sejam relegadas à base da pirâmide social de nosso país.

Outra história presente nos relatos referentes a este tipo de valor civilizatório relevante no nosso processo de construção cultural e identitária refere-se ao mito de Yemanjá, que comparo com o caso de minha própria avó materna, igualmente negra como eu, que relata a dinâmica pela qual se dá o processo de adoção de muitos dos agregados de família em nosso país, além das tradições europeias e o cunhadismo indígena, e tem origens na escravidão linhageira (doméstica) novamente pelo enfrentamento do matriarcado aos patriarcas para os que vinham de linhagens outras e serviam às famílias como agregados passassem a ser vistos como integrantes das linhagens às quais serviam e eram adotadas em um momento no qual as *razias* e as guerras entre clãs e povos dizimavam e desestruturavam novamente as sociedades subsaarianas na África Ocidental.

O arquétipo de comportamento herdado da função pedagógica deste mito da Senhora das Águas de Abeokuta e Oyo (no caso dos iorubás, Yemanjá) fazia com que mulheres escravizadas, ao imitá-lo, adotassem filhos de outras mulheres que eram delas separados para outras funções em outros locais ou fazendas, indo assim para outras senzalas, fazendo dessas crianças e jovens seus próprios filhos, de uma mesma família, e isto desde a África se verifica de forma documentada na alusão a este ato no *Oriki* de Yemanjá nos versos:

> *"Minha mãe Awoyo (Negra e nua) é maior que aquelas que têm roupas" (europeias das casas grandes das Américas e do Norte que iriam escravizá-lo).*
>
> *Ou então:*
>
> *"Fique tranquila, seu filho será alimentado e cuidado".*

E vemos tudo isso não só no exemplo de minha avó e suas irmãs, que tinham pensões em São Paulo e cuidavam dos filhos de suas colaboradoras como se fossem seus próprios, como seus agregados, dos quais meu tio é um exemplo, mas também está presente ainda nos dias de hoje quando vemos mulheres em comunidades e favelas muitas vezes com casas de um só cômodo, cuidando dos filhos das mulheres de toda vizinhança, usando os meios materiais que têm e que podem conseguir para tal, ainda que elas mesmas façam sacrifícios pessoais em vários níveis para estar ali na obrigação herdada da cultura ancestral e está em mitos como este, ainda que não saiba e até chegue a, não raro, demonizá-lo, incentivadas por líderes religiosos de formação duvidosa (em relação à própria formação de sacerdote religioso, quanto mais no que tange a assuntos ligados à Sociologia e Antropologia ou História que o fariam compreender tais questões).

E, por fim, um outro exemplo que trata da importância da reversão do apagamento epistemológico do arcabouço civilizatório de matrizes africanas presentes, sobretudo em seus mitos (como os Orixás iorubás) é algo que fazia, por exemplo, os afrodescendentes nascidos no Brasil lutarem na Guerra do Paraguai, ainda que estivessem em situação de escravizados, era o conceito de pertencimento à terra de nascimento (ou à terra que o alimenta e sustenta e acolhe, no caso dos africanos na diáspora).

Esse conceito está presente em praticamente toda África subsaariana, contudo fazendo um recorte da África Ocidental, mais especificamente dos povos de origem linguística kwa, sobretudo, os iorubás, o conceito de Onile é o que melhor explica isso. Segundo essas tradições, o local de nascimento ou de assentamento de ancestral deificado (ou ancestral puramente, Orixá no caso do Iorubá) é um local sagrado ao qual se deve reverência, e é feito de forma simbólica na casa de nascimento, e esta terra é a mesma que o alimenta e o abriga e, portanto, sua terra, com a qual tem deveres com o Espírito Ancestral que vive nesta terra (Onile: Senhor da Terra; Oni: Senhor; Ile: Terra) que é o responsável por prover-lhe o sustento e ao qual pertence e dentre as diversas obrigações está o dever de lutar para defender a honra do Espírito Ancestral, seja de invasões quando preciso e há necessidade de disputa de recursos.

Portanto, segundo os valores civilizatórios de matrizes africanas em geral, há o dever com a terra de nascimento onde está assentado o Espírito Ancestral e a terra dos ancestrais (no caso na África) onde está o assentamento do Espírito do Ancestral Mítico do povo de minha ascendência, contudo, o sentido de pertencimento a essa terra de nascimento.

Isso ajuda a explicar muitas coisas, como, por exemplo, o sentido de pertencimento e nacionalismo muito maior entre os afrodescendentes que a população branca (que ainda que tenham a África como terra ancestral, não têm dúvidas de que são brasileiros de fato). Muitas vezes, querendo desvincular-se da imagem identitária nacional, o que ajuda a explicar que nossa imagem como país, assim como expressões culturais de cunho popular, são muito mais vinculadas à nossa população afrodescendente.

Também ajuda a entender os processos migratórios internos de populações de maioria afrodescendente, sobretudo nordestina, a outras regiões do país e o processo de aculturação dos seus descendentes às regiões às quais migraram seus ancestrais e os efeitos que isso tem na ocupação de determinadas áreas do país, como foi o exemplo do Norte, e foi o exemplo das periferias de grandes cidades do Sudeste no passado.

De qualquer forma, ainda que coloquemos em evidência (como fizemos até aqui), que deve ser de interesse capital do Estado Nacional na reversão do apagamento epistemológico de nosso arcabouço civilizatório de matrizes africanas presente, em especial, em seus mitos, dos quais os Orixás são o exemplo mais relevante, em seu processo de desenvolvimento econômico principalmente (ainda mais neste período de reconstrução nacional em diversos níveis nesta segunda década do século XXI), há muitos que estão interessados no apagamento e que trabalharam por décadas e décadas (para não dizer séculos e séculos) nesse processo.

Todos os que se envolveram no processo de escravização na África nos seus últimos quatro séculos sobretudo desde aquele momento tinham interesse no apagamento por diversas razões, e hoje, como evidencio com mais detalhes em texto que exporei, os principais interessados são os detentores dos meios de produção e do Grande Capital Nacional e Internacional que muitas vezes estão por trás dos financiamentos dos missionários que trabalham na demonização de nossas tradições e valores civilizatórios de matrizes africanas há diversas décadas (ou mesmo séculos) trabalhando com o objetivo de seu apagamento segundo seus interesses.

Como falo no texto que exponho a seguir, com mais detalhes, as matrizes indígenas e africanas contradizem o Espírito do Capital (que é a predisposição de acumular capital econômico como uma finalidade em si mesma) e também contrariam os interesses dos mesmos detentores dos meios de produção no que se refere à "domesticação" e adestramento social da população negra que, a partir da rejeição à sua própria identidade e culturas ancestrais, adotariam comportamentos que lhes fossem mais convenientes e não tivessem o risco de mobilizações de resistência enquanto classe desfavorecida a partir de uma identidade cultural em comum.

Além disso, vemos em *A Ética Protestante e o Espírito do Capitalismo*, de Weber, exemplos de determinadas denominações protestantes (que inspiram hoje neopentecostais, por exemplo, e a Teologia da Prosperidade, ainda que não seja este cenário que Weber encontrara naquele momento do século XIX) que têm comportamentos mais adequados e produtivos que interessem mais aos detentores dos meios de produção, fora o fato de que tais comportamentos privilegiam mais a identidade enquanto produtor de bens materiais e de serviços (sobretudo de um setor ligado ao Capital Privado, que os detentores desses meios de produção dominam), pois o próprio conceito de Vocação Profissional surge em Lutero, de membros de uma sociedade de um Estado Nacional e suas instituições públicas que fortaleçam esta identidade nacional, o que só é possível se não existe o apagamento epistemológico do arcabouço civilizatório de origem deste povo (como no nosso caso de maioria afrodescendente), provocado pela ação de décadas ou séculos das denominações religiosas a serviço do capital, trabalhando para a colonização no passado e atualmente para a neocolonização do Capital, a fim de obter a máxima lucratividade extraindo o máximo de produtividade com menor investimento, com a domesticação e o adestramento dessas populações distantes de conceitos de resistência ou mobilização enquanto grupo sociocultural. Só a reversão do apagamento epistemológico do arcabouço civilizatório torna possível e incentiva a consciência da identidade desses indivíduos.

CULTURA AFRO-BRASILEIRA E AFRICANA NA EDUCAÇÃO   173

Tudo isso como está gera a possibilidade da criação de currais eleitorais de milicianos, pastores e todos interessados na manutenção do processo, sobretudo nos locais de maioria de população afrodescendente onde há a ausência do Estado e estes discursos fazem-se atrativos devido à baixa escolaridade ou qualidade da educação obtida em tais meios, onde a ascensão dos interessados no apagamento aos espaços de poder trabalham para promover o ciclo de continuidade a fim de formar trabalhadores que exerçam funções de baixo valor, agregado aos propósitos dos detentores desses meios de produção e os demais interessados que trabalham nesse apagamento, o que vai contra os interesses do Estado Nacional em geral, sobretudo os de Desenvolvimento Econômico.

Os valores civilizatórios (não ligados aos aspectos religiosos diretamente conforme explico) de matrizes africanas presentes, os mitos dos Orixás Iorubanos, sendo desta forma um patrimônio nacional além de tudo, e que têm um impacto no desenvolvimento econômico e em vários outros níveis do país neste período de reconstrução no qual se faz necessário novamente o combate urgente da fome e pobreza com os quais contribuem comprovadamente, conforme os exemplos fornecidos, devem ser defendidos para além do seu reconhecimento institucional como é hoje pela Lei 10.639/03.

Dada a importância que podem ter no processo de desenvolvimento econômico e social de diversas áreas do país, sobretudo as que mais sofrem com a miséria, a pobreza e a fome que voltaram a atingir grande parte da nossa população, tais valores civilizatórios de matrizes africanas (advindos dos mitos dos Orixás iorubanos) não podem continuar a ser demonizados em nome de um projeto de poder de colonização do Capital Privado, que está oculto por trás deste processo, por pessoas com formação acadêmica duvidosa que têm propósitos finais que vão de forma geral contra os interesses do Estado Nacional Brasileiro (inclusive de desenvolvimento econômico, lembro, insistentemente, mais uma vez).

A questão pede ações imediatas (escrevi este texto em 2023, fevereiro) para além das questões de reconhecimento puramente institucional conforme feito até agora, e passe a questões de investimentos e obrigação de dotação orçamentária para a devida aplicação das leis 10.639/03 e 11.645/08 no sentido da reversão do apagamento epistemológico de nosso arcabouço civilizatório presente de forma intensa nos mitos africanos, dos quais os Orixás iorubanos são o principal exemplo, estes mitos e valores civilizatórios devem ser declarados como patrimônio cultural nacional; e a demonização deles deve ser penalizada, assim como se faz ao desrespeito a qualquer símbolo nacional, que estes mitos e valores são de fato, e deve haver fiscalização para a aplicação das leis 10.639/03 e 11.645/08 com punição para docentes e professores em todos os níveis do ensino que se recusem a aplicá-la, com agravantes para justificativas de cunho religioso, e tudo isso em todos os níveis da Administração Pública, Federal, Estadual e Municipal, assim como todo aluno de Ensino Superior que se prepara para exercer a docência, seja na Educação Pública ou Privada, que negar-se a estudar tais temas, pela razão que for, deve ser punido pelo Ministério Público com o agravante de estar trabalhando contra interesses de Desenvolvimento do Estado Nacional em vários níveis (inclusive econômico), com agravante maior se esta justificativa tiver cunho religioso, sendo em todos os casos afastado do curso ou não podendo ter seu diploma validado pelo Ministério da Educação.

Só assim, no Estado que estamos, quase transformado em um Talibã Cristão, que quase nos destruiu institucionalmente durante os últimos anos, podemos reverter essa situação, pois neste momento ainda é forte a presença do pensamento e da influência Colonizadora do Capital desses detentores dos meios de produção, em grande parte que se escondem através do processo de evangelização, a fim de promover o apagamento epistemológico de nosso arcabouço civilizatório de matrizes africanas a partir do dogma e sem nenhuma fundamentação científica, muito menos acadêmica, que o justifique.

É preciso uma ação do lado de intelectuais do movimento negro que promova o pensamento decolonial, assim como me utilizei de conceitos de uma Antropologia Cultural e da Economia de cunho igualmente Decolonial na defesa destes valores civilizatórios que se fazem essenciais no nosso desenvolvimento econômico nacional, sobretudo neste momento de reconstrução nacional, a partir principalmente de elementos advindos de valores civilizatórios africanos ancestrais que trabalhem de forma mais efetiva o imaginário de nossa população, em especial, afrodescendente, nos meios populares nas áreas mais vulneráveis e carentes do país, no sentido de contribuir para o desenvolvimento de suas economias reais locais – o que a reversão do apagamento epistemológico do arcabouço civilizatório de matrizes africanas de nossos mitos ancestrais poderá promover, uma vez que ainda não tenham consciência devido à falta de reconhecimento histórico. Apesar de todo este apagamento em questão, ainda estão em nosso imaginário e promovem isso de alguma forma; uma vez reconhecidos com ações concretas para além do puramente institucional, dada a importância que tem seu impacto neste momento, promoverão muito mais, principalmente através do afroempreendedorismo nessas regiões. Meu trabalho como professor em áreas de vulnerabilidade social na Grande São Paulo, assim como a pesquisa de campo na Bahia, infiltrado entre a população de rua e em escolas dentro de terreiros, abrigos e quilombos, me conferem a experiência suficiente para ter certeza disso para além do referencial teórico exposto aqui ou qualquer outra obra.

Pedagogia dos Orixás:

A Experiência de Campo Como Infiltrado Entre o Povo de Rua na Bahia em 2005 e 2012, em escola do Terreiro do "Ile de Opo Afonjá" de Salvador e Seus Impactos em Políticas Públicas Nacionais.

Em 2005, estive na Bahia para desenvolver um projeto contra a exploração sexual infantil e pela Educação, movido pelo meu juramento a Xangô nesse sentido (de quem sou descendente direto), e procurei diversas organizações não governamentais, mas ouvi absurdos enormes como, por exemplo, que o meu projeto que visava tirar jovens menores de situação de prostituição juvenil e infantil espantava turistas e dava prejuízo à rede de turismo em geral em toda a cadeia e que eu deveria procurar atividades que não erradicassem o problema em si mesmo, mas que tratasse dos efeitos, para poder beneficiar-me de convênios governamentais, pois muitas organizações e institutos assim como associações do Terceiro Setor eram bases de apoio político de certas personalidades ou muitas vezes funcionavam como áreas de influência de determinados países ou comunidades econômicas, mais do que pontos de assistência social efetiva, e que por isso não raro faziam vista grossa para locais e pessoas realmente vinculadas a esta mazela social, assim como outras.

Portanto, para mim, não foi nenhuma surpresa que isso funcionasse assim, uma vez que, no final dos anos 1990, no Rio de Janeiro, em reportagem de jornal de alta circulação da grande mídia denunciava-se que havia mais funcionários de ONGs dedicadas à assistência às crianças vivendo em situação de rua trabalhando na cidade do que as próprias crianças em situação de rua, o que me encorajou a infiltrar-me, em 2005, entre essa população nas ruas de Salvador (a capital mais negra do país) para espionar o que se passava de fato nos bastidores e não era visível a quem não tivesse imerso naquela situação.

Realmente vi absurdos como a atuação de igrejas e o tráfico, as milícias e tantos outros agentes do crime organizado dos quais estas populações em situação crítica ainda são vítimas. De um lado, o comércio da fé e, de outro, o projeto de poder do tráfico, que se retroalimentam e muitas vezes lavam dinheiro entre si e que fazem com que, no final, tanto o vício da perdição no caminho das drogas quanto a virtude da recuperação e reabilitação e desintoxicação pela pura fé (não raro, sem nenhum suporte de profissionais da área da saúde) tornem-se simples e meras mercadorias que vitimizam a população negra em seu caminho, seja em seu caminho de domesticação e adestramento social promovido pelos agentes da fé em nome da salvação da alma, seja pelo caminho do extermínio e da morte social (e muitas vezes física) através das drogas, como o crack é a principal (que tem efeito devastador e há quem diga que fora desenvolvida justamente para este fim) aos que não se adaptarem à opção oferecida pelo caminho da domesticação e adestramento pela fé em nome da salvação.

Neste caso, se vê também o extermínio da população negra, que é a maioria da população em estado de vulnerabilidade social em diversos níveis, como é o exemplo dos indivíduos em situação de rua. Voltei em 2012 para minha pesquisa de campo com recursos próprios, já que o fato de trabalhar a educação de populações negras em estado de vulnerabilidade, segundo a comissão de Bolsas da Faculdade de Educação da Universidade de São Paulo, onde fiz meu Mestrado, não era tão relevante quanto o trigésimo trabalho sobre a Paideia de Platão, que nunca saiu da prateleira da biblioteca e foi contemplado com a bolsa que eu tinha expectativa de receber para realizar minha pesquisa de campo na Bahia em terreiros (e suas escolas), quilombos, infiltrado entre a população de rua, mais uma vez, a fim de gerar relatórios para o Ministério da Educação e Secretaria da Promoção da Igualdade Racial com minha dissertação de mestrado, com o intuito de que fossem estudadas e promovidas políticas públicas para estas populações a partir de tais observações e experiências em campo.

Em 2012, infiltrado entre a população de rua, gastei maior parte do montante do empréstimo que peguei em um banco (e não paguei até hoje) com alimentação do povo de rua em troca de informações para a pesquisa, correndo novamente risco de vida caso fosse descoberto por qualquer um dos criminosos envolvidos em projetos de poder e exploração econômica daquela população.

Paralelamente a isso, estive na maior parte do tempo em pesquisa de campo na escola Eugenia Anna dos Santos, que fica dentro do Terreiro do Ile Opo Afonjá. Escola que leva o nome da fundadora do Terreiro, que foi precursora em pedir que seus filhos de Santo estudassem e oferecessem seus anéis de Mestres e Doutores aos pés de Xangô, de quem recebeu o título de Matriarca do Terreiro que é dedicado a este Orixá, de quem sou descendente direto, e estava ali justamente dedicando meu anel de Mestrado aos pés deste Orixá, pela pesquisa de Campo ali e nos quilombos e demais locais desenvolvida junto à população em estado de vulnerabilidade de Salvador.

No processo de pesquisa em continuação ao que desenvolvi aqui nesta obra em relação às definições sobre Violência Simbólica, estudei autores como Bernard Lahire em seu clássico: *Sucesso Escolar nos meios Populares*, as *Razões do Improvável*, obra que faz estudo de casos de crianças de meios populares das periferias de cidades francesas na maior parte de famílias de imigrantes e que surpreendentemente vão bem nos exames de avaliação nacional na Educação; e Bernard Charlot, assim como minha própria experiência no Centro de Idiomas e na Missão Ramakrishna na Índia, o primeiro local que promoveu ações afirmativas no mundo no início do século XX.

Na pesquisa de Lahire, ele afirma que os três fatores que levam ao sucesso escolar de crianças dos meios populares promovendo a reversão do processo de Violência Simbólica, resumidamente, são:

- A estrutura afetiva familiar;
- A referência de alfabetização e ou escolaridade e provável processo de formação de um dos membros da família (sobretudo que tenha alguma influência sobre a criança ou jovem);
- A afirmação identitária e cultural, (assim como a militância política e cultural familiar ou individual do jovem ou indivíduo dependendo da idade).

Nas práticas na Escola do Terreiro do Afonjá, utilizei tais questões para observar uma série de aspectos que foram importantes no desenvolvimento de minha dissertação, como também as questões vinculadas à experiência de campo na escola de idiomas da missão Ramakrishna de Hyderabad na Índia, no final dos anos 1990, questões estas ligadas sobretudo ao mesmo processo de Afirmação Identitária e Cultural presente no trabalho de Lahire, na França, também no final dos anos 1990; e que no caso da Índia eram determinados pelo sucesso escolar e do aprendizado a partir desta mesma Afirmação Cultural e Identitária, possibilitando, através da apropriação cultural de origem do seu próprio Universo Simbólico, que o indivíduo inserido em determinada cultura expandisse este mesmo Universo a ponto de assimilar e não inculcar (como no processo da Violência Simbólica) outras variantes linguísticas (sejam normativas ou não) de outros idiomas de outras culturas, a partir destes, seus referenciais próprios através do processo de Afirmação Identitária e Cultural, o que lhe permitiria trabalhar no sentido de tornar-se um agente pela transformação de relações de hegemonia e hierarquias culturais em relação a outros universos simbólicos de outras culturas.

De qualquer forma, a pesquisa teve diversos desdobramentos e gerou uma série de observações para além da dissertação em si, nos relatórios voltados ao Ministério da Educação e à SEPPIR, que foi reconhecido e ganhou elogios dos Ministros em questão, que me chamaram em 2014 depois da defesa da dissertação para um encontro no balanço de gestão do primeiro governo da Presidenta Dilma Rousseff.

Nesses relatórios, destaco o que foi feito em relação às razões que levavam indivíduos em situação de vulnerabilidade social em situação de rua, sobretudo (observado em Salvador em 2012 em campo) a abandonarem ou evadirem-se da escola em seus passados, seguindo a teoria de Lahire, o que foi observado entre estes que abandonaram os estudos, dos três fatores de sucesso nos meios escolares dentro das classes populares, o menos presente era sem sombra de dúvida a Referência de Processos de Formação Escolar em um dos membros da família (e na maioria dos casos em um membro qualquer), pois na maioria dos casos (não raro os que foram parar nesta situação por abandono familiar ou desilusão amorosa e que tinham algumas vezes até mesmo Nível Superior) vinham de famílias de pais e irmãos completamente analfabetos ou ao menos analfabetos funcionais.

Da mesma forma que as crianças do Terreiro e dos quilombos e os adultos em processo de alfabetização de maioria negra também tinham o mesmo fator como deficiente neste processo, o que é imprescindível para a definição de políticas públicas de assistência social no sentido de evitar tal quadro, no futuro principalmente, como também buscar alternativas de trabalhar de modo favorável a situação atual desses indivíduos em todos os casos. Sabemos, por exemplo, que os benefícios assistenciais federais, para serem atribuídos a um grupo familiar através de

CULTURA AFRO-BRASILEIRA E AFRICANA NA EDUCAÇÃO

sua matriarca, as crianças em idade de escolarização devem frequentar a escola e não podem de forma alguma evadirem-se, sob pena da interrupção do pagamento.

Portanto, podemos verificar e comprovar por meio de minha pesquisa de campo acadêmica baseada em Lahire, outros autores e minha experiência em instituições educacionais de todo o mundo, sobretudo na Índia e no Brasil, que a principal deficiência verificada nos fatores, no caso de nossas crianças negras (e também nossa população em situação de rua que é em maioria negra), é justamente a falta de referência total ou parcial de processos de formação escolar por parte de quase todos ou todos os membros de suas famílias (muitas vezes até mesmo analfabetos funcionais há várias gerações).

É recomendável criar uma política pública que, além de estimular a escolaridade das crianças, estimule a escolaridade de seus pais ou responsáveis que se evadiram da escola (muitas vezes ainda no processo de alfabetização) para que possam voltar a ser as referências do processo de escolarização de seus filhos ou dependentes, segundo o caso, necessário ao processo de sucesso escolar das crianças dos meios populares. Um incentivo de um determinado montante em dinheiro juntamente ao benefício já recebido, com a condição de que este montante suplementar seja pago mediante o retorno aos estudos e ao processo de escolarização dos responsáveis dessas crianças pode ser uma alternativa que dê um grande resultado, uma vez que se almeja no final de todo este processo que o país tenha uma melhora de grande valor substancial e relevante na Educação pública neste momento de reconstrução, a fim de nos tornarmos um país fornecedor de tecnologia, serviços e produtos de alto valor agregado, e não somente um mero produtor de *commodities* e que consequentemente não necessita de nada além de uma mão de obra de serviços de baixa capacidade técnica produtora de bens e serviços de baixo valor agregado em maioria. Como quer também o Pensamento do Capital Colonial no que se refere ao seu trabalho no sentido do apagamento epistemológico de nosso arcabouço civilizatório de matrizes africanas, e indígena, a fim de igualmente barrar o processo de desenvolvimento nacional, o que se comprovou pelo processo de destruição institucional do país em vários sentidos nos últimos anos desde 2016 até dias recentes e que trabalhamos no sentido inverso da reconstrução neste momento.

Em todos os casos, como infiltrado nesses ambientes, na Bahia, em Salvador e outras cidades do Recôncavo baiano, em 2005 e 2012, coletei dados visando resultados práticos na contribuição para construção de políticas públicas em favor de populações de maioria negra em estado de vulnerabilidade social em diversos níveis no país, sobretudo na Bahia.

No trabalho de 2005, por exemplo, que quase me custou a vida pela primeira vez devido ao risco corrido e uma série de outros fatores que narro em outra obra, ainda que não tenha conseguido aplicá-lo via Terceiro Setor, na ocasião, doei via Canal de Comunicação Oficial com o Governo Federal de orientação política progressista do momento o conceito e as observações em forma de breve relatório sobre a experiência correspondente a 2006, quando houve a transição de poder tanto na Bahia quanto no Ceará, para governos igualmente progressistas, o conceito do Projeto fora aplicado com o suporte de políticas públicas federais e parcerias público-privadas promovidas pelos governos destes estados em parceria com o Ministério de Combate à Pobreza e Fome em nível Federal de então, que eu mesmo jamais conseguiria em nenhuma entidade do terceiro setor realizar sozinho, nem que tivesse uma verba gigantesca advinda de convênios federais comuns naquele momento.

Recebi, além de tudo, o agradecimento da Presidência da República e diversas menções honrosas e cartas de agradecimento dos presidentes e primeiras-damas da França durante mais de oito anos, enquanto os governos progressistas estiveram no poder no país, depois de 2008 até 2016, que vinham diretamente assinados de forma personalizada destes mandatários europeus e direto dos seus palácios sedes de Governo com todas as honrarias. Contudo, nada disso teve para mim, em termos humanos, maior valor do que poder alimentar aqueles em maioria negros que tinham fome nas ruas de Salvador enquanto ali estive infiltrado, pois segundo o código de nossos ancestrais dentro do Oriki de Xangô, que diz: "Não faça mal à minha cabeça (Ori – destino – vida), minha cabeça pertence a você", que determina que o outro é nossa coisa Pública e somos a coisa Pública uns dos outros e que dá o sentido de República, que é o mesmo que faz com que neste código de Xangô a propriedade privada perca a legitimidade quando existe o desequilíbrio social – o que me levou a não pensar duas vezes em pegar um empréstimo sem previsão de poder pagá-lo, a fim de fazer minha pesquisa de interesse público da qual esta obra é um desdobramento.

Essa mesma tradição ancestral determina que no Ori (cabeça, sede da alma para os iorubás e povos kwa em geral) de todos os seres humanos habita uma entidade (para os adeptos de religiões tradicionais como meu caso, chamamos Orixá) e, quando alguém passa fome, essa entidade divina também passa fome e é desonrada em sua nobreza ancestral; ao alimentarmos estes famintos, alimentamos essas divindades ancestrais que vivem em suas cabeças e, portanto, é uma forma de prestar-lhes oferendas e reverências em sua devoção, mais que qualquer prece ou qualquer outro tipo de oferenda que possamos lhes prestar, pois assim fazem-se vivos e sentem-se novamente honrados em suas realezas ancestrais através da dignidade conferida pelo direito ao alimento aos que têm fome, independente de suas crenças ou não, que têm neste ato suas divindades que vivem em seus Ori igualmente alimentadas.

Portanto, de todas as honrarias e do que possam pensar as pessoas de maior poder do mundo, ainda que sejam os reis e nobres da Inglaterra, pouco me importa o que digam ou pensem de mim (aliás, principalmente o rei da Inglaterra, que é o símbolo de poder mais vil e tirano que a Humanidade já conheceu nos últimos séculos, pelo que é e foi, e colonialismo e o neocolonialismo, sobretudo, na África e Diáspora de nossos ancestrais). Mas nada disso e nenhuma honraria pode superar este ato de servir os ancestrais por tudo que foi descrito, inclusive por alimentar os famintos para que suas divindades ancestrais sejam honradas pelas oferendas a elas feitas, desta forma, como fiz em juramento a Xangô, meu ancestral direto e que me faz sentir nas fibras mais íntimas do coração a presença de minha mãe Oxum, que se verte em lágrimas de emoção me lembrando de minha condição e fazendo-me sentir nada mais além que humano no senso de Humanidade que definem nossos ancestrais africanos seguindo a própria natureza que nos guia tanto instintivamente quanto intelectualmente, dentro desta mesma Diversidade Humana em toda sua expressão e suas formas, para se ser tão somente Humano conforme sua própria Natureza determina e que estão nos versos de Declaração Fé dos nossos ancestrais iorubás, que dizem:

Àquele que criou o Homem

a ele eu cultuarei,

Aquele que criou o homem como ele é (segundo a própria natureza – instintiva, intelectual etc.)

A ele eu cultuarei.

Para complementar de forma mais detalhada a questão do Conflito da Cultura do Capital com as Matrizes indígena e africana (razões reais de intolerância religiosa contra nossas tradições), transcrevo meu texto a seguir, publicado na Carta Capital em 2016.

Matrizes Africana e Indígena Contradizem Espírito do Capital. Estudo Baseado em Weber (Ivan Poli, Carta Capital 2015)

Ancestralidade, Memória e Resistência X Cultura de consumo

Uma das principais motivações que me levaram a escrever a obra *Antropologia dos Orixás* assim como minhas demais obras sobre Renascimento Africano foi justamente o fato de a maior parte das obras sobre os mitos africanos tratá-los somente no aspecto religioso; sendo que, segundo o mitólogo Joseph Campbell, o mito tem mais três funções além da mística (religiosa), que são: a cosmológica (explica uma ordem universal), a sociológica (cria corpos sociais) e a pedagógica (cria arquétipos que imitamos e legitima comportamentos).

Hoje, as tradições de matriz africana sofrem ataques e agressões em vários níveis e a principal razão disso não se enquadra exatamente em razões religiosas em si, mas, sim, em conflitos de valores civilizatórios entre a cultura do capital ocidental e as culturas tradicionais, tanto de matriz africana quanto indígena.

Segundo Max Weber, o Espírito do Capital (grosso modo, é a disposição de acumular capital como uma finalidade em si mesma de que tratarei em detalhe no capítulo da Sociologia de Exu, mais à frente nesta mesma obra) vem da ética das primeiras seitas protestantes, assim como o conceito de vocação profissional dentre outras coisas do conceito de Vocação, de Lutero, e este comportamento dentro do Espírito do Capital interessa sobremaneira aos detentores dos meios de produção, razão pela qual muitos deles financiam (inclusive do capital estrangeiro) a evangelização de comunidades tradicionais.

Segundo o antropólogo Georges Balandier, em seus estudos sobre as comunidades tradicionais na África subsaariana, estas em geral têm a tendência de condenar à morte social aqueles que acumulam capital ou riquezas de forma a ameaçar a sustentabilidade de suas sociedades e, no caso de nossas sociedades tradicionais, tanto de matriz africana quanto indígena, essa influência está presente – o que contrasta com o que Weber define como o Espírito do Capital.

Outro valor civilizatório das tradições de matriz africana que vai contra o Espírito do Capital em si é o conceito de ancestralidade e senioridade, pois ancestralidade é memória e memória é resistência, e este valor da ancestralidade vai contra a cultura de consumo.

Ancestralidade dá o sentido de pertencimento a uma comunidade nas matrizes africanas e algumas outras tradições religiosas na própria África subsaariana, para poderem se propagar, ressignificaram este valor civilizatório tão característico das sociedades tradicionais, como foi o caso do Islã em determinados momentos de sua expansão na África subsaariana.

Além da noção de pertencimento a uma comunidade, o conceito de ancestralidade gera o conceito de pertencimento a uma terra, e o culto ao Espírito desta terra onde se nasce.

Para o africano subsaariano em geral, a terra em que se nasce e se fundamentam seus ancestrais tem um valor sagrado. De qualquer forma, a Terra dos Ancestrais mesmo de outra região também o tem, assim como a terra que o acolhe, contudo, a noção de pertencimento à terra natal é central. O sentido de memória a partir dessa ancestralidade e sentido de pertencimento também é central.

Temos nisso um exemplo claro que não deixa dúvidas no imaginário negro brasileiro que, apesar de serem descendentes da África como terra ancestral, não têm dúvidas de que são brasileiros, a identidade negra no Brasil e na maior parte dos países da diáspora africana valoriza a identidade brasileira ou do país de origem, ao contrário do que acontece com grande parte dos descendentes de europeus no nosso país, que buscam ressaltar sua ascendência europeia em detrimento de suas identidades latino-americanas, mesmo que na época da diáspora de seus povos para a América Latina tenham vindo para cá rejeitados pelas elites europeias, que nos queriam lá e, hoje, ainda não querem.

Da mesma forma, as comunidades tradicionais de matriz africana baseadas na ancestralidade e senioridade incitam a adoção das dinâmicas sociais africanas tradicionais, que só aceitam o novo se ele for ressignificado a partir do tradicional, e dificilmente aceitam o novo pelo novo, o que se converte também em um valor civilizatório que contrasta com a cultura de consumo e o Espírito do Capital tão presente em sua reedição na atual "Modernidade Líquida" nestes tempos de Pós-Modernismo que vivemos. A Teologia da Prosperidade das Igrejas Neopentecostais vai igualmente ao encontro dessa cultura de consumo, para a qual, a memória que se baseia na Ancestralidade e que está presente nas Tradições de Matrizes Africanas consiste em uma ameaça.

O próprio Max Weber afirmava que o Espírito do Capital prevaleceria na América Latina quando esta fosse predominantemente Protestante (e em consequência menos católica e exterminasse as religiões tradicionais de Matriz Africana e Indígena).

Para entendermos melhor o que isso significa, basta que nos atentemos ao que representaram os quilombos no período colonial no que se refere à resistência ao Capitalismo Mercantilista, e ainda hoje as comunidades quilombolas e indígenas que mantêm suas tradições representam a este atual Espírito do Capital, motivo pelo qual se faz prioridade evangelizá-las.

Por isso, fica bem claro que mais do que valores de dogmas ou religiosos, o que faz com que as tradições de matriz africana sofram agressões é o conflito de valores civilizatórios e como única saída para que possam sobreviver a esta onda conservadora de agressões por que passam é que nossas casas de Matriz Africana se tornem pontos de Cultura e propagadoras de valores civilizatórios como patrimônio Cultural de Todos os Brasileiros e que assim possam gozar da proteção do Estado (pois o Estado não pode defender valores religiosos ou dogmas, contudo, tem o dever de defender valores civilizatórios, que são nosso Patrimônio Cultural).

Neste sentido, desenvolvi os livros *Antropologia dos Orixás*, *Pedagogia dos Orixás* e a presente obra, para defender estes valores civilizatórios tanto no meio acadêmico quanto para que sirvam de material de formação em ambientes educacionais e comunidades tradicionais, para servir em sua defesa institucional.

O pai (muitas vezes protestante e negro) que não se importa que seu filho veja como herói os mitos nórdicos de suas comunidades tradicionais no passado, como Thor (Escandinávia nenhum pai protestante contesta que seja um mito, que traz importantes valores civilizatórios às suas identidades nacionais), tem que reconhecer nos mitos africanos como Ogum, Oxóssi, Yansã, Oxum e todos os Orixás os valores civilizatórios fundadores de nossa nação.

É necessário que, independentemente das religiões, se admita que o reino do Ketu tem muito mais a ver com nosso processo civilizatório brasileiro que o reino de Odin ou mesmo o Olimpo grego em muitos aspectos.

Este processo descolonizador é um dos principais objetivos de minha obra como um todo, de modo específico, em relação aos valores civilizatórios que herdamos de nossos ancestrais africanos, que muitas vezes são invisíveis em nossa educação mesmo em universidades de referência de nosso país, assim como em nossa mídia hegemônica.

Ivan Poli (Osunfemi Elebuibon) – Professor da Universidade de São Paulo, para Carta Capital, em 30 de setembro de 2015.

Guia de Estudo dos Mitos Afro-brasileiros

Segundo Campbell, todo mito tem quatro funções, conforme abordamos na dissertação, que são: Mística, Cosmológica, Sociológica e Pedagógica, assim como, segundo Sacristán, nos cita que nove são as invariantes de Lawton, pelas quais todas as sociedades devem ser estudadas e têm fatores em comum, a seguir, uma tabela que serve de guia para estudo dos mitos afro-brasileiros, segundo orientações do meu livro *Antropologia dos Orixás*.

MITO	Função Cosmológica	Função Sociológica	Função Pedagógica	Invariante de Lawton
Exu	Senhor dos Caminhos	Corpo social dos mercadores e sacerdotes ligados à feitiçaria, assim como todos os transgressores ao modelo vigente.	Responsável pela transgressão da sociedade de conformidade e reprodução, conduzindo o modo social destas sociedades.	Sistema de Comunicação, sistema econômico, estrutura social, sistema de maturação.
Ogum	Senhor da Guerra	Corpo social dos ferreiros e sacerdotes ligados ao desenvolvimento tecnológico da sociedade.	Código de guerra e sobrevivência, inicialmente a caça, responsável pela formação do arquétipo do guerreiro e caçador.	Sistema Tecnológico, código moral, sistema econômico.

Oxóssi	Senhor da Caça	Corpo social dos caçadores e sacerdotes do culto à terra (Onile).	Código dos caçadores, desmembramento do mito de Ogum no sentido de formação do arquétipo dos caçadores.	Sistema econômico, código moral.
Logun Ede	Senhor das Riquezas	Responsável pela ligação entre o corpo social das mulheres do mercado e dos caçadores, tendo influência em ambas sociedades na região de Illesa sobretudo, também presente no Kétou, importante integração dos períodos de caça e coleta à urbanização.	Responsável pelo arquétipo dos que trabalham na ligação entre as sociedades femininas das mulheres do mercado e as sociedades de caçadores. Regula relações de produção no meio urbano e rural atribuindo a posição de transgressor moral aos que não produzem.	Sistema econômico, sistema de comunicação.
Oxumaré	Senhor do Arco-íris. Ligado aos mitos da Criação.	Responsável por corpos sociais de seus sacerdotes, que têm papel de destaque no corpo administrativo das cidades. Define o papel da androginia e dos andróginos como integrante da dialética (do duplo) nas relações de poder.	Um dos mitos duplos que estabelece a dialética subsaariana nas relações de poder, o jogo entre ordem e desordem que tem que haver na sociedade para seu progresso e evolução, segundo esta dialética subsaariana.	Sistema estético.
Obaluaiye	Senhor da Morte e das doenças e Cura, Senhor da Terra.	Responsável pelo corpo social dos sacerdotes ligados à medicina tradicional e o culto à terra e ancestrais.	Estabelece o arquétipo dos curandeiros e dos sacerdotes ligados à medicina tradicional, assim como neste mito se encerra grande parte do conhecimento desta medicina tradicional e ritos fúnebres em si.	
Nanã	Senhora dos Mortos e da Terra – Ligada aos Mitos da Criação para alguns povos.	Corpo sacerdotal do culto à terra e à ancestralidade, presente também nos ritos fúnebres.	Arquétipo da regeneração e responsável pelo sentido de amor à terra em que se nasce e de pátria em geral. Resume os conceitos centrais da ancestralidade.	Código moral.

CULTURA AFRO-BRASILEIRA E AFRICANA NA EDUCAÇÃO

Yemanjá	Senhora do Mar e das Águas (em algumas cidades).	Corpo social das sacerdotisas e sacerdotes que têm papel central na administração da região de Abeokutá, sendo um dos ancestrais fundadores deste reino, ligado a corpos sociais de sociedades femininas e de origem matriarcal.	Responsável pelo arquétipo da maternidade adulta e mito que desempenha papel central no comportamento das famílias que adotavam as crianças abandonadas pelas razias. Tem papel central nas dinâmicas de escravidão doméstica (linhageira) na região. Atribuindo aos vindos de fora da linhagem seu papel social.	Sistema de racionalidade, código moral.
Xangô	Senhor da Justiça	Responsável por diversos corpos sociais na região de Oyo, desde o rei (Alaafin) até toda sociedade do Oyomesi (parlamento de Oyo).	Responsável pelo Código Moral e de Leis dos iorubás em geral, assim como das dinâmicas sociais dentro da dialética africana do duplo no poder (assim como em Oxumaré) determinando relações entre povos autóctones e invasores. Define em seus Orikis o sentido de bem e coisa pública para este povo.	Código Moral, sistema econômico, sistema de racionalidade.
Yansã	Senhora dos Raios	Responsável pelo corpo social das mulheres chefes de família e guerreiras e caçadoras. Define sociedades e posições femininas como as iyalodes em diversas cortes iorubás. Responsável pela formação de mulheres do Mercado e de suas sociedades assim como Oxum tanto na diáspora quanto na África.	Surge na necessidade de as mulheres terem que caçar e guerrear na ausência de seus maridos e pais que partiam para as guerras ou eram levados pelas razias em um segundo momento. Define o arquétipo das heroínas que formaram os corpos sociais de mães chefes de família e tem grande influência até os dias de hoje tanto na África quanto na diáspora.	Estrutura social.

Oxum	Senhora das Águas Doces	Legitima diversos corpos sociais na região de Osogbo, onde define todo corpo administrativo desde o rei (Ataojá) até os administradores. Mito ligado aos corpos sociais de educadores (Idi Osun) e várias regiões iorubás. Juntamente com Yansã regula corpos sociais de mulheres do mercado e suas sociedades secretas, assim como as feiticeiras que têm ligação aos corpos sociais de transgressores.	O próprio papel da educadora e da mulher como educadora é um arquétipo formado por este mito. Resistência feminina às agressões masculinas contrapondo a inteligência como uma característica feminina contra a força como uma característica masculina na formação civilizatória das sociedades. Arquétipo também das Administradoras e mulheres do mercado juntamente com Yansã.	Sistema de racionalidade.
Obatalá	Senhor dos Céus	Definiu juntamente com Oduduá o corpo social de administradores de Ile Ife (cidade de origem de todas as outras cidades iorubás).	Estabelece a ordem juntamente com o Mito de Ogum e contrapõe Exu nos corpos sociais de transgressores responsáveis pelas dinâmicas sociais iorubás.	Estrutura social.
Oduduá	Ancestral Mítico	Definiu juntamente com Obatalá o corpo social de administradores de Ile Ife (cidade de origem de todas as outras cidades iorubás).	Ancestral mítico, dá a ideia de ancestralidade ao povo iorubá e reúne as diversas cidades iorubás sob a égide de uma única origem, (dá unicidade ao povo iorubá). Ancestralidade, que é Memória e Memória que é resistência vem basicamente dos mitos de ancestrais míticos como Oduduá em todos os povos subsaarianos.	Estrutura social.

INDÍGENAS NO BRASIL

Variedade Étnica e Contribuições

Mapa com as principais variedades étnicas indígenas do país.

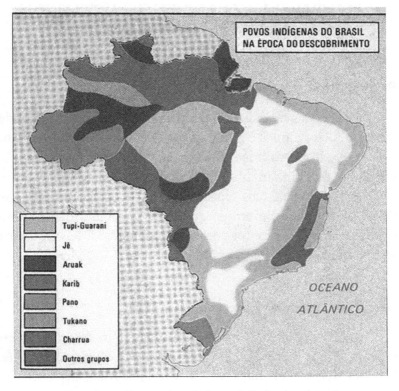

Fonte: https://www.todamateria.com.br/indios-brasileiros/

O tupi-guarani é a mais conhecida e com os hábitos mais difundidos no imaginário nacional, contudo, seguida pelas etnias Jê, Aruak, Karib, Pano, Tukuna, Charua, e tantas outras segundo as regiões do país.

Inúmeras são as contribuições indígenas para o país e nossa cultura, entre elas, seu vocabulário, do qual foram incorporadas muitas palavras ao português do país; hábitos alimentares; de higiene; músicas; danças; expressões folclóricas e culturais, assim como no nosso imaginário nacional.

A REALIDADE INDÍGENA NO BRASIL E MOVIMENTOS SOCIAIS INDÍGENAS

Realidade Indígena no Brasil

Os indígenas no país são populações de grande diversidade étnica e sociocultural e ainda que até o momento não estejam no centro do palco dos interesses nacionais, principalmente da mídia, principalmente nos últimos anos, estes povos vêm ganhando cada vez mais espaço no cenário nacional ainda que de forma tímida, e devemos aqui expor particularidades sobre quem são e de que direitos gozam segundo nossas leis em todos os níveis de administração pública, sobretudo a federal.

Povos Indígenas em Números

Segundo o Censo Demográfico do IBGE de 2022, em 2010 registraram-se cerca de 900 mil indígenas no país. Dos quais, 502.783 viviam na zona rural e 315.180 nas zonas urbanas.

Já o Censo de 2022 registrou que, ainda que estejam presentes em todas as regiões do Brasil, o Norte concentra o maior número de indígenas do país, 305.873, cerca de 37,4% do total. O Amazonas é o estado com o seu maior número: 55% do total.

Após o início da inclusão dessa população em seus dados, a partir de 1991, há um aumento significativo dos indivíduos recenseados que passaram a declarar-se indígenas por identificar-se com esta identidade tanto étnica quanto culturalmente, passando a ser identificado enquanto indígena por uma determinada etnia. O que dá o direito de um descendente de povo originário a declarar-se como tal para o Estado brasileiro é a Convenção nº 169 da Organização Internacional do Trabalho sobre Povos Indígenas e Tribais que resguarda este direito em seus critérios, o que fora ratificado pelo Brasil pelo Decreto nº 5.051/2004.

Vemos nos gráficos da sequência tanto o crescimento da população indígena desde 1991 quanto sua distribuição pelos municípios brasileiros.

CULTURA AFRO-BRASILEIRA E INDÍGENA

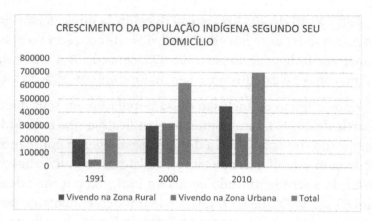

Fonte: IBGE Censo de 2010

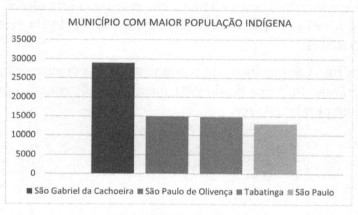

Fonte: IBGE Censo de 2010

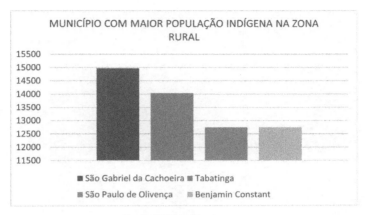

Fonte: IBGE Censo de 2010

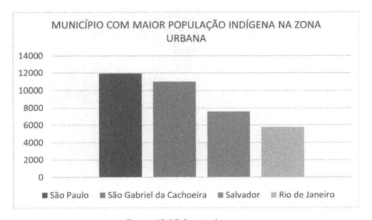

Fonte: IBGE Censo de 2010

Os mapas a seguir mostram como se deu essa distribuição geográfica em todo o território nacional durante anos, particularmente no período entre 1991-2010:

CULTURA AFRO-BRASILEIRA E INDÍGENA

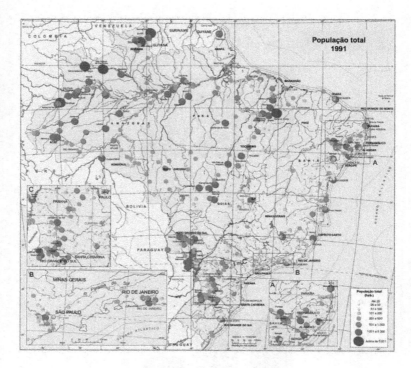

Fonte: IBGE.

INDÍGENAS NO BRASIL 199

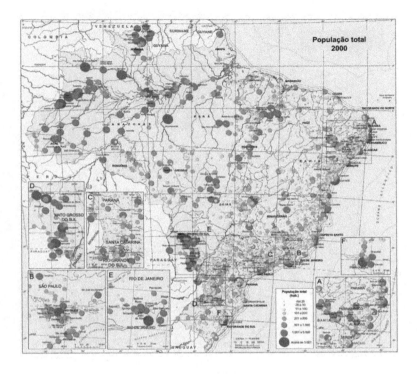

Fonte: IBGE.

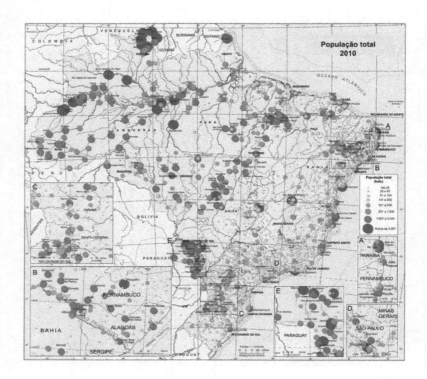

Fonte: IBGE.

Luta dos Povos Indígenas no Brasil

A luta dos povos originários sobretudo pela defesa de seus direitos socioambientais, que ecoam na imagem externa do país como um todo, tem o seu maior impulso de início de mobilização nos anos 1970 a partir das políticas de expansão próprias aos governos militares do período no âmbito do então chamado "Milagre Brasileiro", que foi um dos agentes que provocaram tal política.

Já a APIB (Articulação dos Povos Indígenas no Brasil) teve sua fundação no ano de 2002 visando reunir todas as principais pautas dos povos originários do país, a fim de criar a mobilização necessária para a luta por seus direitos, o que em 2023, em janeiro, a partir da crise yanomami, vem à tona mais uma vez a pauta humanitária devido à emergência da situação de saúde pública e alimentar (desnutrição) dessa população.

O movimento tem entre suas metas centrais trabalhar pela conservação e delimitação de áreas indígenas, ainda que sua atuação política ultrapasse tais limites a partir de sua luta como órgão de resistência na preservação dos legados culturais e dos hábitos e costumes dessas populações.

Nessas discussões, o chamado marco temporal enquanto ação do Supremo Tribunal Federal (STF) buscava deliberar sobre a reivindicação de posse de territórios habitados por povos originários. Tal ação definia que apenas aqueles que já ocupassem o território no marco do dia 5 de outubro de 1988 (data da promulgação da nossa Constituição Federal) seriam os que teriam direito sobre as terras que estivessem ocupando.

Em entrevista, o ambientalista e líder indígena, Ailton Krenak, declara à *CNN Brasil* que, "se o setor privado se apropriar dessas terras, estaria acontecendo a maior privatização de terras do nosso país e que nunca aconteceu na história do Brasil", segundo nos afirma Inara Chagas, em seu artigo ao site *Politize!*

Assim, ao mobilizar ocupações e atos, o movimento indígena é extremamente ativo no cenário político nacional, sobretudo na elaboração e criação de projetos de lei, e através de sua participação na política institucional do país, como é o exemplo do **Ministério dos Povos Originários.**

Quais Direitos a Constituição garante aos Povos Indígenas do Brasil?

Segundo nos afirma Inara Chagas em seu artigo, a Constituição Federal de 1988 trouxe mudanças expressivas na política indigenista do Estado brasileiro.

Em 1910, com a criação do Serviço de Proteção aos Índios e Localização dos Trabalhadores Nacionais (SPILTN), que passa a ser nomeada SPI (Serviço de Proteção aos Índios) em 1918, a política indigenista adotada pelo país visava integrar os povos originários à sociedade brasileira, obrigando-os, dessa forma, a abandonar suas culturas e costumes.

Tal fato dava-se por meio da obrigatoriedade do português como idioma oficial nas escolas, de uma educação no modelo nacional, e pela recusa no reconhecimento da vasta diversidade cultural desses nossos povos originários.

Nos dias atuais, a FUNAI (Fundação Nacional do Índio), criada a fim de substituir o SPI em 1967, não busca mais integração dessas populações e trabalha no sentido da promoção e do respeito aos direitos dos povos originários do país e, desde 1988, devido à pressão de movimentos da sociedade civil e representantes dos povos originários, o Estado Nacional passou a defender os direitos desses povos, abrindo espaço para uma educação diferenciada de acordo com suas próprias tradições, organizações e culturas dentro do que se desenvolvem em suas características específicas no caso de cada povo em sua diversidade.

Percentual de indígenas que ainda falam sua língua de origem.

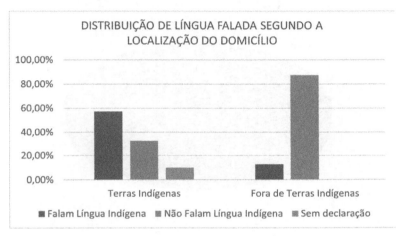

Fonte: IBGE Censo de 2010

A Constituição de 1988 confere o direito à educação escolar dos indígenas, concedendo destaque específico a metodologias próprias de ensino e aprendizagem assim como ao uso de sua língua materna; e neste âmbito o Ministério da Educação (MEC) criou em 1994 as "Diretrizes para a Política Nacional de Educação Escolar Indígena", a partir do que nortearam-se normas especiais para o oferecimento da educação diferenciada a nossos povos originários em toda sua diversidade.

Movimentos Sociais Indígenas no Brasil

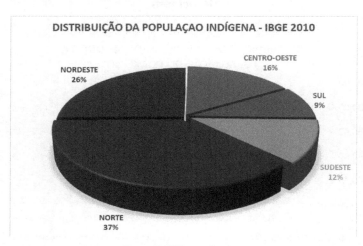

Fonte: IBGE Censo de 2010

Podemos afirmar sem medo de errar que a história da resistência e movimentos dos povos originários inicia-se já nos primeiros dias do despontar das Caravelas de Colombo na América, assim como todo processo de invasão de terras e colonização do Novo Mundo, com suas questões socioambientais e humanitárias presentes desde tal momento e vivas em feridas abertas com a necessidade de virem a um debate público nacional.

Segundo nos narra Ana Fahs em seu artigo, o marco do movimento indígena foi em 1940, no México, momento em que foi realizado o primeiro **Congresso Indigenista Americano** (Convenção de Patzcuaro), com o objetivo de criar e discutir políticas que pudessem zelar pelos índios na América.

A mesma autora nos afirma que, no Brasil, o processo viria a começar a se manifestar de forma mais organizada apenas nos anos 1970, sendo devido à política expansionista dos governos militares que criava a necessidade de proteção de terras dos povos originários.

Em 1983, é eleito o primeiro deputado federal indígena, o que motiva as lideranças dos povos originários de então no sentido de promoverem o ideal que, para estabelecerem-se debates essenciais a seus povos, a representatividade política se faz necessária, conforme acabara de ocorrer.

Na sequência, continuaram a marcar presença no Congresso Nacional e na política em geral, através da organização de atos e com o objetivo de reivindicar seus direitos.

O Que Busca o Movimento Indígena?

Entre as principais reivindicações do movimento indígena estão a **conservação e delimitação de áreas indígenas**, e este princípio se faz mais amplo quando a ele somam-se o direito à educação, saúde diferenciada, respeito e reconhecimento à cultura, projetos socioeconômicos voltados a seus diversos povos, áreas de preservação e fiscalização ao cumprimento de leis e demarcações. Assim como nos afirma Ana Fahs.

O Que Diz a Lei Sobre os Indígenas

Em 1973, é promulgada a Lei 6.001, conhecida como "Estatuto do Índio". Neste período histórico em sua formulação, a cultura indígena era considerada "transitória" e o índio visto como "relativamente incapaz".

De acordo com tal visão, os povos originários eram considerados tutela do Estado até o momento da realização de sua integração com a sociedade brasileira. Sua responsabilidade seria do Serviço de Proteção ao Índio, órgão que deu origem à atual Fundação Nacional do Índio (FUNAI), segundo nos relata Ana Fahs.

A partir de 1988, na promulgação da Constituição atual, os povos originários passam a ter assegurados o direito à sua própria cultura, direito processual e direito às terras tradicionalmente ocupadas, impondo à União o dever de zelar pelo cumprimento dos seus direitos segundo nos fala a autora, citando os artigos 231 e 232 da Constituinte de 1988, que citaremos com maiores detalhes nos próximos capítulos:

> *Art. 231, CF. São reconhecidos aos índios sua organização social, costumes, línguas, crenças e tradições, e os direitos originários sobre as terras que tradicionalmente ocupam, competindo à União demarcá-las, proteger e fazer respeitar todos os seus bens.*

> Art. 232. Os índios, suas comunidades e organizações são partes legítimas para ingressar em juízo em defesa de seus direitos e interesses, intervindo o Ministério Público em todos os atos do processo.

EDUCAÇÃO INDÍGENA

· · · · · · · ·

ESCOLA DIFERENCIADA INDÍGENA E A FORMAÇÃO DE PROFESSORES. A IMAGEM DO ÍNDIO E O MITO DA ESCOLA

Sabemos que é de extrema importância que o processo de escolarização tanto de nossos povos originários quanto quilombolas não pode mais, em pleno século XXI, aniquilar o processo de desenvolvimento de culturas tradicionais, dada a importância da sua preservação, inclusive pelas questões da Antropologia Cultural da Economia que aqui expus no caso das culturas de Matrizes Africanas anteriormente.

Para tanto, em ambos os casos, sobretudo naquele dos povos originários, faz-se necessário o investimento tanto em pesquisas quanto na implementação, incluso o processo de formação adequada de professores para tais escolas.

Nessa formação, os professores precisam estar preparados para lidar com a realidade dos povos originários de acordo com as diferenças que se apresentem em cada uma das regiões do país e estar cientes dessa imagem do índio e o mito da escola que é, para eles, ligado e tão relacionado ao processo de colonização, e até mesmo catequese e conversões religiosas que tomaram por muito tempo e, ainda tomam em determinados casos, com o consequente trabalho para o apagamento dos valores civilizatórios tradicionais em detrimento da cultura do colonizador anterior.

Portanto, a formação de professores apresenta desafios específicos que não ocorrem em outros casos como até mesmo no das populações quilombolas, normalmente mais integradas com os processos da civilização do colonizador branco e certamente tendo muito mais contato com sua cultura e língua, sobretudo.

Para tanto, farei aqui um estudo resumido do Artigo da série *Dossiê: História, Educação e Interdisciplinaridade,* que é mais especificamente o artigo *História, memória e tradição na educação escolar indígena: o caso de uma escola Kaingang* (fazendo um recorte deste povo como estudo de caso, como no caso anterior dos povos africanos, fiz dos povos de línguas kwa, mais especificamente os iorubás e fon), que é de autoria da professora adjunta da Universidade Federal do Rio Grande do Sul, Maria Aparecida Bergamaschi e sua aluna de Mestrado, Juliana Schneider Medeiros, da mesma Universidade.

Segundo definem as autoras na abertura do artigo, o processo de imposição da educação escolar aos nossos povos originários inicia-se com o advento do início do nosso processo de colonização com a intenção de implantar a catequese entre esses povos. Contudo, tais povos em linha e de acordo com seus valores civilizatórios presentes em suas mitologias, em todos os aspectos que estes mesmos mitos e valores civilizacionais influenciam suas sociedades, desenvolveram e mantiveram um modo de educação coerente com as características culturais dentro de suas respectivas civilizações e ainda que tivessem tido prejuízos substanciais pela imposição histórica do processo de escolarização conforme se deu, conjuntamente a um processo de tentativa de apagamento epistemológico de seu arcabouço civilizatório de origem, essas sociedades tiraram proveito do que este processo poderia lhes oferecer de outra forma, desenvolvendo relações de coexistência, chegando mesmo a recriá-las no sentido de transformar em uma escola "indianizada" que trabalhe para a preservação de sua memória e valores culturais ancestrais e tradicionais, a fim de reafirmarem suas identidades étnicas agregando esses fatores na sua defesa por direitos de suas comunidades.

Segundo as autoras, a educação escolar indígena no Brasil tem uma longa trajetória, tecida desde os primórdios da colonização e cujo modelo predominante, alheio às cosmologias indígenas, foi resultado de uma imposição com a intenção explícita de mudar relações de hegemonia cultural no sentido de efetivar o processo de colonização.

De qualquer forma, segundo as mesmas autoras, os povos originários em coerência com seus modos de vida afirmaram, desde os primeiros contatos com os europeus, um modelo próprio de educação que se mostrou inadequado para as práticas escolares, uma vez que nas sociedades tradicionais, "as teorias do mundo, do homem e da sociedade são globais e unificadoras".

Segundo as autoras, nessas sociedades, o saber é acessível a todos, "dividido a partir de graus de iniciação que os eleva, e não a partir de uma setorização de conhecimentos que os fragmenta", como ocorre na organização e na transmissão dos conhecimentos escolares do modelo ocidental, e ainda hoje, nessas sociedades se sobressaem três aspectos principais que conformam uma unidade educativa: a economia da reciprocidade; a casa, como espaço educativo, junto à família e à rede de parentesco; a religião, ou seja, a concentração simbólica de todo o sistema, expressa nos rituais e nos mitos, segundo reafirmam as autoras do artigo.

Contudo, ainda que afirmem e vivenciem até o presente seus modos próprios de educação, nesses séculos de conquista, os povos ameríndios foram invadidos também pela escola, instituição constituída e constituidora de outra concepção de mundo. Gestada na modernidade ocidental, inspirada na ciência moderna que ordena e fragmenta o conhecimento, a escola imposta aos indígenas foi portadora de um projeto educativo para a formação de cristãos e súditos da Coroa portuguesa e, posteriormente, de cidadãos portadores de uma identidade nacional.

Segundo afirmam, observamos, nas últimas décadas, por meio de movimentos de afirmação étnica, que outro modelo escolar apareceu no cenário educacional: a escola dos povos indígenas. Amparada em leis que constituem um modelo diferenciado e específico de educação escolar, cada povo tomou para si a tarefa de elaborar currículos escolares e propostas pedagógicas, informados por suas cosmologias. E, embora o modelo escolar mais contundente nas aldeias ainda seja o da modernidade ocidental, vê-se, cada vez mais forte, a busca de outros referenciais para essas práticas escolares, construindo aos poucos escolas específicas e diferenciadas, já reconhecidas pelas leis educacionais do país. É sobre a educação escolar dos povos indígenas brasileiros que trata o presente estudo, o qual decorre de pesquisas realizadas na última década em escolas e segundo o recorte que fazem as autoras das terras indígenas kaingang e guarani do Rio Grande do Sul.

Aspectos Históricos da Educação Escolar Indígena no Brasil

Segundo afirmam as autoras:

> Para compreender esse movimento recente de constituição efetiva de escolas indígenas, torna-se necessário regressar algumas décadas no tempo e acompanhar a trajetória da educação escolar destinada aos povos autóctones no país. De acordo com estudos recentes que tratam da história da educação escolar indígena, podemos identificar distintos momentos dessa modalidade de escola na história da educação no Brasil. Remontando ao período colonial e se estendendo até o século XX, temos um modelo de educação

> escolar desenvolvido por ordens religiosas, em especial a Companhia de Jesus, cujo intuito foi a cristianização do gentio. Mas, "para converter, primeiro civilizar; mais proveitosa que a precária conversão dos adultos, a educação das crianças longe do ambiente nativo; antes que o simples pregar da boa-nova, a polícia incessante da conduta civil dos índios", assevera Viveiros de Castro. Nessa perspectiva, justifica-se uma modalidade de escola que teve por alvo principal o "culumim" e que foi desenvolvida desde o século XVI, como mostram documentos da época, principalmente as cartas de padres que atuaram no período colonial e relatam seus esforços para cristianizar, civilizar e europeizar os povos autóctones, considerados por eles sem Fé, sem Rei e sem Lei (Bergamaschi; Medeiros, 2010).

Assim descrevem no fragmento citado as intenções de catequese necessárias para fins de expansão colonial dos impérios coloniais nas Américas Católicas, sobretudo, que estavam por trás do programa de educação dos povos ditos selvagens (nossos povos tradicionais), visando a inculcação deste arbitrário cultural representado pela cultura do colonizador a fim de mudar relações de hegemonia cultural, o que fica ainda mais claro e evidente no fragmento abaixo, quando as autoras citam:

> O "plano civilizador", dirigido aos indígenas e explicitado por Nóbrega em 1558, visava "defender-lhe comer carne humana e guerrear sem licença do governador"; "fazer-lhes ter uma só mulher"; "vestirem-se"; "tirar-lhes os feiticeiros"; fazê-los viver quietos sem se mudar para outra parte [...] tendo terras repartidas que lhes bastem". Com pequenas diferenças nos distintos tempos e espaços do Brasil colônia, esses princípios se mantiveram nos séculos de colonização, reforçados pela atuação de outras ordens religiosas como os beneditinos, franciscanos, carmelitas, lassalistas e salesianos, e retomados pelo Estado brasileiro no início do século XX, quando se configura um segundo momento da educação escolar indígena. A partir da criação do Serviço de Proteção ao Índio e Localização dos Trabalhadores Nacionais (SPILTN), em 1910, os gentios foram colocados sob

> a tutela do Estado, que desde o advento da República passou a atuar de forma mais incisiva para territorializar, civilizar e integrar os povos indígenas na chamada sociedade nacional. Em cada "reserva" indígena, um posto do SPI, e em cada posto, uma escola, cujo teor de atuação foi assim resumido por Souza Lima (Bergamaschi; Medeiros, 2010).

Vemos que na política de catequese, agora cultural, o apagamento de valores civilizatórios culturais dos povos originários perdura até o século XX com o auxílio de ordens religiosas (atualmente não somente católicas, mas também evangélicas), a partir de ação conjunta com o Estado Nacional com o intuito final de a escola promover este trabalho "civilizatório", sobretudo a partir da difusão do idioma português e estímulo ao abandono do idioma e por conseguinte hábitos e cultura nativas entre estas populações, conforme segue o artigo:

> Tratava-se, pois, de noções elementares da língua portuguesa (leitura e escrita) e estímulo ao abandono das línguas nativas, além de se introduzir uma série de pequenas alterações no cotidiano de um povo indígena, a partir de formas de socialização características de sociedades que têm na escola seu principal veículo de reprodução cultural. O modelo de governo idealizado, e que foi em certos casos com certeza implementado, procurava atingir a totalidade das atividades nativas, inserindo-se em tempos e espaços diferenciados dos ciclos, ritmos e limites da vida indígena (Bergamaschi; Medeiros, 2010).

Trazendo a Teoria de Pierre Bourdieu para esta discussão, da escola como reprodutora das desigualdades sociais, assim como principal agente no processo de Violência Simbólica, como é mais oportuno neste caso, temos nesse evento a descrição do dito "Trabalho Pedagógico" que a escola, segundo os moldes dos missionários cristãos e governos desempenham nesse processo no intuito de trabalhar a inculcação do "arbitrário cultural" da

EDUCAÇÃO INDÍGENA 213

cultura, por sua vez, arbitrária em relação aos povos originários, que é a cultura que se desenvolve a partir da variante normativa do idioma do colonizador.

No ciclo no qual se aplica o processo de Violência Simbólica, sabemos que o segundo passo se dá a partir da legitimação do "Trabalho Pedagógico" que inculca este "Arbitrário Cultural", por uma "Autoridade Pedagógica" que goze da legitimidade perante o grupo em questão de preferência, seja por sua autoridade devido ao seu capital, simbólico, ou cultural principalmente, e nada melhor neste caso que a "Autoridade Pedagógica" seja exercida por um membro da própria comunidade, conforme descrevem as autoras:

> O cargo de professor indígena, entre outras conquistas, é decorrente de um processo de luta que reivindica o protagonismo indígena na elaboração e execução de políticas públicas, entre elas a educação escolar. Inicia-se na década de 1970 um movimento incisivo de organização dos povos originários que, com o apoio de setores da Igreja, da universidade e de ONGs, e em consonância com os movimentos indígenas internacionais, explicitam suas reivindicações pelo direito à diferença, à terra, à saúde e à educação diferenciada. A partir da atuação indígena no processo constituinte da década de 1980, a Constituição Federal em 1988 assegurou direitos importantes às suas sociedades, entre eles o direito à escola diferenciada. A Carta Magna reconheceu aos índios, no Artigo 231, "sua organização social, costumes, línguas, crenças e tradições", e no Artigo 210, § 2º, "a utilização de suas línguas maternas e processos próprios de aprendizagem". Ou seja, garantiu-lhes um ensino no idioma próprio, com processos pedagógicos que possibilitem aprender de acordo com sua cultura. As escolas indígenas que até então estavam vinculadas à FUNAI e, portanto, ao Ministério do Interior, em 1991 passam para o Ministério da Educação. A partir daí desencadeia-se um movimento forte de afirmação da educação escolar indígena, por meio de leis, de criação de setores específicos para a gestão dessa

modalidade de escola e do envolvimento de lideranças e professores indígenas na condução desse processo (Bergamaschi; Medeiros, 2010).

Contudo, neste caso, da mesma forma que a autoridade pedagógica pode por um lado trabalhar a inculcação do arbitrário cultural, ela pode, conforme nos é descrito, trabalhar no sentido de desconstruir esse processo de Violência Simbólica, fazendo com que o arbitrário cultural representado pela língua e cultura do colonizador, em vez de inculcado, seja assimilado e dominado pelas minorias que se encontrem em posições de submissão em relações de hierarquia cultural e social, a partir da reafirmação e ampliação do seu próprio Universo Simbólico de Origem (cultura originária), trabalhando assim igualmente no sentido do estabelecimento do processo de Transformação de Relações de Hegemonia Cultural, e desta forma a escola indianizada pode trabalhar com sua educação diferenciada conforme descrevem as autoras:

> Em 1996, a Lei de Diretrizes e Bases da Educação Nacional reafirmou alguns pontos já apresentados na Constituição Federal e foi mais além, citando pela primeira vez o estabelecimento de uma "educação escolar bilíngue e intercultural aos povos indígenas", com currículo, projeto pedagógico, material didático e formação específica de professores. Destacou a importância da história e da identidade étnica dos povos indígenas para suas comunidades, apresentando, no artigo 78 da referida lei, como um dos objetivos dessa educação diferenciada "a recuperação de suas memórias históricas, a reafirmação de suas identidades étnicas, a valorização de suas línguas e ciências.
>
> Seguindo no caminho de instituir uma educação escolar diferenciada, em 1998 foi publicado um importante documento, o Referencial Curricular Nacional para Escolas Indígenas (RCNEI). Elaborado por lideranças indígenas de todo o país, junto a especialistas da educação, antropólogos e professores das diversas matérias, é um instrumento que

EDUCAÇÃO INDÍGENA

auxilia, principalmente, professores indígenas e técnicos das Secretarias de Educação na implementação do projeto pedagógico e do currículo das escolas indígenas. No ano seguinte a essa publicação foram aprovados o Parecer 14 do Conselho Federal de Educação e a Resolução nº 003 da Câmara de Educação Básica, os quais instituíram as diretrizes curriculares nacionais para a educação escolar indígena e criaram a categoria "escola indígena". Em 2001 foi aprovado o Plano Nacional de Educação (PNE), documento que dedicou um capítulo específico à educação escolar indígena, estabelecendo 21 objetivos e metas. Naquele momento, o plano previu "criar, dentro de um ano, a categoria oficial de "escola indígena" para que a especificidade do modelo de educação intercultural e bilíngue seja assegurada". Além disso, o PNE determinou a instituição do magistério indígena, o estabelecimento de infraestrutura adequada e a criação de material didático específico, entre outros pontos.

Consolidadas por leis, as escolas indígenas no Brasil se afirmam como escolas específicas e diferenciadas, principalmente por se enraizarem em territórios autóctones – Terras Indígenas –, por atenderem estudantes indígenas e, também, por constar, majoritariamente, em seus quadros docentes, professores indígenas bilíngues e multilíngues pertencentes a diferentes etnias ameríndias. Os dados do Censo Escolar 2006 Inep/MEC registram a atuação de 10.800 professores indígenas, representando mais de 90% dos docentes nas escolas das aldeias. Essa presença ameríndia na docência é uma prática que ocorre de forma acelerada nas últimas décadas e está marcada por um passado recente de proibição, quando a admissão de mestres indígenas em suas escolas era "consentida" por instituições indigenistas apenas como monitoria.

É importante compreender por que as comunidades indígenas vêm requisitando a educação escolar, uma modalidade de ensino que vem crescendo em todos os níveis, inclusive no Ensino Superior, que hoje registra a presença de mais de cinco mil universitários indígenas (Bergamaschi; Medeiros, 2010).

Tendo em conta tais informações, podemos afirmar que o bilinguismo em termos do ensino de variantes dos idiomas do colonizador e do povo nativo em questão, existente neste modelo, permite o advento do bilinguismo cultural, que está além do ensino de idiomas e que é necessário para trabalhar a reversão do quadro de Violência Simbólica sofrida por estas populações há vários séculos e sua consequente mudança no processo de Transformação de Relações de Hegemonia Cultural, o que não se fazia possível a partir do modelo anterior, de imposição e inculcação do arbitrário cultural do colonizador a partir do ensino do único idioma deste; visando o abandono da língua e culturas originárias e a consequente impossibilidade do desenvolvimento de qualquer forma de bilinguismo em nível linguístico puramente ou mesmo cultural. Ainda assim, o processo gera conflitos ao que as autoras afirmam:

> Entretanto, a introdução da instituição escolar no seio das sociedades indígenas, mesmo almejada por eles e inserida num processo mais amplo de organização e luta, não ocorre sem conflitos. Veem-na como uma necessidade para o diálogo intercultural, na medida em que é preciso conhecer a sociedade nacional para com ela se relacionar. Mas, também, veem-na como um risco ao modo de vida tradicional, uma invasão dentro de sua própria terra, já que, como foi dito, a escola é uma instituição alheia ao modo de vida dos povos indígenas e historicamente tem causado danos aos processos próprios de educação e ao uso de seus idiomas. O passado é requisitado, e numa concepção circular de tempo, agregado ao presente, aponta para outras possibilidades de futuro para a educação escolar, na perspectiva de "indianização" da escola (Bergamaschi; Medeiros, 2010).

Após ressaltar tais fatos históricos de forma ímpar, as autoras em uma segunda parte nos expõem de forma brilhante e resumida como se dá o ensino de história dentro da realidade indígena atualmente no país e a forma que deve ser no sentido de ressaltar sua História, Tradição e Saberes Ancestrais. Faz-se necessário remarcar a visão crítica evocada pelas autoras, que colocam a questão colonial sempre presente; o que nos faz trazer à tona novamente a necessidade da reversão do processo de apagamento epistemológico do arcabouço civilizatório das sociedades tradicionais em geral, neste caso, dentre os povos originários de matrizes indígenas.

Ensino de História: Memória, História, Tradição e Saberes Ancestrais

Conforme sabemos, as demandas das escolas dos povos originários vão para além do ensino do idioma português e da comunicação com o mundo do colonizador, mas também para os limites do ensino de História, que é uma disciplina essencial no processo civilizatório dos povos de qualquer origem étnica ou cultural, não sendo diferente em relação a nossos povos originários. Dessa forma, esse é um componente essencial nos currículos e tem sido no Brasil de forma geral a formação do imaginário civilizatório de identidade nacional, conforme citam as autoras nos fragmentos a seguir:

> O ensino de história, desde sua criação como disciplina escolar na França do século XIX, esteve ligado à formação do Estado nacional moderno e à noção de identidade nacional. No Brasil, foi implantado em 1838, no Colégio D. Pedro II, no Rio de Janeiro, e propunha criar os fundamentos da unidade e da hegemonia nacional, enfatizando os fatos políticos e afirmando o Estado como gestor e controlador da nação. Tanto a produção historiográfica como o ensino da história se assentaram numa narrativa marcada por eventos que encaminhavam a construção de um sentimento de nacionalidade, cujos heróis desfilavam nos livros didáticos. A relação intrínseca entre a história produzida e a construção da ideia de nação e do sentimento de civismo

foi cultivada em grande parte do século XX, presumindo uma linearidade e uma história única que enaltecia a branquitude, a eurodescendência e o monolitismo da sociedade, mesmo que vozes dissonantes fizessem contraponto ao que predominava na época.

Que representatividade tem essa identidade que se busca forjar por meio do ensino de história, se ela não abrange os diferentes grupos que constituem este país? Nesse sentido, é importante salientar a relação direta que existe entre história e produção de identidades, seja ela étnica, social ou nacional. Mas, se a história está ligada à identidade de um grupo, é a história que representa a visão de mundo desse grupo que poderá ser significativa na constituição de sua identidade. Sensibilizadas por esse tema, nesta parte do texto propomos a escuta de vozes indígenas com respeito ao que elas consideram história, o que esperam do ensino de história, que papel este ocupa em uma escola indígena, que relação esse ensino mantém com a memória, com a tradição e com os saberes ancestrais (Bergamaschi; Medeiros, 2010).

No caso dos povos indígenas, ainda que estejam inseridos de alguma forma no processo de formação nacional, também estão ligados ao seu processo histórico enquanto grupos étnicos isolados em si mesmos, com seus próprios heróis, processos de construção de memória coletiva na qual suas dinâmicas de formação de suas historicidades são forjadas para além da história nacional como um todo, conforme nos evidenciam os trechos a seguir:

A "segunda parte da história", segundo os professores, inclui também o que nós denominamos história nacional. Além das relações com demais povos indígenas, relata o contato com o europeu a partir da sua chegada na América e as relações que se estabeleceram desde então, tudo de um ponto de vista indígena e não como contado oficialmente na maioria dos livros usados nas escolas, que retratam a visão dos conquistadores. É sempre a voz de um não indígena que conta a história do Brasil.

Em sociedades orais, a memória é evocada e recriada permanentemente, mas é no presente que as lembranças e os esquecimentos adquirem significados e é no presente que os saberes ancestrais são recriados, por meio das palavras de quem transmite esses saberes, em geral pessoas mais velhas da comunidade, também reconhecidos como "guardiões da memória". É respondendo às indagações do presente que alguns acontecimentos do passado são esquecidos e outros lembrados. Discussão que acompanha o Ocidente – Platão já dizia que memória é produto da imaginação, atribuindo-lhe características de delírio e esquecimento, mas reconhecendo sua importância: "É apenas pelo bom uso dessas recordações que o homem torna-se perfeito", afirmava no Fedro. Bosi, por sua vez, diz que memória é trabalho, produção, imaginação, lembrança e esquecimento produzidos no presente.

A história é filha da memória, relação de parentesco que aproxima história e memória. No entanto, características específicas de ambas foram intensamente trabalhadas, como o fez Jacques Le Goff. Refletindo acerca das relações entre história e memória, verificamos que na sociedade ocidental ainda predomina uma história registro, história escrita que por muito tempo se pretendeu objetiva, isenta de emoções e juízos de valor da parte de quem a escreve, de quem a produz. Nesse sentido, a memória tem mais liberdade, pois ela seleciona, a partir dos anseios individuais e coletivos do presente, os fatos que devem e podem ser lembrados ou esquecidos. Na tradição positivista, a história teve a intenção de registrar a verdade de todos os acontecimentos. No entanto, hoje, nós historiadores sabemos o impossível dessa tarefa e admitimos haver várias verdades, várias recriações de um mesmo acontecimento, o que, neste ponto, aproxima a história da memória.

Nas comunidades indígenas, memória e história se confundem, pois a história, principalmente quando se refere à história do grupo, é transmitida oralmente a partir da memória dos velhos. Através de narrativas que buscam legitimidade no passado e na tradição, eles buscam evocar sentimentos de identificação do e para o grupo: "Narrativas revelam o alinhamento dos narradores com certos indivíduos, grupos, ideias e símbolos através dos quais externalizam seus maiores valores, qualidades positivas, orgulho para si mesmos". Nessa perspectiva, compreende-se por que nas situações em que se torna mais difícil viver de acordo com a cosmologia indígena, especialmente por causa da intensificação do contato com o "mundo dos brancos", a ancestralidade é evocada para afirmar permanências culturais e identidades étnicas. E na escola, uma região reconhecida como fronteira, onde predominam os conhecimentos originariamente ocidentais, os povos indígenas afirmam a importância dos saberes ancestrais, buscando práticas que assegurem a tradição. A memória dos velhos assume a função da história (Bergamaschi; Medeiros, 2010).

Além das questões que relacionam memória e história, as sociedades tradicionais tanto de matrizes africanas quanto ameríndias evocam suas tradições na construção dos seus processos de historicidade, assim como afirma Georges Balandier em seu clássico *Antropo-logiques*. E essas tradições contam histórias de mitos que tiveram suas dimensões históricas igualmente (além de suas dimensões apenas míticas) ainda que a partir de registros orais vistos como subjetivos pela metodologia de pesquisa que determina o que pode ser considerado ou não registro histórico, assim como reafirma o fragmento a seguir:

> Consideramos também a perspectiva da tradição e, como afirma Balandier, ela também "gera continuidade; exprime a difícil relação com o passado", transmitindo de geração em geração os valores de determinada sociedade: "A tradição é uma herança que define e mantém uma ordem ao apagar a ação transformadora do tempo, só retendo os momentos fundadores, dos quais tira a sua legitimidade e sua força". Ao afirmar permanências, a tradição nega a história, por isso nas sociedades reconhecidas como tradicionais, nas quais se insere a sociedade Kaingang por nós estudada, a memória e a tradição são requisitadas e oferecidas como história. Porém, Balandier nos faz compreender que a própria tradição "só age enquanto portadora de um dinamismo

que lhe permite a adaptação", jogando apenas em parte com a aparente estabilidade. Em muitas situações mostra-se reelaborada, conferindo sentido ao novo, ao inusitado. Nessa perspectiva, continua o autor, "o trabalho da tradição não está dissociado da história" (Bergamaschi; Medeiros, 2010).

Na exposição do texto das autoras em questão, fica claro pela sua última frase quando afirmam que "o trabalho da tradição não está dissociado da história", justamente o fato que não se pode ignorar da transmissão e registro histórico entre as sociedades de povos originários, justamente pela oralidade, assim como entre os povos africanos e tradições de matrizes africanas em geral e os códigos morais, culturais e sociais aí envolvidos, neste bojo completo do que chamamos de transmissão das tradições.

Nesse sentido, podemos afirmar que o registro histórico e o próprio sentido de historicidade dentre os nossos povos originários se dá tanto por critérios do que é objetivo e percebido e de efeito em uma coletividade como também critérios subjetivos de caráter individual ou parcial no grupo dentro de uma coletividade maior, sendo ambos aceitos dentro destas culturas como parte de uma visão histórica de um povo a partir de uma percepção ancestral (seja coletiva integral ou parcialmente ou mesmo individual), pois da mesma forma assim o fazem os povos subsaarianos da África, e os ameríndios e, por consequência, nossos povos originários ao centrarem suas transmissões de tradições na literatura oral e seus corpus destas literaturas orais em suas respectivas culturas seguem dinâmicas semelhantes (como no caso da cultura iorubá e dos povos de línguas kwa em geral, o corpus literário dos Odus de Ifá é um exemplo, assim como os Orikis, não somente de deidades, mas de tudo que é vivente no imaginário destes povos).

É de grande valia inspirar novos pesquisadores, a partir dos estudos que fiz dentro das tradições orais da África Ocidental (do

Oriki e dos Itan e o dos Odus de Ifá, assim como seus diversos corpus literários da oralidade como o Iba, Orin, Adura, Ijala, Iremoje etc.) no processo de alfabetização de indivíduos de todas as idades, do qual nossas tradições de matrizes africanas fazem parte e as sociedades dos povos originários de matrizes indígenas têm dinâmicas e corpus literários da oralidade específicos semelhantes aos mesmos que podem ser usados nesse processo de alfabetização, assim como também o estudo de História dentro de suas próprias dinâmicas e visões de mundo que lhe são próprias e igualmente o trabalho de afirmação identitária e cultural neste processo (assim como fiz no caso dos Orkis e demais gêneros da literatura oral de matrizes africanas com comunidades dentro de quilombos sobretudo urbanos, terreiros e escolas em áreas de vulnerabilidade social, nas quais a população afrodescendente ainda é maioria esmagadora).

Ao ler as brilhantes colocações das autoras em questão, não nos resta alternativa a não ser inspirar-nos em tais buscas em nossas pesquisas acadêmicas, a nós das áreas de Humanidades, em especial, mais vinculados aos processos relacionados à Educação em todos os níveis, pois se faz mais que evidente que aqui neste caso a visão e a Filosofia Decolonial (ameríndia neste exemplo) deve desenvolver-se e se fazer presente, uma vez que o arbitrário cultural que se tenta passar através da cultura eurocêntrica também submete essa população ao processo de Violência Simbólica que deve ser rompido no sentido da mudança de relações culturais para o consequente advento de novas relações sociais; o que consolidará de forma auxiliar o processo de Transformações na Hegemonia Cultural vigente, o que tem, como vimos, diversas consequências para o país, sobretudo no que tange ao desenvolvimento econômico e social das áreas onde vivem essas populações (justamente pelos argumentos que utilizamos nos casos das matrizes africanas dentro dos Estudos de Antropologia Cultural da Economia). Consequências estas que terão um efeito não somente na imagem externa do país, mas também no desenvolvimento econômico social nacional como um todo (e para além dos nossos povos originários).

LÍNGUAS INDÍGENAS E A CONSTITUIÇÃO

Transcrevo abaixo trecho que trata da questão indígena na Constituição Federal de 1988, de acordo com a própria Carta Constitucional e Documentos do Ministério da Educação (MEC)

OS ÍNDIOS NA CONSTITUIÇÃO FEDERAL DE 1988.
Este documento traz os artigos da CF/88 que estão relacionados à situação dos índios brasileiros.

Art. 1º A República Federativa do Brasil, formada pela união indissolúvel dos Estados e Municípios e do Distrito Federal, constitui-se em Estado democrático de direito e tem como fundamentos:

I – a soberania.

Art. 3º Constituem objetivos fundamentais da República Federativa do Brasil:

IV – promover o bem de todos, sem preconceitos de origem, raça, sexo, cor, idade e quaisquer outras formas de discriminação.

Art. 4º A República Federativa do Brasil rege-se nas suas relações internacionais pelos seguintes princípios:

III – autodeterminação dos povos.

Parágrafo único. A República Federativa do Brasil buscará a integração econômica, política, social e cultural dos povos da América Latina, visando à formação de uma comunidade latino-americana de nações.

Art. 5º Todos são iguais perante a lei, sem distinção de qualquer natureza, garantindo-se aos brasileiros e aos estrangeiros residentes no país a inviolabilidade do direito à vida, à liberdade, à igualdade, à segurança e à propriedade, nos termos seguintes:

LV – aos litigantes, em processo judicial ou administrativo, e aos acusados em geral são assegurados o contraditório e a ampla defesa, com os meios e recursos a ela inerentes.

Art. 20. São bens da União:

XI – as terras tradicionalmente ocupadas pelos índios.

§ 2º A faixa de até cento e cinquenta quilômetros de largura, ao longo das fronteiras terrestres, designada como faixa de fronteira, é considerada fundamental para defesa do território nacional, e sua ocupação e utilização serão reguladas em lei.

Art. 22 Compete privativamente à União legislar sobre:

XIV – populações indígenas.

Art. 49 É da competência exclusiva do Congresso Nacional: XVI – autorizar, em terras indígenas, a exploração e o aproveitamento de recursos hídricos e a pesquisa e lavra de riquezas minerais.

Art. 109 Aos juízes federais compete processar e julgar:

XI – a disputa sobre direitos indígenas.

Art. 129 São funções institucionais do Ministério Público:

V – defender judicialmente os direitos e interesses das populações indígenas.

Art. 174 Como agente normativo e regulador da atividade econômica, o Estado exercerá, na forma da lei, as funções de fiscalização, incentivo e planejamento, sendo este determinante para o setor público e indicativo para o setor privado.

§ 3º O Estado favorecerá a organização da atividade garimpeira em cooperativas, levando em conta a proteção do meio ambiente e a promoção econômico-social dos garimpeiros.

§ 4º As cooperativas a que se refere o parágrafo anterior terão prioridade na autorização ou concessão para pesquisa e lavra dos recursos e jazidas de minerais garimpáveis, nas áreas onde estejam atuando, e naquelas fixadas de acordo com o art. 21, XXV, na forma da lei.

LÍNGUAS INDÍGENAS E A CONSTITUIÇÃO

Art. 176 As jazidas, em lavra ou não, e demais recursos minerais e os potenciais de energia hidráulica constituem propriedade distinta da do solo, para efeito de exploração ou aproveitamento, e pertencem à União, garantida ao concessionário a propriedade do produto da lavra.

§ 1º A pesquisa e a lavra de recursos minerais e o aproveitamento dos potenciais a que se refere o caput deste artigo somente poderão ser efetuados mediante autorização ou concessão da União, no interesse nacional, por brasileiros ou empresa brasileira de capital nacional, na forma da lei, que estabelecerá as condições específicas quando essas atividades se desenvolverem em faixa de fronteira ou terras indígenas.

Art. 210 Serão fixados conteúdos mínimos para o ensino fundamental, de maneira a assegurar formação básica comum e respeito aos valores culturais e artísticos, nacionais e regionais.

§ 2º O ensino fundamental regular será ministrado em língua portuguesa, assegurada às comunidades indígenas também a *utilização de suas línguas maternas e processos próprios de aprendizagem.*

Art. 215 O Estado garantirá a todos o pleno exercício dos direitos culturais e acesso às fontes da cultura nacional, e apoiará e incentivará a valorização e a difusão das manifestações culturais

§ 1º O Estado protegerá as manifestações das culturas populares, indígenas e afro-brasileiras, e das de outros grupos participantes do processo civilizatório nacional.

Art. 216 Constituem patrimônio cultural brasileiro os bens de natureza material e imaterial, tomados individualmente ou em conjunto, portadores de referência à identidade, à ação, à memória dos diferentes grupos formadores da sociedade brasileira, nos quais se incluem:

I – as formas de expressão;

II – os modos de criar, fazer e viver;

III – as criações científicas, artísticas e tecnológicas;

IV – as obras, objetos, documentos, edificações e demais espaços destinados às manifestações artístico-culturais;

V – os conjuntos urbanos e sítios de valor histórico, paisagístico, artístico, arqueológico, paleontológico, ecológico e científico.

§ 1º O poder público, com a colaboração da comunidade, promoverá e protegerá o patrimônio cultural brasileiro, por meio de inventários, registros, vigilância, tombamento e desapropriação, e de outras formas e acautelamento e preservação.

§ 2º Cabem à administração pública, na forma da lei, a gestão da documentação governamental e as providências para franquear sua consulta a quantos dela necessitem.

CAPÍTULO VIII

Dos Índios

Art. 231 São reconhecidos aos índios sua organização social, costumes, línguas, crenças e tradições, e os direitos originários sobre as terras que tradicionalmente ocupam, competindo à União demarcá-las, proteger e fazer respeitar todos os seus bens.

§ 1º São terras tradicionalmente ocupadas pelos índios as por eles habitadas em caráter permanente, as utilizadas para suas atividades produtivas, as imprescindíveis à preservação dos recursos ambientais necessários a seu bem-estar e as necessárias a sua reprodução física *e cultural, segundo seus usos, costumes e tradições.*

§ 2º As terras tradicionalmente ocupadas pelos índios destinam-se a sua posse permanente, cabendo-lhes o usufruto exclusivo das riquezas do solo, dos rios e dos lagos nelas existentes.

§ 3º O aproveitamento dos recursos hídricos, incluídos os potenciais energéticos, a pesquisa e a lavra das riquezas minerais em terras indígenas só podem ser efetivados com autorização do Congresso Nacional, ouvidas as comunidades afetadas, ficando-lhes assegurada participação nos resultados da lavra, na forma da lei.

§ 4º As terras de que trata este artigo são inalienáveis e indisponíveis, e os direitos sobre elas, imprescritíveis.

§ 5º É vedada a remoção dos grupos indígenas de suas terras, salvo, ad referendum do Congresso Nacional, em caso de catástrofe ou epidemia que ponha em risco sua população, ou no interesse da soberania do País, após deliberação do Congresso Nacional, garantido, em qualquer hipótese, o retorno imediato logo que cesse o risco.

§ 6º São nulos e extintos, não produzindo efeitos jurídicos, os atos que tenham por objeto a ocupação, o domínio e a posse das terras a que se refere este artigo, ou a exploração das riquezas naturais do solo, dos rios e dos lagos nelas existentes, ressalvado relevante interesse público da União, segundo o que dispuser lei complementar, não gerando *a nulidade e a extinção direito a indenização ou a ações contra a União, salvo, na forma da lei, quanto às benfeitorias derivadas da ocupação de boa-fé.*

§ 7º Não se aplica às terras indígenas o disposto no art. 174, §§ 3.º e 4.º Art. 232. Os índios, suas comunidades e organizações são partes legítimas para ingressar em juízo em defesa de seus direitos e interesses, intervindo o Ministério Público em todos os atos *do processo. ADCT Art. 67. A União concluirá a demarcação das terras indígenas no prazo de cinco anos a partir da promulgação da Constituição.*

Brasília, 5 de outubro de 1988.
Ulysses Guimarães, Presidente
Mauro Benevides, 1º Vice-Presidente

Mais especificamente sobre a questão da língua e cultura indígenas, segundo nos mostra a documentação no site do Ministério da Educação sobre leis federais e Educação, temos que:

CAPÍTULO III

Serão fixados conteúdos mínimos para o ensino fundamental, de maneira a assegurar formação básica comum e respeito aos valores culturais e artísticos, nacionais e regionais.

DA EDUCAÇÃO, DA CULTURA E DO DESPORTO
SEÇÃO I – "DA EDUCAÇÃO"

Artigo 210 – Serão fixados conteúdos mínimos para o ensino fundamental, de maneira a assegurar formação básica comum e respeito aos valores culturais e artísticos, nacionais e regionais.

2. O ensino fundamental regular será ministrado em língua portuguesa, **assegurada às comunidades indígenas também a utilização de suas línguas maternas e processos próprios de aprendizagem.**

SEÇÃO II – DA CULTURA

Artigo 215 – O Estado garantirá a todos o pleno exercício dos direitos culturais e acesso às fontes da cultura nacional, e apoiará e incentivará a valorização e a difusão das manifestações culturais.

1. O Estado protegerá as manifestações das culturas populares, indígenas e afro-brasileiras, e das de outros grupos participantes do processo civilizatório nacional.

CAPÍTULO VII – "DOS ÍNDIOS"

Artigo 231 – São reconhecidos aos índios sua organização social, costumes, línguas, crenças e tradições, e os direitos originários sobre as terras que tradicionalmente ocupam, competindo à União demarcá-las, proteger e fazer respeitar todos os seus bens.

1. São terras tradicionalmente ocupadas pelos índios as por eles habitadas em caráter permanente, as utilizadas para suas atividades produtivas, as imprescindíveis à preservação dos recursos ambientais necessários a seu bem-estar e as necessárias à sua reprodução física e cultural, segundo seus usos, costumes e tradições.

2. As terras tradicionalmente ocupadas pelos índios destinam-se a sua posse permanente, cabendo-lhes o usufruto exclusivo das riquezas do solo, dos rios, dos lagos nelas existentes.

3. O aproveitamento dos recursos hídricos, incluídos os potenciais energéticos, a pesquisa e a lavra das riquezas minerais em terras indígenas só podem ser efetivadas com

LÍNGUAS INDÍGENAS E A CONSTITUIÇÃO

autorização do Congresso Nacional, ouvidas as comunidades afetadas, ficando-lhes assegurada participação nos resultados das lavras, na forma de lei.

4. As terras de que trata este artigo são inalienáveis e indisponíveis, e os direitos sobre elas são imprescritíveis.

5. É vedada a remoção dos grupos indígenas de suas terras, salvo, ad referendum do Congresso Nacional, em caso de catástrofe ou epidemia que ponha em risco sua população, ou no interesse da soberania do País, após deliberação do Congresso, garantindo em qualquer hipótese, o retorno imediato logo que cesse o risco.

6. São nulos e extintos, não produzindo efeitos jurídicos, os atos que tenham por objeto a ocupação, o domínio e a posse das terras a que se refere este artigo, ou a exploração das riquezas naturais do solo, dos rios e dos lagos nelas existentes, ressalvado relevante interesse público da União, segundo o que dispuser lei complementar, não gerando a nulidade e a extinção do direito à indenização ou a ações contra a União, salvo, na forma da lei, quanto às benfeitorias derivadas da ocupação de boa-fé.

7. Não se aplica às terras indígenas o disposto no art. 174, 3 e 4.

Artigo 232 – Os índios, suas comunidades e organizações são partes legítimas para ingressar em juízo em defesa de seus direitos e interesses, intervindo o Ministério Público em todos os atos do processo.

LEGADO INDÍGENA (PRESERVAÇÃO) E ANTROPOFAGIA CULTURAL

IMPORTÂNCIA DA PRESERVAÇÃO DA CULTURA E LEGADO INDÍGENA (POVOS ORIGINÁRIOS)

Conforme tratarei mais adiante, é de suma importância para o desenvolvimento, tanto econômico quanto social do país, o legado da cultura dos diversos povos originários da nação como um todo e por razões semelhantes que os povos afrodescendentes, ainda que os povos originários possam suposta e aparentemente ter uma representatividade menor na cena e no âmbito cultural do país, o que não se pode afirmar e, dependendo das regiões ou microrregiões, isso se inverte, sobretudo nas regiões norte e centro-oeste do país.

Da mesma forma que os povos de culturas predominantemente de matrizes africanas, os de matrizes indígenas sofrem o mesmo processo de apagamento epistemológico de seu arcabouço civilizatório, que vai muito além de seus mitos, mas de sua expressão cultural, pelo foco de resistência que seus valores civilizatórios representam ao Espírito do Capital, que tanto interessa a grande parte dos detentores dos meios de produção e do capital econômico nacional e mundial, levando em conta o que o próprio Max Weber afirmava, quando dizia que no momento em que tanto a África subsaariana quanto a América Latina deixassem de ser predominantemente Católicas e reduzissem ou erradicassem qualquer possibilidade de expansão da influência das Sociedades Tradicionais, e o Protestantismo prevalecesse nas regiões, o Espírito do Capital predominaria nesses continentes.

Os missionários cristãos e, sobretudo, protestantes de hoje, ainda que não sejam das mesmas denominações e, portanto inseridos na mesma realidade na qual Weber estava imerso quando observara tal fato, estão muito atentos nisso, assim como os que estão por trás dos financiamentos de suas missões.

Esse legado dos conhecimentos indígenas que vai para além de seus conhecimentos em medicina tradicional de seus povos (que se perde a cada dia mais) e que está neste arcabouço civilizatório pode determinar vocações econômicas de regiões onde esses povos estão presentes, e a importância da preservação do legado cultural e das próprias comunidades indígenas em si vai muito além da manutenção da imagem externa do país por questões de relações exteriores, captação de recursos e investimentos que isso pode gerar; tanto diretamente nas regiões onde vivem estas comunidades (seja por fundos de Preservação de Florestas ou outros meios via Terceiro Setor e Setor Privado) quanto no país como um todo.

········

ANTROPOFAGIA CULTURAL IDENTITÁRIA BRASILEIRA NO PROCESSO DE DESCOLONIZAÇÃO E MUDANÇA DE RELAÇÕES DE HEGEMONIA CULTURAL PARA O DESENVOLVIMENTO SOCIAL E ECONÔMICO SUSTENTÁVEL DO PAÍS

Para entender o conceito de Antropofagia Cultural, tenho que recorrer primeiramente a textos clássicos de autores que os conceberam há cerca de 100 anos, como Oswald de Andrade e Manuel Bandeira, ao qual já me referi no caso da

Desmacunaimização da Reconstrução do Conceito do Herói Nacional do Renascimento latino-americano do século XXI.

Na sequência da exposição dos clássicos da Literatura do Modernismo Brasileiro do século XX, escritos há quase 100 anos, que são os Manifestos *Pau-Brasil* e *Antropofágico*, ambos de Oswald de Andrade, quem melhor pode expor em detalhes o conceito de Antropofagia Cultural e suas origens, faço comentários sobre estes e os contextualizo no âmbito do nosso processo de descolonização cultural e mudanças de relações de hegemonia cultural e sua importância em nosso desenvolvimento econômico e social, a fim de que ocorra de forma sustentável.

Manifestos Históricos da Antropofagia

Manifesto da Poesia Pau–Brasil

A poesia existe nos fatos. Os casebres de açafrão e de ocre nos verdes da favela, sob o azul cabralino, são fatos estéticos. O Carnaval no Rio é o acontecimento religioso da raça. Pau-Brasil. Wagner submerge ante os cordões de Botafogo. Bárbaro e nosso. A formação étnica rica. Riqueza vegetal. O minério. A cozinha. O vatapá, o ouro e a dança. Toda a história bandeirante e a história comercial do Brasil. O lado doutor, o lado citações, o lado autores conhecidos. Comovente. Rui Barbosa: uma cartola na Senegâmbia. Tudo revertendo em riqueza. A riqueza dos bailes e das frases feitas. Negras de jockey. Odaliscas no Catumbi. Falar difícil. O lado doutor. Fatalidade do primeiro branco aportado e dominando politicamente as selvas selvagens. O bacharel. Não podemos deixar de ser doutos. Doutores. País de dores anônimas, de doutores anônimos. O Império foi assim. Eruditamos tudo. Esquecemos o gavião de penacho. A nunca exportação de poesia. A poesia anda oculta nos cipós maliciosos da sabedoria. Nas lianas da saudade universitária. Mas houve um estouro nos aprendimentos. Os homens que sabiam tudo se deformaram como borrachas sopradas.

Rebentaram. A volta à especialização. Filósofos fazendo filosofia, críticos, crítica, donas de casa tratando de cozinha. A Poesia para os poetas. Alegria dos que não sabem e descobrem. Tinha havido a inversão de tudo, a invasão de tudo: o teatro de base e a luta no palco entre morais e imorais. A tese deve ser decidida em guerra de sociólogos, de homens de lei, gordos e dourados como Corpus Juris. Ágil o teatro, filho do saltimbanco. Ágil e ilógico. Ágil o romance, nascido da invenção. Ágil a poesia. A poesia Pau--Brasil, ágil e cândida. Como uma criança. Uma sugestão de Blaise Cendrars: – Tendes as locomotivas cheias, ides partir. Um negro gira a manivela do desvio rotativo em que estais. O menor descuido vos fará partir na direção oposta ao vosso destino. Contra o gabinetismo, a prática culta da vida. Engenheiros em vez de jurisconsultos, perdidos como chineses na genealogia das ideias. A língua sem arcaísmos, sem erudição. Natural e neológica. A contribuição milionária de todos os erros. Como falamos. Como somos. Não há luta na terra de vocações acadêmicas. Há só fardas. Os futuristas e os outros. Uma única luta – a luta pelo caminho. Dividamos: poesia de importação. E a Poesia Pau-Brasil, de exportação. Houve um fenômeno de democratização estética nas cinco partes sábias do mundo. Instituíra-se o naturalismo. Copiar. Quadro de carneiros que não fosse lã mesmo, não prestava. A interpretação no dicionário oral das Escolas de Belas Artes queria dizer reproduzir igualzinho... Veio a pirogravura. As meninas de todos os lares ficaram artistas. Apareceu a máquina fotográfica. E com todas as prerrogativas do cabelo grande, da caspa e da misteriosa genialidade de olho virado – o artista fotográfico. Na música, o piano invadiu as saletas nuas, de folhinha na parede. Todas as meninas ficaram pianistas. Surgiu o piano de manivela, o piano de patas. A pleyela. E a ironia eslava compôs para a pleyela. Straviski. A estatuária andou atrás. As procissões saíram novinhas das fábricas. Só não se inventou uma máquina de fazer versos – a havia o poeta parnasiano. Ora, a revolução indicou apenas que a arte voltava para as elites. E as elites começaram desmanchando. Duas fases: 1ª) a deformação através do impressionismo, a fragmentação, o caos voluntário. De Cézanne e Malarrmé, Rodin e Debussy até agora. 2ª) o lirismo, a apresentação no templo, os materiais, a inocência construtiva. O Brasil profiteur. O Brasil doutor. E a coincidência da primeira construção brasileira no movimento de reconstrução geral. Poesia Pau-Brasil. Como a época é miraculosa, as leis nasceram do próprio rotamento dinâmico dos fatores destrutivos. A síntese. O equilíbrio. O acabamento de carrosserie. A invenção. A surpresa. Uma nova perspectiva Uma nova escala. Qualquer esforço natural nesse sentido será bom. Poesia Pau-Brasil. O trabalho contra o detalhe naturalista – pela síntese; contra a morbidez romântica – pelo equilíbrio geômetra e pelo acabamento técnico; contra a cópia, pela invenção e pela surpresa. Uma nova perspectiva. A nova, a de Paolo Ucello criou o naturalismo de apogeu. Era uma ilusão de ótica. Os objetos distantes não diminuíam. Era uma lei de aparência. Ora, o momento é de reação à aparência. Reação à cópia. Substituir a perspectiva visual e naturalista por uma perspectiva de outra ordem: sentimental, intelectual, irônica, ingênua. Uma nova escala: A outra, a de um mundo proporcionado e catalogado com letras nos livros, crianças nos colos. O reclame produzindo letras maiores que torres. E as novas formas da indústria, da viação, da aviação. Postes. Gasômetros Rails. Laboratórios e oficinas técnicas. Vozes e tics de fios e ondas e fulgurações. Estrelas familiarizadas com negativos fotográficos. O correspondente da surpresa física em arte. A reação contra o assunto invasor, diverso da finalidade. A peça de tese era um arranjo monstruoso. O romance de ideias, uma mistura. O quadro histórico, uma aberração. A escultura eloquente, um pavor sem sentido. Nossa época anuncia a volta ao sentido puro. Um quadro são linhas e cores. A estatuária são volumes sob a luz. A Poesia Pau-Brasil é uma sala de jantar das gaiolas, um sujeito magro compondo uma valsa para flauta e a Maricota lendo o jornal. No jornal anda todo o presente. Nenhuma fórmula para a contemporânea expressão do mundo. Ver com olhos livres. Temos a base dupla e presente – a floresta e a escola. A raça crédula e dualista e a geometria, a álgebra e a química logo depois da mamadeira e do chá de erva-doce. Um misto de "dorme nenê que o bicho vem pegá" e de equações. Uma visão que bata nos cilindros dos moinhos, nas turbinas elétricas, nas usinas produtoras, nas questões cambiais, sem perder de vista o Museu Nacional. Pau-Brasil.

Obuses de elevadores, cubos de arranha-céus e a sábia preguiça solar. A reza. O Carnaval. A energia íntima. O sabiá. A hospitalidade um pouco sensual, amorosa. A saudade dos pajés e os campos de aviação militar. Pau-Brasil. Oswald de Andrade Manifesto antropófago e Manifesto da poesia pau-brasil O trabalho da geração futurista foi ciclópico. Acertar o relógio império da literatura nacional. Realizada essa etapa, o problema é outro. Ser regional e puro em sua época. O estado de inocência substituindo o estado de graça que pode ser uma atitude do espírito. O contrapeso da originalidade nativa para inutilizar a adesão acadêmica. A reação contra todas as indigestões de sabedoria. O melhor de nossa tradição lírica. O melhor de nossa demonstração moderna. Apenas brasileiros de nossa época. O necessário de química, de mecânica, de economia e de balística. Tudo digerido. Sem meeting cultural. Práticos. Experimentais. Poetas. Sem reminiscências livrescas. Sem comparações de apoio. Sem pesquisa etimológica. Sem ontologia. Bárbaros, crédulos, pitorescos e meigos. Leitores de jornais. Pau-Brasil. A floresta e a escola. O Museu Nacional. A cozinha, o minério e a dança. A vegetação. Pau-Brasil. (Oswald de Andrade. *Correio da Manhã*, 18 de março de 1924).

Manifesto Antropófago

Só a ANTROPOFAGIA nos une. Socialmente. Economicamente. Filosoficamente. Única lei do mundo. Expressão mascarada de todos os individualismos, de todos os coletivismos. De todas as religiões. De todos os tratados de paz. Tupi, or not tupi that is the question. Contra todas as catequeses. E contra a mãe dos Gracos. Só me interessa o que não é meu. Lei do homem. Lei do antropófago. Estamos fatigados de todos os maridos católicos suspeitos postos em drama. Freud acabou com o enigma mulher e com os sustos da psicologia impressa. O que atropelava a verdade era a roupa, o impermeável entre o mundo interior e o mundo exterior. A reação contra o homem vestido. O cinema americano informará. Filhos do sol, mãe dos viventes. Encontrados e amados ferozmente, com toda a hipocrisia da saudade, pelos imigrados, pelos traficados e pelos touristes. No país da cobra grande. Foi porque nunca tivemos gramáticas, nem coleções de velhos vegetais. E nunca soubemos o que era urbano, suburbano, fronteiriço e continental. Preguiçosos no mapa-múndi do Brasil. Uma consciência participante, uma rítmica religiosa. **Contra todos os importadores de consciência enlatada.** A existência palpável da vida. E a mentalidade pré-lógica para o Sr. Lévy-Bruhl estudar. **Queremos a Revolução Caraíba. Maior que a revolução Francesa. A unificação de todas as revoltas eficazes na direção do homem. Sem nós a Europa não teria sequer a sua pobre declaração dos direitos do homem.** A idade de ouro anunciada pela América. A idade de ouro. E todas as girls.

O contato com o Brasil Caraíba. Ori Villegaignon print terre. Montaigne. O homem natural. Rousseau. Da Revolução Francesa ao Romantismo, à Revolução Bolchevista, à revolução Surrealista e ao bárbaro tecnizado de Keyserling. Caminhamos. Nunca fomos catequizados. Vivemos através de um direito sonâmbulo. Fizemos Cristo nascer na Bahia. Ou em Belém do Pará. Mas nunca admitimos o nascimento da lógica entre nós. Contra o Padre Vieira. Autor do nosso primeiro empréstimo, para ganhar comissão. O rei-analfabeto dissera-lhe: ponha isso no papel, mas sem muita lábia. Fez-se o empréstimo. Gravou-se o açúcar brasileiro. Vieira deixou o dinheiro em Portugal e nos trouxe a lábia. O espírito recusa-se a conceber o espírito sem o corpo. O antropomorfismo. Necessidade da vacina antropofágica. Para o equilíbrio contra as religiões de meridiano. E as inquisições exteriores. Só podemos atender ao mundo orecular. Tínhamos a justiça codificação da vingança. A ciência codificação da Magia. Antropofagia. A transformação permanente do Tabu em totem. Contra o mundo reversível e as ideias objetivadas. Cadaverizadas. O stop do pensamento que é dinâmico. O indivíduo vítima do sistema. Fonte das injustiças clássicas. Das injustiças românticas. E o esquecimento das conquistas interiores. Roteiros. Roteiros. Roteiros. Roteiros. Roteiros. Roteiros. Roteiros. O instinto Caraíba. Morte e vida das hipóteses. Da equação eu parte do Cosmos ao axioma Cosmos parte do eu. Subsistência. Conhecimento. Antropofagia. Contra as elites vegetais. Em comunicação com o solo. Nunca fomos catequizados. Fizemos foi o Carnaval. O índio vestido de senador do Império. Fingindo de Pitt. Ou figurando nas óperas de Alencar cheio de bons sentimentos portugueses. Já tínhamos o comunismo. Já tínhamos a língua surrealista. A idade de ouro. Catiti Catiti. Imara Notiá. Notiá Imara. Ipeju. A magia e a vida. Tínhamos a relação e a distribuição dos bens físicos, dos bens morais, dos bens dignários. E sabíamos transpor o mistério e a morte com o auxílio de algumas formas gramaticais. Perguntei a um homem o que era o Direito. Ele me respondeu que era a garantia do exercício da possibilidade. Esse homem chama-se Galli Mathias. Comi-o.

Só não há determinismo onde há o mistério. Mas que temos nós com isso? Contra as histórias do homem que começam no Cabo Finisterra. O mundo não datado. Não rubricado. Sem Napoleão. Sem César. **A fixação do progresso por meio de catálogos e aparelhos de televisão.** Só a maquinaria. E os transfusores de sangue. Contra as sublimações antagônicas. Trazidas nas caravelas. Contra a verdade dos povos missionários, definida pela sagacidade de um antropófago, o Visconde de Cairu: – É mentira muitas vezes repetida. Mas não foram cruzados que vieram. Foram fugitivos de uma civilização que estamos comendo, porque somos fortes e vingativos como o Jabuti. Se Deus é a consciência do universo Incriado, guaraci é a mãe dos viventes. Jaci é a mãe dos vegetais. Não tivemos especulação. Mas tínhamos adivinhação. Tínhamos Política que é a ciência da distribuição. E um sistema social-planetário. As migrações. A fuga dos estados tediosos. Contra as escleroses urbanas. Contra os Conservatórios e o tédio especulativo. De William James e Voronoff. A transfiguração do Tabu em totem. Antropofagia. O pater famílias e a criação da Moral da Cegonha: Ignorância real das coisas + fala (sic.) de imaginação + sentimento de autoridade ante a prole curiosa. É preciso partir de um profundo ateísmo para se chegar à id**eia de Deus. Mas a caraíba não precisava. Porque tinha Guaraci. O objetivo criado reage como os Anjos da Queda. Depois Moisés divaga. Que temos nós com isso? Antes dos portugueses descobrirem o Brasil, o Brasil tinha descoberto a felicidade.** Contra o índio de tocheiro. O índio filho de Maria, afilhado de Catarina de

LEGADO INDÍGENA (PRESERVAÇÃO) E ANTROPOFAGIA CULTURAL

Médicis e genro de D. Antônio de Mariz. A alegria é a prova dos nove. No matriarcado de Pindorama. Contra a Memória fonte do costume. A experiência pessoal renovada.

Somos concretistas. As ideias tomam conta, reagem, queimam gente nas praças públicas. Suprimamos as ideias e as outras paralisias. Pelos roteiros. Acreditar nos sinais, acreditar nos instrumentos e nas estrelas. Contra Goethe, a mãe dos Gracos, e a Corte de D. João VI. A alegria é a prova dos nove. A luta entre o que se chamaria Incriado e a Criatura – ilustrada pela contradição permanente do homem e o seu Tabu. O amor cotidiano e o *modus vivendi* capitalista. Antropofagia. Absorção do inimigo sacro. Para transformá-lo em totem. A humana aventura. A terrena finalidade. Porém, só as puras elites conseguiram realizar a antropofagia carnal, que traz em si o mais alto sentido da vida e evita todos os males identificados por Freud, males catequistas. O que se dá não é uma sublimação do instinto sexual. É a escala termométrica do instinto antropofágico. De carnal, ele se torna eletivo e cria a amizade. Afetivo, o amor. Especulativo, a ciência. Desvia-se e transfere-se. Chegamos ao aviltamento. A baixa antropofagia aglomerada nos pecados de catecismo – a inveja, a usura, a calúnia, o assassinato. Peste dos chamados povos cultos e cristianizados, é contra ela que estamos agindo. Antropófagos. Contra Anchieta cantando as onze mil virgens do céu, na terra de Iracema – o patriarca João Ramalho fundador de São Paulo. A nossa independência ainda não foi proclamada. Frase típica de D. João VI: – Meu filho, põe essa coroa na tua cabeça, antes que algum aventureiro o faça! Expulsamos a dinastia. É preciso expulsar o espírito bragantino, as ordenações e o rapé de Maria da Fonte. Contra a realidade social, vestida e opressora, cadastrada por Freud – a realidade sem complexos, sem loucura, sem prostituições e sem penitenciárias do matriarcado de Pindorama (Oswald de Andrade. Em Piratininga. Ano 374 da Deglutição do Bispo Sardinha. *Revista de Antropofagia*, Ano I, n°. I, maio de 1928).

Reflexões acerca do Manifesto Poesia Pau-Brasil e Manifesto Antropofágico 100 anos depois

Quase cem anos se passam depois dos manifestos em questão e continuamos com discussões em geral sobre a descolonização cultural e os Renascimentos Culturais do Sul.

Bem, conforme já falei em outras obras e repito nesta, Marx afirmava que "a violência é filha da revolução", contudo, Gandhi provou que nem sempre é assim, Mandela também e todos que basearam em Thoreau e na Desobediência Civil seus movimentos, assim como Martin Luther King também foi um exemplo, contudo, o que é inegável é que se a violência não é a filha de todas as revoluções, a poesia é a mãe destas na verdade, pois só o que é capaz de conquistar o coração de uma mulher, como a poesia, é capaz de causar uma Revolução... Bem, o que quero dizer é que todo processo revolucionário ou mesmo reacionário se inicia em sua construção cultural. Assim foi no caso do Renascimento Hindu do século XIX, que a partir de Ramakrishna e Vivekananda no braço filosófico e Rabindranath Tagore na Literatura abriu espaço para que seu braço político, Mahatma Gandhi, fizesse a independência da Índia que, por sua vez, veio influenciar o Renascimento Africano do século XX e o início dos processos de descolonização. Maiakovski na Revolução Russa, Silvio Rodriguez em Cuba e Miriam Makeba na África do Sul provam que todo processo revolucionário se consolida a partir de sua construção cultural.

O momento atual repete questões que passamos na época do início do Modernismo e das obras destes autores, como Maiakovski, Mario de Andrade, Oswald e o ambiente do Manifesto Antropofágico.

Falando em Sociologia e Antropologia e citando estes movimentos Renascentistas do Sul, todos podemos nos remeter à obra de Georges Balandier, que grosso modo demonstra que tanto as sociedades tradicionais quanto modernas transitam entre ordem e desordem e que nos momentos de desordem esta humanidade costuma responder de três formas:

- Resposta totalitária;
- Resposta religiosa;
- Resposta pelo movimento.

No início do século XX, vivíamos sob o jugo de uma desordem assim como passamos a viver no início do século XXI com a crise do capitalismo neoliberal em 2008.

No início do século XX, a resposta totalitária a essa desordem foram o fascismo e o nazismo. Houve a resposta religiosa com a adesão da igreja católica em alinhamento com essas respostas totalitárias.

E assim como houve também a resposta pelo movimento no Modernismo (de autores como Mayakovsky, Pessoa, Brecht e tantos outros artistas alemães da República de Weimar, Bréton, que veio ter resultados depois que se esgotou a resposta totalitária-religiosa e rege ainda nosso comportamento nos dias atuais.

No século XXI, depois de 2008, a desordem que se engendra com a crise do neoliberalismo e a Ordem Mundial Unipolar, temos no Brasil e no mundo as três respostas, que são:

- Resposta Totalitária – Extrema Direita e Neofascismo e Conservadorismo em ascensão em todo mundo.
- Resposta Religiosa – Onda Neopentecostal na África e América Latina e Extremismo Religioso em diversas vertentes em todo o mundo.

Sendo que as duas estão, como no século XX, alinhadas, como temos o exemplo de nossa bancada evangélica no Brasil e em diversos países na América Latina promovendo retrocessos em detrimento da laicidade de nossos Estados Nacionais.

- Resposta pelo Movimento: A construção simbólica dos Renascimentos Culturais do Sul (Africano, Oriente Médio, Russo, Hindu, Chinês, Latino-Americano do qual sou autor), que trabalha no plano simbólico igualmente no alinhamento econômico do Sul e, portanto, na Consolidação da Ordem Mundial Multipolar que começa a se configurar com tal fato.

Contudo, precisamos construir esses Renascimentos de forma a furar o bloqueio da cultura *Mainstream* ainda mantida pelos interesses da ordem econômica e política anterior que entrou em desordem e mostra seus sinais de esgotamento para que possamos, a partir da construção simbólica de nossos renascimentos culturais e alinhamento econômico do sul, transformar relações de hegemonia cultural e, assim, consolidar a resposta pelo Movimento a partir do esgotamento das respostas totalitárias e religiosas que ainda vivemos.

Talvez, a música que mais sintetize estes renascimentos e que elejo como representante de tais é a música *Um Índio*, de Caetano Veloso (1977):

> *Um índio descerá de uma estrela colorida, brilhante*
> *De uma estrela que virá numa velocidade estonteante*
> *E pousará no coração do hemisfério sul*
> *Na América, num claro instante*
> *Depois de exterminada a última nação indígena*
> *E o espírito dos pássaros das fontes de água límpida [...]*

"Mais avançada que a mais avançada das mais avançadas das tecnologias", a ordem Pós-Moderna e seu modelo de produção neoliberal, assim como sua ordem mundial monopolar após o muro de Berlim, estão em declínio e se abre espaço para construções culturais de resistência.

Bem como sabemos, na época de Mario e Oswald se falava também em Eugenia e o elemento afrodescendente em suas obras era escasso, ao contrário das bases indígenas, contudo a questão da descolonização cultural em *Tupi or not Tupi* do Manifesto Antropofágico vem à tona em busca de uma identidade cultural nacional que já criticava esta elite cultural e financeira paulistana e paulista de visão colonizada.

Tupi, or not tupi that is the question. Contra todas as catequeses...

Hoje, nossas classes médias vivem a catequese da cultura hegemônica que as leva a tomar uma posição antinacional em alinhamento com nossa classe econômica dominante proprietária dos meios de produção que detêm os recursos para a produção cultural do país, onde, conforme falei anteriormente, não há nenhuma política de Estado que defenda nossos interesses soberanos e trabalhe pela mudança de relações culturais, para o fim da desigualdade e mudança de relações sociais. A Lei 10.639/03 (Cultura Africana e Indígena na educação) trabalha nesse sentido, de descolonizar e mudar relações de hegemonia cultural e, portanto, relações sociais.

Contudo, a "catequese" neopentecostal – não raro financiada pelos detentores dos meios de produção – demonizam nossos mitos africanos, bases de nosso processo identitário e cultural nacional, em nome de um projeto de poder. Não raro se associa ao tráfico nas periferias em um esquema diabólico de eliminação de nossa cultura de resistência afrodescendente para que nossas populações periféricas (em maior parte afrodescendente) não tenham opção senão a moldagem ao comportamento ideal de maximização de produção aos detentores dos meios de produção pelo neopentecostalismo, ou a morte social aos que se rebelarem a esta ordem catequista, pelo tráfico. Dois projetos de poder que retroalimentam a violência, o tráfico e a venda de armas, inclusive em países africanos, onde o Brasil, mesmo sob governos progressistas, tem suas ambições diplomáticas neocoloniais (apesar dos interesses em se erradicar a fome naquele continente), a partir da pentecostalização das populações por igrejas brasileiras que levem sua lógica a esses países, o que interessa sobremaneira aos produtores de nossa indústria armamentista.

No século XXI, no nosso Renascimento Latino, do qual São Paulo é um centro nervoso, este Tupi or not Tupi, that´s the question, contra todas as catequeses ressurge em nossas periferias com a necessidade de promover a descolonização cultural ao passo que haja um governo legítimo que trabalhe pela erradicação das desigualdades sociais. Pois somente a descolonização cultural permitirá que as desigualdades sociais sejam erradicadas de forma que o modelo de progresso se consolide e não sofra retrocessos assim como os que vivemos no Golpe de 2016, 1964, e que outros países, como a Rússia, que têm esta questão da descolonização de seu povo bem trabalhada não sofreram, apesar da crise que nos levou ao golpe ter sido gerada por eles, os russos, e não nós.

Contra Todos os Importadores de Consciência Enlatada

Atualmente, conforme nos diz Breno Altmann, do site *Opera Mundi,* nossa cultura nacional nesta fase da decadência do Pós-Modernismo virou uma produção de enlatados, e a cultura enlatada perdeu a importância que a cultura brasileira já teve no cenário mundial. Não que não existam agentes culturais de qualidade capazes de reverter este quadro, contudo, a partir dos anos 1990, com o advento do neoliberalismo e a atribuição do financiamento das produções culturais ao setor privado, aos detentores dos meios de produção do setor privado, a partir da Lei Rouanet, por exemplo, toda arte ou produção voltada à revolução ou transformação social passa a ser preterida em função dessa produção de enlatados, que ideologicamente interessam ao setor privado; e, a partir da renúncia fiscal do setor público, é quem financia a maior parte das produções artísticas no país, impedindo o advento de uma política cultural de Estado que defenda seus direitos soberanos.

A descolonização cultural quer trabalhar esta política de Estado e os países do Sul que estão mais avançados em seus processos de Renascimento do século XXI, como Índia, China e Rússia visando uma nova ordem mundial multipolar, têm todos uma política cultural de Estado bem clara e bem distante dos interesses dos setores privados nacionais e multinacionais, defendendo assim seus interesses soberanos e o seu papel neste novo cenário multipolar que se desenha atualmente.

> 1. Queremos a Revolução Caraíba. Maior que a revolução Francesa. A unificação de todas as revoltas eficazes na direção do homem. Sem nós a Europa não teria sequer a sua pobre declaração dos direitos do homem.
>
> 2. O contato com o Brasil Caraíba. Ori Villegaignon print terre. Montaigne. O homem natural. Rousseau. Da Revolução Francesa ao Romantismo, à Revolução Bolchevista, à revolução Surrealista e ao bárbaro tecnizado de Keyserling. Caminhamos. Nunca fomos catequizados.
>
> 3. Nunca fomos catequizados. Fizemos foi o Carnaval. O índio vestido de senador do Império.

4. A fixação do progresso por meio de catálogos e aparelhos de televisão.

5. É mentira muitas vezes repetida. Mas não foram cruzados que vieram. Foram fugitivos de uma civilização que estamos comendo, porque somos fortes e vingativos como o Jabuti. Se Deus é a consciência do universo Incriado, guaraci é a mãe dos viventes. Jaci é a mãe dos vegetais. Não tivemos especulação. Mas tínhamos adivinhação. Tínhamos Política que é a ciência da distribuição. E um sistema social-planetário. As migrações. A fuga dos estados tediosos. Contra as escleroses urbanas.

6. É preciso partir de um profundo ateísmo para se chegar à ideia de Deus. Mas a caraíba não precisava. Porque tinha Guaraci. O objetivo criado reage como os Anjos da Queda. Depois Moisés divaga. Que temos nós com isso? Antes dos portugueses descobrirem o Brasil, o Brasil tinha descoberto a felicidade.

7. Somos concretistas. As ideias tomam conta, reagem, queimam gente nas praças públicas. Suprimamos as ideias e as outras paralisias.

8. João VI – Meu filho, põe essa coroa na tua cabeça, antes que algum aventureiro o faça! Expulsamos a dinastia. É preciso expulsar o espírito bragantino, as ordenações e o rapé de Maria da Fonte. Contra a realidade social, vestida e opressora, cadastrada por Freud – a realidade sem complexos, sem loucura, sem prostituições e sem penitenciárias do matriarcado de Pindorama.

(Oswald Andrade. Manifesto Antropófago. Em Piratininga. Ano 374 da Deglutição do Bispo Sardinha. Revista de Antropofagia, Ano 1, N. 1, maio de 1928)

Diria que, talvez, a Revolução Cultural Latino-americana do Século XXI esteja mais para quilombola do que para Caraíba (apesar de também ser Caraíba). Meu texto "Xangô veio antes de Rousseau" de meu livro *Paideia Negra* traz esta discussão à superfície de forma mais fundamentada.

LEGADO INDÍGENA (PRESERVAÇÃO) E ANTROPOFAGIA CULTURAL

Renascimentos Africano e Latino-Americano do Século XXI – Zumbi or Not Zumbi That´s The Question – 100 Anos Depois Da Semana De Arte Moderna De 1922

Itan Ifá – Reflexão

O Oxé (machado) de Xangô e nosso processo de descolonização

No dia 13 de outubro de 2015 foi a minha última aula da disciplina Etnicidades e Africanidades do curso de Pós-Graduação do ETNOCULT do CELACC, na Escola de Comunicação e Artes da USP, e concluímos com os mitos femininos e dos Ancestrais Míticos. Contudo, no dia 6 tivemos um momento importante nas reflexões sobre o Mito de Xangô a partir de minha obra *Antropologia dos Orixás*, um dos mais importantes do curso, sendo a meu ver um dos pontos altos.

Para começar a entender, devo recorrer ao que significa o duplo em grande parte das sociedades subsaarianas, sobretudo da África Ocidental. Quem já viu em documentários ou nas pinturas de Picasso as representações das máscaras africanas rituais percebeu que algumas vezes elas são simétricas e outras assimétricas; sendo que o simbolismo dessa assimetria geralmente está ligado a relações de poder (máscaras de chefes) que em si mesmas já são assimétricas e a simetria ligada a funções do sagrado e espiritual. Há também as relações do duplo na figura dos gêmeos, do Ancestral Andrógino e do Homem e da Mulher, ordem e caos e ciclos de ordem e desordem (como falei em postagem sobre o mito de Exu).

Para os iorubás (e muitos outros povos da África Ocidental), um rei para poder ter acesso ao poder tem que ter em seu simbolismo algum elemento feminino que venha a significar que detém em si o princípio da desordem que este feminino significa, pois só os detentores desse poder estarão preparados para governar. No caso de Xangô, isso se apresenta na figura do verso de Oriki (ele trança os cabelos como uma moça), o que significa que, ao deter o poder do feminino em si, está pronto a enfrentar os ciclos de ordem e desordem na condução de seu povo.

O duplo também tem outra função entre os iorubás (e outros povos da África Ocidental), pode significar as alianças entre povos autóctones e invasores. Oranyan, o ancestral de Xangô a tinha simbolizada em seu próprio corpo sendo metade branco e metade negro representando a aliança entre os povos baribá e iorubá na formação do reino de Oyo. O Oxé (machado) de Xangô também simboliza a aliança entre o povo Nupe invasor (de sua mãe) e autóctone iorubá-baribá (de seu pai), que respectivamente representa o duplo do conselho Oyomesi da realeza de povos invasores e da sociedade Ogboni dos autóctones no governo de Oyo, encontrando o mesmo simbolismo no duplo do Oxé.

Desta forma, as dinâmicas sociais dos iorubás (e grande parte dos povos da África Ocidental e outras regiões da África subsaariana) como vimos, ressignifica o Novo a partir da base do Tradicional; e a propagação do Islã na África Negra, para se consolidar, respeitou e se apropriou dessas dinâmicas (ressignificando conceitos civilizatórios como a ancestralidade e conhecimentos da medicina tradicional em seu processo de expansão).

Vemos que a ocidentalização e a negação de valores civilizatórios tradicionais na formação de instituições na África, negando a dinâmica social que ressignifica o novo a partir do tradicional, condena as mesmas instituições a se corromperem e se degradarem.

Na diáspora, o Racismo Institucional presente em nossa sociedade desde a formação de nossas instituições excluiu e negou a participação desses valores civilizatórios nas nossas instituições, fazendo a maior parte da população estrangeira em nosso próprio país, o que talvez ajude a explicar a dificuldade de grande parte de nossa população em se identificar com estas instituições e se achar mesmo parte delas, pois os valores civilizatórios de nossas matrizes africana e indígena não estão na base de consolidação e formação destas nossas instituições.

A partir dessa reflexão, proponho em meu livro *Antropologia dos Orixás* que olhemos para esse Oxé (machado) de Xangô também como um símbolo de nosso processo de descolonização cultural que está presente em nossa Educação e, sobretudo, em nossa Academia.

· · · · · · · ·

ANTROPOLOGIA CULTURAL E ECONÔMICA DOS POVOS ORIGINÁRIOS VOLTADA A NOSSO DESENVOLVIMENTO

A partir da reflexão supracitada, temos elementos para reintroduzir a discussão sobre a necessidade de promovermos a mudança de relações de hegemonia e hierarquia culturais a fim de estabelecer novas relações sociais que levem a um desenvolvimento econômico de forma sustentável; o que só pode ocorrer se houver distribuição de renda e trabalho no sentido da erradicação da fome, mais uma vez, no país, e redução significativa da pobreza. Para tanto, conforme discutimos já no primeiro capítulo, não existe mudança de relações sociais sem a transformação nas relações culturais.

Esse processo todo conforme já descrito no caso das matrizes africanas visa a reversão do processo de apagamento epistemológico do arcabouço civilizatório e cultural dos povos indígenas, e também que este processo trabalhe de forma simultânea ao desenvolvimento econômico e social das regiões nas quais estas culturas e valores são predominantes, seguindo as próprias vocações culturais que, no caso dos povos originários (e também dos quilombolas), vai no sentido do desenvolvimento da Economia Verde e suas tecnologias em harmonia com a preservação ambiental, assim como para além da preservação, mas também no sentido da recuperação de áreas devastadas que precisam restaurar-se ambientalmente para que nestas sejam geradas atividades que possam ir ao encontro das vocações regionais onde predominam valores civilizatórios de povos originários e que estejam de acordo com estes fatores socioculturais, como o Turismo Sustentável, a economia Verde, a Agricultura Familiar, a pesquisa Botânica e da Indústria Farmacêutica e de Cosméticos em conjunto com as Medicinas Tradicionais dos povos originários. Que possam, a partir da detenção ou compartilhamento dos direitos de patente, gerar riquezas para o seu desenvolvimento sustentável e para além da simples subsistência, que faça com que saiam de seus estados de vulnerabilidade social em grande parte como está sendo o caso atual dos Yanomami, no início de 2023, justamente devido à política predatória e todo o processo de exploração indiscriminada de recursos naturais, visando o extermínio das populações, o que é o contrário desta proposta.

REFLEXÕES FINAIS SOBRE A CULTURA DA DIVERSIDADE NA ESCOLA DO SÉCULO XXI

De Winnicott a Biarnès, dos Fenômenos e do Espaço Transicional ao Espaço de Criação como metodologia Pedagógica (Ivan Poli, 2015).

Para entender a proposta da Metodologia dos Espaços de Criação que propomos utilizar é necessário primeiro expor sucintamente como se constrói e se desenvolve através de três autores.

Conforme nos explica Nilce da Silva (2004), segundo a Teoria Psicanalítica Dos Objetos Transicionais de Winnicott, na infância substituímos a presença e ligação afetiva com nossa mãe por objetos que assumam seu papel. Projetamos nesses objetos sua presença afetiva, e segundo a mesma teoria temos a tendência de continuar reproduzindo isso substituindo a presença afetiva da infância, mesmo na vida adulta, por presenças ou objetos com os quais desenvolvemos alguma afinidade, que se transformam em objetos transicionais.

A partir do conceito de objeto transicional, Winnicott constrói o conceito de espaço transicional, dentro de seu conjunto de conceituação dos fenômenos transicionais, que vem a ser um espaço intermediário. Espaço ou objeto simbólico onde se torna possível o estabelecimento de relações de criação de novos conteúdos e ideias. Conforme podemos entender pela conceituação do objeto transicional que constrói o espaço transicional, esse processo não é apenas cognitivo, mas também agrega elementos afetivo-relacionais.

Biarnès, em um segundo momento, faz a transposição desse conceito de espaço transicional para o contexto pedagógico. Conforme nos cita Nilce da Silva, para Biarnès, o Espaço de Criação visa possibilitar ao professor um elemento estratégico, para que ele possa lidar com a diversidade e as diversas alteridades na sala de aula ou espaço pedagógico. Biarnès direciona este processo a cada aluno em suas características e competências singulares; o objetivo dele nesta transposição é criar um processo no qual alunos e professores possam se tornar sujeitos na construção da cultura.

Nilce da Silva agrega ao trabalho de seu orientador na Universidade Paris XIII, sobre os Espaços de Criação a instrumentalização deste conceito na construção de uma metodologia alternativa, no qual o espaço de interação entre todos os agentes do espaço pedagógico seja também um instrumento auxiliar no combate à exclusão social, no processo de construção conjunta da cultura.

O nosso objetivo com esta metodologia dos Espaços de Criação e com o uso da cultura africana e mais especificamente o dos mitos afro-brasileiros em sua função pedagógica e Orikis como instrumento de trabalho é que consigamos reproduzir o mesmo ambiente que encontramos na Fundação Ramakrishna de Hyderabad, no que se refere à questão da afirmação identitária e cultural nos processos de aprendizado, dentre eles o processo de apropriação da variante normativa da linguagem, assim como a partir das oficinas reproduzamos o ambiente vivido pelos estudos de caso de Lahire nos subúrbios das cidades francesas em *Sucesso Escolar nos Meios Populares, as Razões do Improvável*.

Desse modo, observando a utilização dos mitos afro-brasileiros em sua função pedagógica como objeto transicional para os alunos negros e o fator de aproximação à alteridade e enriquecimento de seu repertório cultural para as demais crianças e estabelecendo, assim, o Espaço Transicional, que por sua vez se transforma em Espaço de Criação, em vez de estarmos inculcando um arbitrário cultural oriundo da classe culturalmente dominante em processos de aprendizado como de apropriação da linguagem, estamos trabalhando o processo de afirmação identitária e cultural dos indivíduos com processos educativos que os aproximem de sua cultura de origem, a fim de que desta forma esses indivíduos ampliem seu universo simbólico a ponto de que a apropriação dos conteúdos, como o da variante normativa da língua, se torne mais fácil de ser assimilado, sendo este processo promovido através do que Yves Lenoir define como Educação emancipatória e não inculcadora.

Para melhor compreensão desses conceitos, trabalharemos brevemente um a um de acordo com as teorias dos autores em questão, para tanto, é necessário que expliquemos em Winnicott os conceitos de Teoria da Transicionalidade, Ilusão, Objetos Transicionais, Espaço Transicional, Jogo, Transicionalidade e Mundo Cultural; e em Biarnès, o de Espaço de Criação que se baseia na teoria Winnicottiana.

A Teoria da Transicionalidade

Sonia Abadi, em sua obra *Transições*, explica sucintamente todos os conceitos da Teoria da Transicionalidade de Winnicott de maneira didática e, portanto, será a base desta parte, juntamente ao livro *Brincar e a Realidade*, do próprio Winnicott.

Segundo Abadi, Winnicott inaugura uma teoria que leva em consideração o espaço intermediário entre o mundo interno e externo a partir da observação do uso dos primeiros objetos do bebê. A autora nos coloca que:

> D. W. Winnicott descobre que as crianças e bebês utilizam objetos de uma maneira particular. Embora os objetos sejam reais e concretos, a relação que a criança estabelece com eles está impregnada de subjetividade. Contudo não se pode dizer que se enquadram na categoria de objetos internos (ABADI, 1998).

Segundo Abadi, isso nos leva a postular que as relações se localizam em uma zona intermédia entre a realidade psíquica e a realidade externa e que articula a ausência e presença maternas. Denomina-se esta área então "Espaço Transicional" e, a partir disso, nos referiremos aos objetos como objetos transicionais, e toda experiência que se desenvolve neste espaço como "fenômenos transicionais", conforme nos fala a autora. Esta área de transição tem suas propriedades, que vemos na citação:

> A postulação de uma área transicional permite registrar a passagem de estados subjetivos para o reconhecimento da exterioridade. A ilusão, aptidão criadora e os matizes desta passagem podem ser observados em seu surgimento e vicissitudes (ABADI, 1998).

Como nos descreve Abadi referindo-se a Winnicott, a transicionalidade está presente até mesmo nos fenômenos culturais, a partir da superposição das áreas transicionais de cada indivíduo. A transicionalidade, assim, passa de fenômenos interiores para o mundo exterior de cada um dos indivíduos e, se fazendo a partir da superposição do espaço transicional de cada um dos indivíduos em um grupo, terá outras consequências para as atividades culturais.

> A leitura de certos fenômenos culturais como o jogo, a aprendizagem criadora, a arte e a literatura serão interpretados a partir da superposição de áreas transicionais individuais, para além do mundo interno de cada um, mas também além da realidade concreta e do fazer (ABADI, 1998).

Segundo nos explica a autora, para Winnicott, a criatividade e todo seu desdobramento em experiências culturais inicia-se na relação bebê-mãe. Se segundo a linguagem de Winnicott a mãe é "suficientemente boa", ou seja, não é intrusiva ou ausente, permitindo que suas ausências façam com que o bebê estabeleça o vínculo com outros objetos que substituam sua presença, cria-se aí o Espaço Transicional. Esse espaço, por sua vez, é substituído e passa por transformações ao longo da vida dos indivíduos, estes primeiros objetos que criam são abandonados e sua função ganha uma dimensão mais ampliada, atingindo outras áreas da vida dos indivíduos. Conforme nos cita Sônia Abadi (1988):

> Para D. W. Winnicott, a criatividade humana bem como toda experiência cultural tem seu ponto de partida na relação do bebê com a mãe [...] O Espaço Transicional origina-se na separação e união da criança com a mãe e vai se abrindo a novas experiências. Este Espaço intermédio entre o objetivo e subjetivo permanece ao longo da vida. Os primeiros objetos que ajudam a consegui-lo desaparecem; sua função porém se amplia, abrangendo outros aspectos da relação do indivíduo consigo mesmo, com os outros e com a realidade.

O processo dos fenômenos transicionais começa-se no que Winnicott chama de alternância entre ilusão e desilusão, ou seja, a presença e ausência da mãe cria este jogo no qual se cria a ilusão de que ao deparar-se com a realidade vem a criar a desilusão. Este jogo permite que a criança mantenha sua integridade psíquica e através de objetos a ilusão do reencontro com a mãe. Dessa forma, se iniciam os processos transicionais, processos estes que antecedem a capacidade humana de imergir no universo dos símbolos e a abertura de fenômenos transicionais para fenômenos culturais, conforme a citação de Abadi (1988):

> Na alternância entre a ilusão e desilusão, o bebê cria uma ponte imaginária que lhe permite manter a integridade do eu e da continuidade existencial e, ao mesmo tempo, a ilusão do reencontro com a mãe. Ele evoca a partir dos traços da percepção, de um modo que se aproxima da alucinação e que representa o início de processos transicionais. Estas experiências são precursoras da capacidade do uso de símbolos e da abertura aos fenômenos culturais.

A Ilusão

Para consolidar a compreensão dos fenômenos transicionais, devemos primeiramente compreender o que é o conceito de Ilusão conforme nos explica Winnicott que, se remetendo a Freud, coloca este fato como a transição da dependência à independência, como sendo a passagem do princípio de prazer ao de realidade. Segundo Winnicott, para se tolerar a brecha entre a fantasia e a realidade sem cair na desilusão é que é criada a ilusão, que nada mais é que esta área intermediária da experiência humana da qual participam tanto o mundo exterior quanto interior. Essa ilusão também é a de onipotência da criança, que pensa que o seio da mãe, por exemplo, vem a ela por sua vontade, e não por impulso materno.

Segundo Winnicott, na vida adulta, essa ilusão é o que marca toda e qualquer ação subjetiva, e o seu compartilhamento sobrepondo-se aos espaços transicionais de cada um é o que dá origem a fenômenos culturais e grupais. Essa experiência da ilusão individual de cada um poderá ser compartilhada somente a partir da capacidade de ilusão individual e a partir da sobreposição desses espaços transicionais individuais conforme nos fala a autora:

> A transição da dependência à independência corresponde em Freud à passagem do princípio do prazer ao princípio da realidade. D. W. Winnicott investiga como a criança, depois o adulto, pode tolerar a brecha entre a fantasia e a realidade sem cair no abismo da desilusão. Falará da criação e da persistência de uma área intermédia de experiência da qual participam tanto o mundo interno quanto externo, que ele denominará ilusão. Ilusão de onipotência na criança, ou seja, a ideia de ter criado o objeto que se encontra.
>
> Mais tarde na vida adulta a ilusão é a marca da subjetividade, e é a ilusão compartilhada que origina os fenômenos grupais e culturais.
>
> A experiência ilusória só pode ser compartilhada a partir da capacidade de ilusão de cada indivíduo e com a superposição de áreas transicionais (ABADI, 1998).

Ao abrir mão dessa onipotência, é que se cria o espaço transicional que é esta área entre o dentro e o fora, onde se desenvolve a experiência na qual são usados objetos, os chamados objetos transicionais, que são, como determina Winnicott, objetos precursores da criação do universo simbólico dos indivíduos e o próprio uso de símbolos. Este objeto transicional que em um primeiro momento é um objeto físico é o precursor e modelo dos objetos culturais que serão utilizados na vida adulta. Conforme vemos na citação:

> Para renunciar à onipotência e enfrentar a prova da realidade, o bebê necessita que entre o dentro e o fora se desenvolva uma área de experiência na qual escolhe objetos que serão os precursores do uso de símbolos. O objeto transicional, primeira possessão não-eu, é o modelo do objeto cultural. É símbolo de união que permite aceitar a separação, que será por sua vez re-união com a mãe (ABADI, 1998).

Do conceito de ilusão, Winnicott passa para os conceitos de objetos transicionais, e são estes objetos que sustentam toda a elaboração simbólica. Esses objetos inicialmente são concretos como um travesseiro ou um cobertor infantil, e com o advento da vida adulta se transformam nas relações que estabelecemos com outros indivíduos, como a amizade, pode ser também uma música ou qualquer outra experiência cultural desde que haja a recuperação individual da experiência da ilusão. Esse trabalho de aceitação da realidade é uma tarefa que se dá ao longo de toda a vida dos indivíduos e o que mantém o equilíbrio entre as realidades internas e externas é justamente a ilusão, área intermediária na qual se fundam os fenômenos transicionais, que são a primeira experiência humana com a área de ilusão; e na vida adulta isso resulta em toda a formação do universo simbólico dos indivíduos e suas inclinações religiosas, filosóficas, gostos artísticos e toda capacidade de manejar e processar os símbolos, pois essa é a sua própria capacidade simbólica, como nos cita Abadi (1988):

> Em D. W. Winnicott a elaboração simbólica se apoia na abertura em direção aos objetos transicionais, a princípio tão concretos como a chupeta e o ursinho e, como tempo tão abstratos como a amizade, a música e outros modos pelos quais o indivíduo recupera a experiência de ilusão.
>
> A tarefa de aceitação da realidade é uma empreitada que nunca termina e persiste ao longo da vida. O conflito de relacionar a realidade psíquica com a realidade externa, e o risco de confundi-las, só é aliviado pela existência e aceitação da área intermédia de ilusão, sempre protegida de ataques e dúvidas. No adulto é a continuação da área da ilusão do bebê e do jogo da criança.
>
> Os fenômenos transicionais originam-se nesta experiência de ilusão e são a primeira forma de diversas manifestações da vida cultural adulta: arte, religião, capacidade de imaginar, trabalho científico.

Objeto Transicional

Segundo Winnicott, o objeto transicional surge a partir da ausência materna por um tempo superior ao que é tolerável pelo bebê, para que use seus próprios recursos psíquicos para tolerar essa ausência. Desta forma, surge entre o bebê e a mãe um espaço intermediário que lhe possibilita buscar o apoio em objetos que substituam a presença materna, ao menos temporariamente. Esses objetos são os chamados objetos transicionais e na primeira infância podem ser desde um brinquedo como um ursinho até um travesseiro ou uma chupeta, desde que o consolem na ausência da mãe, como vemos em citação:

> O aparecimento do objeto transicional está relacionado aos ritmos e tempos do vínculo mãe-bebê e tem um sentido próprio [...] Se o tempo de afastamento entre mãe e bebê foi intolerável, a brecha torna-se demasiado ampla para que se possa ser coberta por recursos psíquicos próprios sem se desconsolar ou se desesperar... Neste caso a mãe oferece e o bebê encontra, na metade do caminho entre ambos, no espaço intermédio, suportes que lhe permitem ultrapassar a primeira etapa e apoiar-se em um objeto para poder continuar o caminho em direção à mãe e à satisfação. Estes são os objetos transicionais. Na primeira infância eles podem estar encarnados em um brinquedo, um travesseiro, a chupeta, objetos que permitem a criança esperar o regresso da mãe, sem se desesperar (WINNICOTT, 2002).

Os objetos usados nesse espaço transitório e intermediário têm como função iniciar a criação do campo psíquico que aceite e trabalhe com a existência de símbolos, o que proporcionará a própria capacidade de criar e trabalhar seu universo simbólico. Desta forma, como nos fala Winnicott, esse objeto transicional vem a ser o precursor do símbolo, sendo simultaneamente parte do bebê e parte da mãe, que é quem inicia nossa trajetória no processo criativo de nossos processos de simbolização. Como nos afirma o autor, é sobre esta base do objeto transicional na infância que na vida adulta construiremos nosso pensamento simbólico, pois este objeto por representar outra coisa já é o primeiro símbolo com o qual nos deparamos na vida e que servirá de modelo para toda e qualquer criação de processos de simbolização conforme nos fala o autor, citado por Abadi:

> O objetivo do objeto transicional é de conferir significação aos primeiros sinais de aceitação de um símbolo pelo bebê em desenvolvimento. Este precursor do símbolo é ao mesmo tempo, parte do bebê e parte da mãe.
>
> Sobre esta base se constrói o pensamento simbólico, porque o objeto transicional é a primeira coisa que no bebê já está representando simbólica e subjetivamente a outra coisa. Este é o modelo de que serão todos os processos de simbolização (ABADI, 2002).

Sendo o modelo precursor de todo processo de simbolização, o objeto transicional assim como todo fenômeno transicional não ocorre somente em uma determinada etapa, contudo, ocorre ao longo de toda a vida e inaugura o acesso aos gostos culturais, já que se transfere de um único objeto tangível para uma diversidade de objetos abstratos e que têm uma diversidade ímpar.

> A transicionalidade não é um fenômeno evolutivo ou próprio de uma etapa, mas o modo de um funcionamento psíquico que é transferido em seguida para outras experiências. Permite acesso à cultura, já que se passa de um único objeto a uma variedade de objetos abstratos e variáveis (ABADI, 1998).

Espaço Transicional

Dentre os conceitos dos fenômenos transicionais, o de espaço transicional é central para o surgimento dos Espaços de

Criação da teoria que Biarnès transpõe para o conceito educacional. Segundo Winnicott, existe um caminho que se inicia nos fenômenos transicionais, passa pelo que ele chama de Jogo, vai ao que ele define como o jogo compartilhado, e daí parte para toda e qualquer experiência cultural.

Entender esses conceitos é algo central para o desenvolvimento desta pesquisa, uma vez que na pesquisa de campo e em todas as oficinas usamos os conceitos de Espaço de Criação, Espaço Transicional e Objeto Transicional. Toda pesquisa que se baseou nos Espaços de Criação como metodologia utiliza, assim como este Espaço de Criação dos fenômenos transicionais.

O Espaço de Criação que estudaremos à frente se baseia no Espaço Transicional de Winnicott, que surge à medida que a mãe se afasta do bebê e este afastamento cria uma brecha que no início é somente uma brecha de tempo cronológico e, com o tempo, passa a ser uma brecha psíquica que abre campo para o advento de um espaço intermediário, no qual o bebê passa a transitar com seus processos mentais com interferência da presença materna.

Este espaço onde coabitam os fenômenos e objetos transicionais se converte, portanto, no que chamamos de espaço transicional, conforme nos define o autor:

> Existe um caminho que vai dos fenômenos transicionais ao jogo, do jogo ao jogo compartilhado e daí às experiências culturais.
>
> Em um primeiro momento a mãe e o bebê estão unidos em uma relação de contiguidade, e não de continuidade porque não são um. Pouco a pouco à medida que o bebê cresce e a mãe deixa de prover tudo de que ele necessita, vai se formando um espaço entre ambos.
>
> Entre a presença e ausência se cria uma brecha entre a criança e sua mãe. No começo, o espaço não é outra coisa

senão uma brecha. Com o desenvolvimento dos processos mentais o bebê começará a transitá-lo. Por sua vez a mãe o percorrerá com seus cuidados e sua adaptação. Assim se originam os fenômenos transicionais.

Este espaço transposto pela capacidade criadora de ambos, habitado pelos fenômenos e objetos transicionais, será então um espaço transicional. Desejo, pensamento e palavra são algumas das pontes possíveis.

D. W. Winnicott define o espaço transicional como um espaço virtual ou potencial. A ideia de espaço virtual ou potencial implica espaço que se vai gerando à medida que vai sendo ocupado (ABADI, 1998).

O Jogo

O jogo, conforme define Winnicott, é essencial para o desenvolvimento dos fenômenos transicionais e toda definição, que o autor define como o jogo, é baseada no acompanhamento do jogo infantil na sua modalidade de atividade criadora; o que vai além da ideia de jogo com regras utilizadas em diagnósticos da psicanálise.

Segundo Winnicott, o jogo espontâneo intrínseco à atividade humana é onde reside toda capacidade criadora, que é a origem de toda e qualquer produção cultural. Este jogo espontâneo desenvolve-se no Espaço Transicional e é origem de toda ação criativa humana, ações criativas estas que são mais importantes que a obra em si, segundo nos fala o autor:

> O estudo do jogo na obra de D. W. Winnicott baseia-se na observação do jogo da criança como atividade criadora, transcendendo tanto a ideia do jogo com regras como a utilização diagnóstica que a psicanálise faz dele. A noção de jogar, intrínseca à atividade humana que envolve a espontaneidade e originalidade, encontrar-se-ia na fonte das produções culturais.

O jogo desenvolve-se no espaço transicional, herdeiro do espaço potencial entre a mãe e o bebê. Ele não é somente motor da criatividade, mas também do encontro com o que é próprio de si mesmo. No uso da criatividade o indivíduo conecta-se com o núcleo da sua pessoa e desenvolve suas aptidões. O essencial não é a ação terminada, senão a atividade de criar (ABADI, 1998).

Transicionalidade e Mundo Cultural

Os fenômenos transicionais estão no caminho intermediário entre o que Winnicott chama de ilusão individual e os conhecidos fenômenos culturais. Desta forma, esses fenômenos são os verdadeiros agentes da criatividade e de toda e qualquer mudança. Ao acontecerem no espaço transicional, preservam a liberdade individual e, ao permitir a sobreposição de espaços transicionais no jogo compartilhado, possibilitam o reconhecimento coletivo de símbolos assim como a capacidade coletiva de lidar com estes mesmos símbolos tendo um efeito direto sobre a civilização. "Existe um percurso que vai da ilusão individual aos fenômenos culturais [...] Os fenômenos transicionais aparecem assim como o verdadeiro motor da criatividade e da mudança, preservando tanto a liberdade individual como o potencial original da civilização" (ABADI, 1998).

Conforme vimos até agora, é a partir do jogo entre ilusão e desilusão, desilusão esta ocasionada pela ausência materna temporária, são criados os movimentos que determinam o funcionamento do setor afetivo e intelectual humanos, estes fatores ao criarem o espaço transicional e a possibilidade do uso dos objetos transicionais são os precursores do pensamento simbólico. "Diante da desilusão da separação da mãe no jogo ilusão-desilusão, originam se movimentos que marcarão o funcionamento afetivo e intelectual, o desejo e a possibilidade de pensar através de símbolos" (ABADI, 1998).

A partir do pensamento e capacidade simbólicas de um indivíduo é que se desenvolve a criatividade. Ao buscar ocupar o espaço deixado pela ausência da mãe com o objeto transicional primário, precursor de todo símbolo, e mais tarde por outros objetos igualmente transicionais, é que se desenvolve a criatividade humana, segundo Winnicott.

De acordo com este autor, existe uma ligação entre o primeiro ato criativo do bebê ao buscar o objeto transicional, a ilusão que se forma a partir do jogo ilusão-desilusão e a criatividade na vida adulta.

Segundo Winnicott, o espaço transicional que se forma entre a criança e a mãe suficientemente boa, segundo ele define, continua no jogo compartilhado e, na vida adulta, segue rumo às atividades culturais como nos cita Abadi no trecho a seguir:

> A criatividade de um indivíduo está estreitamente relacionada com sua capacidade simbólica, ou seja, com a possibilidade de ocupar o espaço deixado pelo objeto primário por meio de diferentes objetos, chegando a diferentes modos de satisfação, através da ampliação dos fenômenos transicionais.
>
> Na teoria Winnicottiana existe uma continuidade entre criatividade primária, a ilusão e a atividade criadora do adulto. Por sua vez o espaço transicional entre a mãe e o bebê continua no jogo compartilhado e se amplia em direção às atividades culturais (ABADI, 1998).

Segundo Winnicott, o fator determinante da criatividade é o ambiente inicial que cria o jogo de ilusão-desilusão e abre a brecha para o espaço transicional. A forma como for criado este espaço transicional terá consequências na riqueza do mundo interior de cada indivíduo, que terá uma ligação imediata à sua capacidade de originalidade, assim como seu interesse e capacidade de lidar com a cultura. Para o autor, este espaço transicional está além das qualidades inatas ou posição e realidade social dos indivíduos, sendo formado por características particulares de cada um.

> Originariamente, é a qualidade do ambiente inicial que dá a oportunidade para a criatividade e o desenvolvimento da ilusão, gerando um modo de viver característico que deriva na riqueza pessoal do mundo interno e na capacidade de ser original e contribuir para a cultura. Mais além de aptidões inatas e da extensão da realidade social em que vive, o espaço transicional é um patrimônio de cada indivíduo (ABADI, 1998).

Segundo ele, a criatividade é uma qualidade da condição humana, e não somente de alguns indivíduos. O que os diferencia, sim, é o gesto criador de cada um. Desde o bebê ao adulto está presente a atividade criadora e é essa qualidade da condição humana da criatividade que dá sentido à vida para que o sentido da existência individual não caia no vazio, assim como nos define Abadi:

> Para D. W. Winnicott, a criatividade é inerente ao fato de viver, e não uma qualidade exclusiva de algumas pessoas. O original é o gesto criador, aquilo que não fica sujeito a adaptações nem a formalizações.
>
> Desde o bebê que escuta a sua respiração ou goza com o som do seu próprio choro, até o artista que cria em sua fantasia e concretiza na sua realidade uma obra terminada, a atividade criadora está presente.
>
> Clinicamente observamos que somente a oportunidade de funcionar criativamente dá ao indivíduo o sentimento de estar vivo. Quando este impulso não existe ou se perdeu, surgem o vazio e a sensação de que a vida não tem sentido (ABADI, 1998).

Segundo Abadi nos afirma, para Winnicott, as relações entre os adultos se dá através da superposição de espaços transicionais que cria a ilusão compartilhada dá origem aos grupos que se reúnem em torno de um mesmo ideal.

Dessa forma, se compreendemos que a cultura é a super-posição de espaços transicionais onde todos de um mesmo grupo participam e dão sua dinâmica, nos livramos dos riscos de que sistemas de poder ou estruturas institucionais se con-solidem de forma permanente, garantindo assim a saúde dos sistemas sociais.

> No mundo adulto cada um se relaciona com o outro a par-tir da superposição de seus espaços transicionais. A ilusão compartilhada é a origem dos grupos.
>
> A cultura compreendida como espaço transicional funciona como garantia de saúde de um sistema social, diante do ris-co de consolidação permanente das estruturas institucionais e dos sistemas de poder (ABADI, 1998).

Espaço de Criação

A partir do conceito de Espaço Transicional de Winnicott, Jean Biarnès cria o conceito de Espaço de Criação. Segundo o que nos define Nilce da Silva sobre seu orientador Jean Biarnès e o Espaço de Criação, Winnicott concebia o espaço transicional como um intermediário, no qual é possível o aparecimento de relações de criação de novos conteúdos e ideias em um processo que não é apenas cognitivo, mas que inclui também componen-tes afetivos e relacionais.

Já, Biarnès, traz esse conceito de Espaço Transicional para o contexto pedagógico e, para ele, esse Espaço de criação tem o objetivo de possibilitar ao professor um elemento estratégico, a fim de que ele possa lidar com a diversidade cultural em sala de aula, ao que este processo se dirige: a cada um dos alunos com suas particularidades e que tanto alunos quanto professores poderão tornar-se agentes na construção da cultura. Assim como nos cita Nilce da Silva:

> Donald Winnicott concebia o espaço transicional como um espaço intermediário.
>
> Um espaço ou objeto simbólico onde é possível se tecer certas relações de criação de novos conteúdos e ideias. Um processo que não é apenas cognitivo, mas abarca também componentes aspectos afetivo-relacionais.
>
> Biarnés fez a transposição do conceito de espaço transicional para o contexto pedagógico. Para Biarnés o Espaço de criação visa possibilitar ao professor um elemento estratégico, para que ele possa lidar com a diversidade cultural em sala de aula. Um processo direcionado a cada aluno em suas características e competências singulares. Um processo em que alunos e professores possam se tornar sujeitos da construção da cultura (SILVA, 2004).

Ao lidar com a diversidade, o Espaço de Criação de Biarnès tem importância central na metodologia utilizada na Pesquisa de Campo e na proposta pedagógica desta pesquisa em si mesma. Falar da inclusão de um tema ligado à cultura africana, onde o arbitrário cultural eurocêntrico é inculcado, tem que seguir uma metodologia, e Biarnès com o Espaço de Criação nos desvela o espaço transitório ideal para que essa metodologia se desenvolva.

Winnicott determina que todo processo criativo começa na busca pelo objeto transicional e o que caracteriza justamente o Espaço de Criação, segundo o que nos expõe Nilce da Silva, é a criação propriamente dita, onde o aluno tem a possibilidade de criar algo e que isso pode ser feito das mais diversas formas, desde o conteúdo teórico, ou pelo conteúdo prático e as mais diversas atividades, conforme nos cita:

> O que caracteriza o espaço de criação é a criação propria-
> mente dita. O participante tem a possibilidade de criar
> algo. O que pode ser feito através das mais diversas formas:
> conteúdo teórico, conteúdo prático, texto, desenho, poesia,
> dramatização, música etc. (SILVA, 2004).

Segundo Winnicott, a atividade criativa chega a ser até mesmo o que dá sentido à vida e sem ela toda e qualquer atividade perde o sentido. Esta criatividade se desenvolve no Espaço Transicional em busca do objeto transicional. Neste espaço que Biarnès transpõe para o conceito pedagógico como sendo o espaço de criação, é possível se construir um projeto a partir da criatividade e das premissas estabelecidas pelo pesquisador, podendo ser utilizado para promover a cultura africana e afro-brasileira no contexto do trabalho com temas de diversidade cultural.

De qualquer forma, como nos cita Nilce da Silva, nenhum espaço de criação é igual ao outro, o que vai ao encontro de trabalhos ligados à diversidade cultural, pois o espaço de criação em si é caracterizado pela diversidade e pela singularidade de cada um:

> Para Biarnès, o espaço de criação é um lugar (com espaço,
> tempo e intenção específicos) onde é possível se construir
> um projeto, a partir de determinadas estruturas de fun-
> cionamento dadas pelo pesquisador. Nenhum espaço de
> criação é igual ao outro, o que os caracteriza é sua a extrema
> diversidade, bem como a maneira como eles são construí-
> dos e o seu direcionamento maior para a singularidade de
> cada sujeito (SILVA, 2004).

Neste contexto de singularidade de cada ser humano, Biarnès nos fala da complexidade de todo e qualquer fato humano que não pode se limitar somente a explicações teóricas. Para cada um destes fatos não existe somente uma única explicação, pois existem pontos de vista que remetem à diversidade cultural e à singularidade dos indivíduos:

> Todo o fato humano é por essência complexo e, portanto não pode ser limitado a explicações e leituras teóricas. Para cada "fato humano" não existe uma única verdade, existem pontos de vista que remetem à diversidade cultural e singular dos sujeitos.

O autor nos expõe bem claramente as diferenças entre diversidade e heterogeneidade, pois heterogeneidade implica estar diante de objetos de naturezas diferentes, e diversidade implica estar diante de objetos ligados e interdependentes.

Biarnès defende, portanto, que a escola seja a garantia que a diversidade dos alunos não se transforme em uma heterogeneidade de grupos diferentes, buscando uma coesão a partir dessa diversidade, o que não quer dizer a inculcação do arbitrário cultural.

> Diversidade não é sinônimo de heterogeneidade, isso significa que não estamos diante de objetos de naturezas diferentes, mas de objetos ligados e interdependentes (a heterogeneidade remete a naturezas diferentes).
>
> Assim, a escola deve ser a garantia de que a diversidade dos alunos não se institua em uma heterogeneidade de grupos (BIARNÈS, 1999).

Na dinâmica de relações com a alteridade é que se constrói a identidade que é um processo de contínua construção e reconstrução. Por terem espaços transicionais diferentes, cada ser humano é diferente do outro, contudo, por estarem submetidos a processos criativos, também são iguais ao mesmo tempo.

Isso faz com que cada um compreenda um fato de forma diferente do outro, que no caso da sala de aula faz com que apesar de o professor pensar que todos compreenderam da mesma forma o explicado, cada um em seu espaço transicional dará uma interpretação ao que fora transmitido.

> As diferentes relações com "os outros" fazem com que a identidade do sujeito esteja sempre em construção e reconstrução e ela é ao mesmo tempo espelho do mesmo e espelho de um outro. Cada ser humano é "diferente e ao mesmo tempo parecido", mas cada um é capaz de se referir e de compreender um fato diferentemente do outro (se referindo à sua própria cultura ou subcultura para descrever o real), o que leva a pensar como as crianças podem analisar de maneiras totalmente diferentes situações que são produzidas pelo professor no momento em que ele pensa que todos os alunos a compreendem de maneira idêntica (BIARNÈS, 1999).

Segundo Biarnès, a mesma alteridade que é essencial em nossa própria construção identitária, primeiramente nos afasta e causa medo devido às propriedades das representações de que a identidade de cada um se faz portadora.

Contudo, o distanciamento de si mesmo tal qual ocorre na brecha que é aberta entre mãe e bebê na teoria Winnicotiana e que cria o espaço transicional é fundamental para enxergar esse outro necessário à nossa construção identitária, mesmo que em um primeiro momento ele nos cause medo por desestabilizar nossa permanência e por ser parte do que já fomos.

> Mas, "outro" essencial na nossa própria construção, primeiro nos causa medo.
>
> A identidade do sujeito é portadora de representações de si, de processos de permanência e de transformação, além de organizadora de representações do que não é ela.
>
> Nessa construção, é necessário se destacar de uma parte de si para construir o exterior, para fundar a diferença, assim como a criança pequena faz para sair da simbiose com a mãe. O outro causa medo porque ameaça nossa permanência e também porque é uma parte do que fomos (BIARNÈS, 1999).

Dessa forma, o Espaço de Criação que vem do espaço transicional winnicotiano é este intermediário onde nos relacionamos conosco e com a alteridade, o que na linguagem pedagógica poderá conter todas as condições oportunas para a aprendizagem, assim como nos fala Biarnès:

> O espaço de criação é um espaço intermediário onde cada um pode negociar suas dificuldades e aprender consigo mesmo e com os outros, o que, pedagogicamente falando, pode conter todas as condições próprias para a aprendizagem (BIARNÈS, 1999).

O autor nos coloca algumas questões sobre o espaço pedagógico, se ele deve:

- Defender a diversidade a fim de não se tornar um espaço heterogêneo;
- Trabalhar a diversidade a fim de garantir a constituição identitária dos indivíduos;
- Considerar as diversas estratégias de aprendizado e as diferentes maneiras de se dar sentido ao mundo dos atores que o constituem;
- E que cada um deve encontrar sentido ao que faz neste espaço.

Como responder a todas essas exigências ao mesmo tempo?

Biarnès pede que consideremos que diferenças existem em todo e qualquer espaço pedagógico e, do mesmo modo, os alunos aprendem de formas diferentes e, segundo ele, para trazer à tona esta questão é necessário que o professor aceite que ninguém detém a verdade sobre um assunto, mas que todos possuem uma parcela dessa verdade e que essa parcela da verdade de cada um é essencial para a construção identitária de cada um no momento que a verdade parcial individual encontra com a do outro.

Dessa forma, se as verdades parciais de uns e outros devem ser mobilizadas, segundo o autor, se faz necessário pensar o espaço pedagógico como um espaço aberto, no qual a expressão das diferenças possa se desenvolver, onde possam se confrontar e se negociar. Biarnès defende que de fato este seja o espaço onde o conflito de ideias seja a sua natureza mais profunda.

O autor contrapõe questionando que se podemos reunir todas essas condições em um espaço fechado, ou seja, um espaço pensado prioritariamente pelo professor e que seja tão unilateralmente direcionado, onde aquele que não aceita o objeto a ser estudado por este caminho é excluído de uma ou outra forma. Ele mesmo afirma que não, e confirma que um espaço pedagógico onde todas as diversidades podem se expressar e se confrontar não pode ser moldado previamente por quem quer que seja, pois deve ser um espaço que será construído pelos alunos e é a isso que Biarnès chama de Espaço de Criação.

Isso nos remete ao que Winnicott fala do Espaço Transicional, como sendo um patrimônio de cada um e que a atividade cultural se desenvolve a partir da Ilusão compartilhada, que é resultado da sobreposição de espaços transicionais individuais.

Também nos remete à questão de Bourdieu, Lahire e Charlot, que nos afirmam que só mudamos relações culturais se deixarmos de reproduzir essas relações e, no caso de Bourdieu, se deixarmos de inculcar o arbitrário cultural através da ação avalizada pela autoridade pedagógica do professor que, neste caso, seria um único protagonista da ação pedagógica.

Segundo Biarnès, esse espaço deve ser construído em conjunto e o objeto de estudo escolhido pelo grupo em questão.

Biarnès também nos afirma que, no interior da escola, a criança é socialmente apenas um aluno com tudo o que isso traz de restritivo às suas potencialidades; e para reverter isso dá exemplo da construção que fez experimentalmente de um programa de rádio, afirmando que, construindo um objeto social real, o aluno, mesmo que ainda permaneça aluno, tem como enxergar sua dimensão social de criança que vive em uma comunidade de forma a ser levada em consideração.

Segundo o autor, para que a construção comum desse objeto seja bem-sucedida, cada um dos integrantes do grupo deve explicar aos demais o que fez e como fez nesse trabalho. Desta forma, ali, cada um se descobre a si mesmo e aos demais, de forma que esse descobrimento tenha um sentido claro, uma vez que auxilia na compreensão de sua própria produção. Não é a descoberta do aluno por meio somente de uma atividade de leitura ou pesquisa acadêmica de um questionário, um conjunto que para a criança muitas vezes não tem o menor sentido, que muitas vezes com a pergunta "me diga o que você fez" esconde com hipocrisia a pergunta "me diga, quem é você?".

Outro fator apontado pelo autor é que cada um avançando na própria descoberta permite que o outro se posicione diante das diferenças que se manifestam em contexto que dá sentido a elas. Segundo o autor, desta forma, a alteridade não provoca mais medo, ao contrário, se converte em um auxílio à sua própria transformação em todos os níveis de aprendizagem, conferindo a essa aprendizagem uma importância singular na sua constituição identitária.

Isso nos remete novamente tanto a Lahire, quando afirma que uma das características do sucesso das crianças dos meios populares é a afirmação identitária, quanto a Charlot, que crê na pedagogia do sujeito na qual a constituição identitária também é central.

Como nos define o autor, o Espaço de Criação torna-se um espaço intermediário no qual cada um aprende por si mesmo e pela alteridade, e que na linguagem pedagógica contém as condições próprias à aprendizagem, que considerem os desejos individuais, o relacionamento com o conhecimento de suas próprias estratégias de aprendizagem, a comparação com outras estratégias, negociações com a alteridade a fim de transformar a própria identidade, a emergência de um senso singular e outro comum de um processo pedagógico transformador, assim como segurança e autoconfiança, como cita o autor:

> O Espaço de Criação é este espaço intermediário, no qual cada um pode aprender por si mesmo e pelo outro, e que pedagogicamente falando pode conter as condições próprias à aprendizagem:
>
> Consideração do desejo de cada um;
>
> Emergência do conhecimento de suas próprias estratégias de aprendizagem;
>
> Comparação com as estratégias dos outros;
>
> Negociações perpétuas entre eu e o outro, entre o eu e o eu no que eu devo perder para ganhar outros saberes;
>
> Construção do senso singular e comum de um aprendizado transformador (BIARNÈS, 1999).

Segurança e autoconfiança

Segundo Biarnès, o que reside no cerne do espaço pedagógico ao se construir como um espaço de criação é o conflito identitário primordial de reconhecer em nós mesmos que o outro é constituído da mesma humanidade; e o que dá medo em uma parte de nós é que nós podemos nos influenciar por isso de forma transformadora, transformar de maneira positiva essa parte de nós através da alteridade é conferir primordialmente um status positivo à diversidade, é como nos define Biarnès:

"Crer que o outro, como nós, tem potenciais que nós podemos aproveitar assim como ele poderá aproveitar dos nossos".

Remetendo-nos a Bourdieu somente com a crença de que o outro, como nós, tem potenciais que podemos aproveitar assim como esse outro poderá aproveitar dos nossos potenciais é que podemos reverter o processo de reprodução das relações culturais, pois assim a ação pedagógica passa a não mais inculcar o arbitrário cultural.

Remetendo-nos a Lahire, é a partir desse pensamento que afirmamos nossa identidade assimilando o capital simbólico representado pelo outro; e a Charlot, é somente dessa forma que a subjetividade se constrói considerando a alteridade.

Remetendo-nos a Petronilha e seu parecer, assim como a inclusão da cultura negra no currículo escolar representada pela Lei 10.639/03, o postulado de Biarnès reafirma sua importância, pois quando para Winnicott esta cultura pode se transformar em objeto transicional para as crianças negras, pode também participar do espaço transicional das demais crianças aumentando seu repertório na construção de uma sociedade que confira espaço ao outro como construtor de meu próprio processo identitário.

Segundo Biarnès, uma escola que não crê na criança e nega sua diversidade torna-se uma instituição que só atrapalha no processo de construção cognitiva e identitária dos sujeitos, matando suas potencialidades e criando apenas clones uniformizados, ao que nos remete novamente a ação pedagógica de Bourdieu, que inculca o arbitrário cultural a fim de reproduzir relações culturais que serão determinantes na reprodução de relações sociais.

Para o autor, a escola do século XX foi a da uniformidade, e a do século XXI deverá ser a da diversidade.

DEPOIMENTOS DA DECOLONIALIDADE

. . . .
DEPOIMENTO I: ECARTES DESCARTES (DESCARTE DESCARTES) DESMACUNAIMIDADE JÁ! VIVA A NEGRITUDE! DESCOLONIZE-SE SE PUDER

Ao completar 50 anos, em 2022, fiz 28 anos de Negritude, alívio de me descobrir negro há mais tempo do que já acreditei ser branco em minha vida. Isso ocorreu em Paris, em 1996, nas barbas do colonizador, quando eu, falando francês e italiano sem sotaque, comecei a ser chamado de *Le metis* (o mestiço) na França, e mesmo de *Tizone* (tição, pássaro preto) na Itália. Mesmo tendo um sobrenome italiano e o tom de pele claro para os padrões de classificação fenotípicos raciais brasileiros, que me faziam declarar-me nos censos, até então, branco, não levando em conta a minha afrodescendência por parte materna (com mãe, tia e avó já consideradas negras pelo padrão de classificação fenotípico racial brasileiro) e paterna (com tia e avó já considerada negra por este mesmo padrão).

Bem, ter me descoberto negro, dado conta e assumido esta visão de mundo de brasileiro afrodescendente ampla e baseada na dialética africana que a ancestralidade negra me permitiu assumir e abandonando a visão de mundo cartesiana, linear, estreita e predominantemente preconceituosa e autocentrada, própria à branquitude (e presente em nossas instituições educacionais e ainda em nosso mundo acadêmico mesmo em universidades de referência de nosso país como a que estudei, que privilegia essa visão de mundo do arbitrário cultural eurocêntrico em seu processo de Violência Simbólica com outras culturas que se recusem a se encaixar em seu padrão) e ampliar o meu universo simbólico e cultural a partir da cultura negra, a visão de mundo ampla e baseada na dialética africana inspirada na lógica dos mitos da Criação das sociedades tradicionais da África Negra que se desenvolvem em torno da Divindade Criadora Andrógina, que inspira, a partir de sua ação no imaginário popular, por sua vez, a ordem do duplo que determina a dialética africana, na comunicação nas relações e construção das ordens sociais das sociedades tradicionais negras africanas, ao contrário da ordem cartesiana e linear e de visão estreita e repressora própria à branquitude, forjada a partir do imaginário desencadeado pelo Mito da Criação da Ordem Monopatriarcal da Tradição Judaico-Cristã Ocidental que inspira esta ordem cartesiana e linear do Ocidente branco.

Portanto, a ancestralidade negra me permitiu assumir uma visão dialética africana própria à cultura oral e sua visão que leva em conta fatores subjetivos e objetivos na construção da realidade, só sei que essa ampliação do meu universo simbólico, adoção de ampla visão de mundo baseada na dialética africana que me fez abandonar a anterior, até então cartesiana, estreita e linear, me levou a desenvolver habilidades em diversos setores e no que concerne à questão do contato com as culturas orais africanas e suas características que levam em conta fatores subjetivos e objetivos na construção da realidade, assim como nos processos de comunicação, passei por isso do domínio de dois idiomas em algum grau para o de 16 idiomas em algum grau (nativo, fluente, básico ou noções), mais o domínio ao menos básico de 15 códigos culturais de outros povos pelo mundo. Viva a Negritude!

ECARTES DESCARTES! (DESCARTE DESCARTES) DEMACUNAIMIDADE JÁ! VIVA A NEGRITUDE! DESCOLONIZE-SE SE PUDER!

Abaixo todos os protocolos eurocentrados e neocolonialistas de nossa intelectualidade, aos quais os docentes, em nossa elite acadêmica nacional de visão submissa e colonizada, se submetem e imitam; e VIVAM TODOS PRETOCOLOS DECOLONIAIS E TRANSGRESSORES HERDADOS DE NOSSOS ANCESTRAIS AFRICANOS QUE, DE FATO, NOS FORMARAM ENQUANTO UMA CIVILIZAÇÃO, PARA QUE SE FAÇAM VIVOS EM NOSSA ACADEMIA E INTELECTUALIDADE NAS NOSSAS REVOLUÇÕES E RENASCIMENTOS CULTURAIS NO SÉCULO XXI, aconselho a todos, Axé!

....

DEPOIMENTO II: ANÁLISE DO POEMA *UM ÍNDIO*, DE CAETANO VELOSO, E REFLEXÃO FINAL

Analisarei a seguir o poema (e antes de tudo profecia) de Caetano Veloso no contexto da Identidade Nacional, descolonização acadêmica e Cultural Brasileira e Renascimentos Culturais do Sul e Europeu do século XXI, necessários ao alinhamento econômico do Sul em uma Nova Ordem Mundial Multipolar, menos opressiva e mais inclusiva, que vai ao encontro dos interesses nacionais em seu desenvolvimento sustentável.

Antes de tudo, tenho que explicar por que chamo Caetano de Profeta e isso remete-se a um dos Renascimentos do Sul em encontro com outro que são o do Oriente Médio, como Africano, a partir de minha experiência com os monges Sufis Negros da Núbia no sul do Egito (quando lá estive entre eles) e meus estudos do Alcorão (ainda que não seja muçulmano, e nem vá me converter ao Islã) devido à tradição ancestral ligada ao Orixá Xangô, de forma direta, a partir de seu tratado de Paz com os Imalê (*malês* – muçulmanos) quem me levou a ter contato com esta tradição.

Segundo a Sura dos Profetas do Alcorão, na revelação que o profeta Maomé recebeu do arcanjo Miguel e resultou nesta obra que é, portanto, um patrimônio da Humanidade (com mensagens específicas para muçulmanos e também para toda a humanidade por meio do Sufismo), todo poeta é de fato um profeta, e quando estive entre os Sufis Núbios no sul do Egito, que por serem negros, ainda que letrados em árabe, são formados a partir de diversas tradições vinculadas à oralidade, assim como de costume entre os povos negros subsaarianos em geral (como os iorubá também são um exemplo), portanto nessas tradições orais de povos da África Negra, a palavra tem valor documental, devido a ausência de registros documentais escritos em suas tradições ancestrais, pois a própria criação e o Criador têm sua origem e expressão, não raro, no verbo, e muitas vezes se confundem com este próprio verbo (o que ocorre com outros povos da antiguidade como os hebreus e as sociedades baseadas na cultura sânscrita do norte da Índia como tantas outras).

Neste âmbito, devido à influência da cultura oral predominante entre os povos subsaarianos da África Negra, os Núbios interpretam essa passagem dos versos da Sura do Alcorão como que além do fato de todo poeta ser um profeta, toda poesia de um poeta tem que ser vivida por ele e tornar-se uma profecia, deste modo, caso contrário, o poeta que não vive a própria poesia e não a transforma em palavra viva (e portanto profecia) por seus atos, torna-se um hipócrita, assim como qualquer mentiroso torna-se um transgressor moral, que não merece nenhuma honraria ou atenção da opinião pública nas sociedades da África Negra, por não ter dado vida ao seu verbo, uma vez que, segundo estas sociedades, toda vida e Criação advém do verbo, e este tem que portar verdade e concretizar-se em ações. Daí, o sentido de Asé (Axé tão conhecido entre nós) dos iorubás e das nossas tradições do Candomblé e da Umbanda e demais tradições de matrizes africanas que seguem a crença de que a palavra porta o Axé (assim seja, que é traduzido também por lei) e em si mesma, o dom de concretizar-se.

Pois é na Sura dos profetas, na mensagem que o arcanjo Miguel transmitiu ao profeta Maomé, que este princípio da concretização da palavra pelas atitudes se faz vivo e reforça-se entre os povos subsaarianos da África Negra islamizados (como é o caso dos monges sufis da Núbia, com os quais passei um período de tempo) ou influenciados pelo Islã, que têm acesso a essas Escrituras, ainda que não sejam parte de suas religiões.

Portanto, o poema não deixa de ser uma verdadeira profecia e, Caetano, assim, além de poeta, um profeta, por este princípio que está tanto no Alcorão quanto no conceito de Axé dos iorubás de nossos ancestrais.

Poema (profecia e hino dos renascimentos do sul do século XXI)

Um Índio

Um índio descerá de uma estrela colorida, brilhante
(Renascimento Russo)

De uma estrela que virá numa velocidade estonteante
E pousará no coração do hemisfério sul
Na América, num claro instante
Depois de exterminada a última nação indígena
E o espírito dos pássaros das fontes de água límpida

Mais avançado que a mais avançada das mais avançadas das tecnologias

Virá
Impávido que nem Muhammad Ali (Renascimento do
Oriente Médio)
Virá que eu vi
Apaixonadamente como Peri (Renascimento Latino-
Americano)
Virá que eu vi
Tranquilo e infalível como Bruce Lee (Renascimento
Chinês e Extremo Oriente)
Virá que eu vi
O axé do afoxé Filhos de Gandhi (Renascimentos
Africano e Hindu do Século XXI)
Virá

Um índio preservado em pleno corpo físico
Em todo sólido, todo gás e todo líquido
Em átomos, palavras, alma, cor
Em gesto, em cheiro, em sombra, em luz, em som
magnífico
Num ponto equidistante entre o Atlântico e o Pacífico
Do objeto-sim resplandecente descerá o índio
E as coisas que eu sei que ele dirá, fará
Não sei dizer assim de um modo explícito

E aquilo que nesse momento se revelará aos povos
Surpreenderá a todos não por ser exótico
Mas pelo fato de poder ter sempre estado oculto
Quando terá sido o óbvio.

(UM ÍNDIO. Intérprete: Caetano Veloso. Compositor:
Caetano Veloso. *In*: BICHO. [S.l.]: Philips Records,
1977. 1 CD, faixa 5)

Que sejamos todos agentes culturais como os poetas das revoluções; neste momento de transformação e em todos os momentos de todas as revoluções do mundo no passado, presente e futuro também dedico esta obra.

(Ivan Poli – Osunfemi Elebuibon)

O Modernismo de Maiakovski, Mario de Andrade, Oswald de Andrade (de outras obras) e Pessoa representou uma resposta pelo movimento à desordem que se estabeleceu no início do século XX, em contraponto às respostas totalitárias que representaram os regimes fascista e nazista e religioso que foi o apoio da Igreja Católica a estes movimentos.

No século XXI, com a crise da Ordem Neoliberal e do modo de produção da sociedade Pós-Moderna e a Nova Ordem Mundial Multipolar que se começa a desenhar em um movimento que pede descolonização e alinhamento econômico do Sul, sobretudo assim como o renascimento de uma nova Ordem na Europa (que também exige um renascimento cultural que dialogue com os do Sul para que não fique para trás no trem da História da Nova Ordem Mundial Multipolar).

Vivemos hoje as respostas totalitárias e religiosas às desordens causadas pela falência eminente do sistema do capitalismo neoliberal e seu sistema econômico, assim como sua Ordem Mundial Unipolar. No Brasil, e no mundo, as ondas neofascistas e de fundamentalismo religioso que tem efeitos em nossa representação política trazem retrocessos em um momento em que se busca uma nova realidade.

Portanto necessitamos, neste momento de desordem do início do letárgico século XXI que não acordou ainda, dar esta resposta pelo Movimento que foi o Modernismo de autores como Pessoa no século XX, que preparou o campo cultural para o advento de uma nova ordem econômica e social que adveio após o esgotamento das respostas pelo totalitarismo que representaram os modelos fascista e nazista.

Toda transformação social, conforme falamos, começa no campo cultural e lembrando bem de um personagem que também é do Renascimento Africano (África que bebeu na fonte o Modernismo de Pessoa); Exu (Legba), o transgressor das sociedades fon e iorubá representa igualmente a partir de suas transgressões aos padrões sociais estabelecidos (como promoveu no plano estético o Modernismo de Pessoa), este agente transformador da resposta pelo movimento que afronta os padrões vigentes e mexe nas estruturas.

Segundo falo no *Paideia Negra*, minha terceira obra sobre Renascimento Africano, Exu inspirou as mulheres (transgressoras por natureza) a transgredir a ordem masculina que determinava que os excedentes de produções de outros clãs e linhagens só poderiam ser obtidos através de conflitos armados (guerras como até hoje a ordem patriarcal faz em nome de excedentes de produção, sobretudo de *commodities* energéticas) e as fez irem às picadas com os excedentes de produção para trocar com outras mulheres de outros clãs e linhagens, motivadas pelo fato de não verem seus filhos voltando dessas guerras. A partir daí, cria-se a moeda na região (os búzios), estabelecem-se praças e inicia-se o mercado (bem lembrando que pela ordem matriarcal, motivado pelo instinto maternal de levar excedentes de produção aos locais mais distantes para evitar que a civilização fosse dizimada, e não pelo lucro como uma finalidade em si mesma, como temos ideia do mercado financeiro hoje, o que legitimaria em nosso país toda uma ordem microeconômica que, baseada na regra matriarcal, guiaria nossas diretrizes macroeconômicas).

Com o mercado, vem a urbanização e o código das mães e mulheres em levar pelas cidades, junto com seus filhos, os excedentes de produção das regiões para que ali se estabelecesse o desenvolvimento e a urbanização e se evitassem as guerras, conforme fala a ordem patriarcal. E a partir das transgressões dos códigos que se iniciam em uma ordem cultural foi dada a resposta pelo Movimento na África Ocidental que, em contra-ponto à ordem totalitária do patriarcado, levaram a civilização a outro patamar, salvando-a da destruição, sem nenhum ato violento. Lembro que tudo isso começa pelo código cultural das mães da terra e sua construção que levou a todo o resto, com base nas transgressões de Exu.

Transgredir e responder ao conservadorismo fascista pelo Movimento é minha regra, renovando esperanças por meio do encontro do século XXI, da Nova Ordem Mundial Multipolar e dos Renascimentos do Sul e Europeu, assim como fiz na obra sobre Maiakovski, referente ao Renascimento Russo em encontro com o latino-americano.

O poema citado, segundo a interpretação enquanto hino dos Renascimentos do Sul, do qual sou um autor, fala primeiramente desses Renascimentos através de símbolos e personagens da cultura pop e erudita dos últimos séculos.

"A Estrela colorida e brilhante" pode ser uma alusão ao Renascimento Russo deste século, remetendo à própria Praça Vermelha e a Estrela do Kremlin, que representa potência emer-gente pioneira no ideário a Nova Ordem Mundial Multipolar deste século e todos os seus poetas, como Maiakovski, com quem faço embate literário em homenagem a este Renascimento es-pecífico (2018) deste século.

"Virá impávido que nem Mohammed Ali", pode remeter ao Renascimento do Oriente Médio deste século que, em minhas obras, centra-se em poetas do sufismo no passado para o estabele-cimento de um diálogo com filósofos contemporâneos ocidentais e de outras regiões do mundo em outros Renascimentos e que estão presentes em minhas obras *Allah Akbar, La Ilaha Illah Allah, Mohammed Al Rasul Allah, Sufismo a Mensagem Universal do Islã Para a Humanidade* (que o próprio nome já define); *Cartas Persas aos Trópicos* (que é um romance epistolar de diálogos com uma jovem feminista iraniana que vive no interior daquele país, onde fazíamos trocas culturais a partir de poesia persa de autores medievais do Sufismo e da Música Brasileira MPB e Literatura Lusófona em geral, sobretudo do Modernismo e da Contemporaneidade; *O Dervixe, o Diácono, o Rabino, o Ateu e a Educação: As Utopias do Islã, Judaísmo, Cristianismo e Laicidade na Educação*, como o próprio título já define.

"Axé do Afoxé" pode ser uma alusão ao Renascimento Africano do século XXI, do qual este livro faz parte, assim como os meus *Antropologia* e *Pedagogia dos Orixás* são exemplos.

"Filhos de Gandhi" pode ser uma alusão ao Renascimento hindu do século XXI, o qual minha obra *Índia, Vedanta e Educação: A Experiência Ramakrishna* é um exemplo.

"Apaixonadamente como Peri" pode ser uma alusão ao Renascimento latino-americano, no simbolismo da personagem ameríndia do clássico *O Guarani*, de Carlos Gomes (também latino-americano), a quem dedico diversas obras, como a presente é um exemplo.

"Tranquilo e infalível como Bruce Lee" pode aludir ao Renascimento Chinês e do Oriente Médio a partir da figura do cinema pop oriental, do qual é um exemplo o meu livro *O Tao e a Educação*, que trata de tradições filosóficas chinesas do Extremo Oriente como o Confucionismo, Taoísmo, Budismo, assim como também falo brevemente do Marxismo Chinês em relação a tais linhas filosóficas.

Em suma, são estes os Renascimentos aos quais o poema pode aludir de forma geral e que entrarei em mais detalhes mais adiante, relacionando a nosso tema central, contudo, centrando-se no índio que somos nós, me atenho de forma resumida a nosso processo de decolonialidade necessário para o advento deste "índio", e podemos ser todos nós agentes culturais destes Renascimentos do Sul que pede nosso pioneirismo.

No contexto cultural, conforme vimos nos manifestos *Antropofágicos e Pau Brasil* e seus comentários em capítulos precedentes, vivemos um ciclo de necessidade de quebra com o passado, o qual pede nossa ação no sentido de uma verdadeira Revolução Cultural a fim de que este Renascimento ocorra de fato e que é uma das principais finalidades para a qual esta, dentre minhas obras, foi escrita, para além da pura formalidade de uma formação acadêmica de professores em nível superior, que têm a opção de não serem os agentes de transformação cultural de que o momento necessita se não desejarem, mas que nada acontecerá sem que se transformem nestes agentes culturais dos Renascimentos do Sul (sobretudo africano e latino conforme trata a obra).

Contextualizando de forma resumida, há cem anos passamos pelos Manifestos presentes do Modernismo e, conforme tratei em texto anterior, definiu-se o processo de construção simbólica do Herói Nacional da Modernidade, que foi de "Macunaimidade" que teve seu auge na semana de Arte Moderna de 1922. Quando o tema indigenista foi o famoso *Tupi Or Not Tupi* que já está bem descrito e não necessito repetir-me sobre o assunto.

Já em 2023, conforme trato em textos anteriores, dá-se o processo de Desmacunaimidade, no qual a Filosofia Africana Decolonial assume papel central no embate com a Pós-Modernidade líquida e a Era da pós-verdade que marca o declínio de um período de desordem mundial, no qual a ordem neoliberal iniciada no Consenso de Washington dos anos 1990, que inicia uma Ordem Mundial Monopolar, entra em crise e abre espaço para uma Nova Multipolar – espera-se que menos opressiva e mais inclusiva. Revoluções e renascimentos culturais dessas regiões, sobretudo do Sul econômico de onde fazemos parte, fazem-se necessários a fim de que se consolide o alinhamento econômico do Sul (que até 2030 produzirá cerca de 80% do PIB Mundial, podendo desta forma transformar suas relações e influência nas Instituições Multilaterais do mundo), assim como estabelecer um novo diálogo com os países do Norte, portanto, o momento pede que se trabalhem as relações de hegemonia e hierarquia culturais entre essas regiões.

Este processo de descolonização cultural começa internamente em nossas regiões e países e já demos alguns passos nos últimos anos neste âmbito, com a conquista de ações afirmativas para a população negra em universidades, programas de formação universitária promovidos pela Administração Pública, assim como no funcionalismo público.

O próximo passo seria a tão desejada "aquilombação" do pensamento acadêmico, que nada mais é que o processo de descolonização cultural de nossa Academia, levando em conta nossos valores civilizatórios de matrizes africanas neste processo, conforme exaustivamente discutido até aqui a fim de que o lema deste processo de desmacunaimidade do nosso herói nacional passe para o *Zumbi Or Not Zumbi*, provocada pela aquilombação de nosso pensamento acadêmico, ainda que nestes tempos tenebrosos de pós-verdade.

Neste âmbito, também se faz necessário, levando em consideração tudo o que já fora discutido anteriormente, que ocorra o reconhecimento dos terreiros, quilombos e povos indígenas como patrimônios civilizatórios culturais nacionais necessários a esta afirmação identitária e transformação socioeconômica sustentável do país.

Indo nesse sentido, creio que não é demais esclarecer que certos espaços onde se professam rituais religiosos de qualquer espécie têm âmbitos tanto civilizatórios quanto religiosos e outros somente religiosos, e os terreiros são este local, onde há o espaço para a única e exclusiva manifestação do religioso e sagrado a seus adeptos, e também é o espaço da manifestação e propagação do civilizatório em seus respectivos valores de constituição cultural e identitária a pessoas de todas as confissões religiosas ou que não as tenham.

Como um espaço para o sagrado puramente para um determinado público e também civilizatório às coletividades em nível bem mais amplo, consolidando-se, assim, em um patrimônio de interesse público e visto a tudo que foi discutido, que o Estado deve ter interesse em preservar e proteger, inclusive por razões de âmbito de desenvolvimento econômico, o que justifica que essa proteção vá além do puramente institucional a partir de leis, mas que tenha reserva de dotação orçamentária pública correspondente à sua importância dentro de todo o contexto de divulgar os valores civilizatórios de interesse do Estado Nacional em seu desenvolvimento econômico e social que esta ação ocasiona conforme já discutido exaustivamente.

Já outros templos de outras denominações, ainda que sejam amplamente representadas por seus agentes políticos, não gozam da mesma prerrogativa e nem de longe têm o mesmo valor e importância estratégicos na construção da narrativa da identidade do Nosso Estado Nacional no contexto do pensamento decolonial do século XXI necessário a nosso processo de desenvolvimento econômico e social que gozam terreiros e comunidades de povos originários, sobretudo no que tange a que este desenvolvimento ocorra de forma sustentável, e a destruição provocada por sua presença institucional nos últimos anos em posições de poder trabalhando contra estes valores de comunidades tradicionais é uma prova inegável do que é aqui afirmado.

A partir de tudo isso não posso deixar de afirmar que o bater de nossos tambores é, antes de tudo, e por si só, um ato político, que faz ressoar o canto deste Índio na profecia de Caetano, que traz em economias verdes "as tecnologias das mais avançadas tecnologias" que se renovam, que ao criar uma Nova Ordem Mundial Multipolar mais justa e menos opressiva regida pelo multilateralismo e os valores civilizatórios africanos herdados de nossos ancestrais que criaram relações de coexistência entre povos autóctones e os que necessitam de recursos, pelo conceito do Fogo da Coexistência do Ketu, de Oxóssi, de Oyo e de Xangô, são coisas que nossa nação dirá como sendo este índio e não sabe o que fará de modo explícito.

Da mesma forma é "aquilo que nesse momento se revelará aos povos surpreenderá a todos não por ser exótico, mas pelo fato de poder ter sempre estado oculto. Quando terá sido o óbvio" a criação dos mercados na África Ocidental através de transgressões do matriarcado, vivas em nossas mães em cada comunidade, sertão, favelas do país, retirantes, herdeiras das mesmas que desafiaram o patriarcado através do comércio, interrompendo guerras pelo excedente de produção como ainda o patriarcado do poder no mundo moderno faz, sem enxergar a obviedade que nossas matriarcas africanas ancestrais e nossas mães veem com toda clareza como algo óbvio.

Mães de um povo como nosso índio da profecia de Caetano, que sabe que em um mundo multipolar e onde rege o multilateralismo regem as relações; as regiões e as diversas nações têm que desenvolver suas economias sobretudo reais de acordo com seus valores civilizatórios e culturais que lhe são característicos e determinam suas vocações, assim como ver o mundo e os outros países de acordo com essas visões.

O que faz, por exemplo, com que os russos em seus Renascimentos levem em conta os fatores históricos e sociais dentro do mesmo mecanismo da Antropologia Cultural e da Economia que formaram as suas diversas povoações em sua diversidade e que se uniram em torno do ideário de igualdade social e da Utopia.

Que fará os chineses, em seu Renascimento, resgatar conceitos como o *Ren* (sendo do humano) confuciano presente até mesmo em sua política externa e seu multilateralismo, assim como o conceito de *Tao* e equilíbrio que os faz compreender que cada região interna ou país tem sua própria forma de manifestar este *Tao*; e ainda que não saibam, faz com que tenham uma atitude de não intervenção política em seus parceiros comerciais.

Que fará os Hindus, a partir do princípio do Vedanta e seus códigos morais e culturais, enxergar as dinâmicas que norteiam sua diversidade na expressão exterior e aparente em uma mesma unidade Monista I segundo o Vedanta, no princípio que tudo motiva e tudo move que faz deles a maior democracia do mundo, ainda que muitos só vejam ali caos, no equilíbrio que existe de fato em diversos aspectos e que saibam o que é sempre a hospitalidade do Senhor Shiva por onde andem.

Que fará os Latino-americanos de culturas de matrizes de povos originários que não trabalhavam para gerar mais valia ou excedente de produção e desenvolviam, não raro, relações de poder horizontais que possam inspirar suas democracias no sentido da Justiça social e Liberdade tão mencionada em discursos de Iluministas como Rousseau.

Que fará os povos semitas do Oriente Médio a encontrar-se em sua irmandade Abrahanica no encontro da Cabala, Ortodoxia e do Sufismo (que em linhas filosóficas desenvolvam-se revoluções sufis não violentas ao exemplo de Gandhi e Mandela) e na adaptação dos seus sistemas financeiros que lhe são próprios de acordo com suas vocações e características culturais, como é o exemplo das finanças islâmicas entre os povos muçulmanos, encontrar uma harmonia e sincronia em seus processos de desenvolvimento econômico.

E, finalmente, África de nossos ancestrais, em seus Renascimentos inspire todos os demais Renascimentos a partir de seus valores civilizatórios para o advento deste Índio que nos dirá o óbvio, pois podemos ter sido enquanto brasileiros colonizados pelos europeus, mas foram os africanos e indígenas que nos civilizaram, mesmo que nossa Academia ainda colonizada nacional não o reconheça.

REFERÊNCIAS BIBLIOGRÁFICAS

ABADI, Sonia. **Transições**. São Paulo: Vozes, 1998.

ABIMBOLA, Wande. **Ifa divination poetry**. New York: Nok Publishers, 1971.

ABIMBOLA, Wande. **Ifa: an exposition of ifa literary corpus**. Ibadan: Oxford University Press, 1977.

ALTHUSSER, Louis. **Sobre a reprodução**. Petrópolis: Vozes, 2008.

ALTHUSSER, Louis. **L´avenir dure longtemps**. Paris: Stock- EMEC, 1992.

ALTHUSSER, Louis. **Aparelho ideológico do Estado**: nota sobre os aparelhos ideológicos do Estado. Rio de Janeiro: Graal, 1992.

ALTOÉ, Larissa. Resistência Negra: Brasil teve quilombos de Norte a Sul. Multi Rio, 15 abr. 2021.

AWE, Bolanlé. **Praise poems as historical data**: the example of the yoruba oriki. África: Journal of the International African Institute, 1974.

BABATUNDE, Lawal. **The living deads**. África, 1977.

BALANDIER, Georges. **Anthropo-Logiques**. Paris: Presses Universitaires de France, 1971.

BALANDIER, Georges. **Le desordre**. Paris: Presses Universitaires de France, 1994.

BALANDIER, Georges. **Sociologie actuelle de l´Afrique Noire**. Paris: Presses Universitaires de France, 1971.

BARROS, Gilda Naécia Maciel. Areté e cultura grega antiga: pontos e contrapontos. Hottopos, [*s.d.*]. Disponível em: http://www.hottopos. com/videtur16/gilda.htm.

BASTIDE, Roger; VERGER, Pierre. **Contribuição ao estudo dos mercados nagôs no Baixo Benim**. Corrupio, 1981.

BAUMANN, Zygmunt. **Modernidade líquida**. São Paulo: Zahar, 2002.

BENISTE, José. ORUN, Aiye. **O encontro de dois mundos**. Rio de Janeiro: Bertrand do Brasil, 1997.

BERGAMASCHI, Maria Aparecida; MEDEIROS, Juliana Schneider. **História, memória e tradição na educação escolar indígena: o caso de uma escola Kaingang** (mestrado). Universidade Federal do Rio Grande do Sul, 2010. Disponível em: https://www.scielo.br/j/rbh/a/xwLfPnXVfss8xgqJScZQyps/#.

BIARNÈS, Jean. **Universalité, diversité, sujet dans l´espace pédagogique**. Paris: L´Harmattan, 1999.

BOURDIEU, Pierre. **A reprodução**: elementos para uma teoria do sistema de ensino. Petrópolis: Vozes, 2010.

BOURDIEU, Pierre. **Escritos de educação**. Petrópolis: Vozes, 2010.

BOURDIEU, Pierre. **O poder simbólico**. Rio de Janeiro: Bertrand do Brasil, 2010.

BOURDIEU, Pierre. **Economia das trocas simbólicas**. São Paulo: Perspectiva, 2005.

BOURDIEU, Pierre. **Economia das trocas linguísticas**: o que falar quer dizer. São Paulo: EDUSP, 2008.

CAMPBELL, Joseph. **O poder do mito**. São Paulo: Pallas Athena. 1999.

CAMPBELL, Joseph. **El heroe de mil caras**. México: FCE, 1999.

CAMPBELL, Joseph. **Máscaras de Deus**: Mitologia Criativa. São Paulo: Palas Athena, 1999.

CHAUI, Marilena. **Cultura e democracia**. Crítica y Emancipación, (1): 53-76, jun. 2008.

FAUNDEZ, Antonio. **A expansão da escrita na África e na América Latina**. Rio de Janeiro: Paz e Terra, 1994.

FORTES. Luiz R Salinas. **Rousseau**: o bom selvagem. São Paulo: FTD, 1989.

REFERÊNCIAS BIBLIOGRÁFICAS

DIÁSPORA africana, você sabe o que é? Fundação dos Palmares. **Gov.br**, 2019. Disponível em: https://www.gov.br/palmares/pt-br/assuntos/noticias/diaspora-africana-voce-sabe-o-que-e

GONÇALVES, Petronilha. **Parecer Oficial sobre a Lei 10.639/03**. Brasília: MEC – SECAD, 2004.

HAMPATE, B., Amadou. **A Tradição viva, em história geral da África I**. Metodologia e pré-história da África. São Paulo: Ed Ática/UNESCO, 1980, pp. 181-218.

HAMPATE, B., Amadou. **Amkoullel, o menino fula**. São Paulo: Palas Athena,1992.

IFAMARAJO, Ojo. **Os Odus de Ifá**. Rio de Janeiro: Habana Rio, 2001.

JUAREZ, XAVIER. **Poesia sagrada de Ifá**. Tese de Doutorado. FFLCH – USP 2002.

KI-ZERBO, J. (Ed) **História geral da África**. São Paulo – Paris: Ática – UNESCO.

LAHIRE, Bernard. **Sucesso escolar nos meios populares**: as razoes do improvável. São Paulo: Ática, 2008.

LAHIRE, Bernard. **L´invention de l´illetrisme**. Rethorique publique, étique et stigmates. Paris: la Découverte, 2005. p.112.

LAHIRE, Bernard. **Retratos sociológicos, disposições e variações individuais**. Porto Alegre: ArtMed. 2005.

LAHIRE, Bernard. **La culture dês individus**: dissonances culturelles et distinction de soi. Paris: La Découverte, 2004.

LAHIRE, Bernard. **l´homme pluriel**: lês ressorts de l´action. Malhesherbes (France): Nathan, 2001.

LAHIRE, Bernard. **Le travail sociologique de Pierre Bourdieu**: Dettes et Critiques. Paris: La Découverte, 2001.

LÉPINE, Claude. **O trickster na religião yorubá e suas transformações**, in Mitos e Civilizações. São Paulo: Terceira Margem, 2005.

LÉPINE, Claude. **A monarquia sagrada em área yorubá**, in Mitos e Civilizações. São Paulo: Terceira Margem, 2005.

MARINGONI, Gilberto. O destino dos negros após a Abolição. **Portal Geledés**. 2012. Disponível em: https://www.geledes.org.br/o-destino-dos-negros-apos-abolicao-por-gilberto-maringoni/?gclid=C jwKCAjw8ZKmBhArEiwAspcJ7gqzoyejbFuM01c8kAMgVRiBLjVI7EXy 0R-Jnup5fKn6ZejsyH7s_RoCg-YQAvD_BwE.

MARINGONI, Gilberto. História - O destino dos negros após a Abolição. Ipea, 2011. Disponível em: https:// www.ipea.gov.br/desafios/index.php?option=com_ content&id=2673%3Acatid%3D28#:~:text=%E2%80%9COs%20 abolicionistas%20radicais%2C%20como%20Nabuco,mulatos%20 e%20outros%20setores%20menos.

MARQUES, Mayanna. HIERARQUIA SOCIAL. **Educa + Brasil**, 04 nov. 2020. Disponível em: https://www.educamaisbrasil.com.br/ enem/sociologia/hierarquia-social.

MEILLASSOUX, Claude. **Anthropologie de l´esclavage**. Paris: Presses Universitaires de France, 1986.

MOREIRA, Antonio Flávio Barbosa. Currículo, diferença cultural e diálogo, in **Revista educação e sociedade**. Rio de Janeiro, n° 79, 2002.

MUNANGA, Kabengele. **Uma abordagem conceitual das noções de raça, racismo, identidade e etnia**. 2016. Disponível em: https:// www.ufmg.br/inclusaosocial/?p=59.

PIKETTY, Thomas. **O capital do século XXI**. Paris: Editions Du Seuil, 2013.

POLI, Ivan da Silva. **Antropologia dos orixás**. São Paulo: Terceira Margem, 2011.

POLI, Ivan da Silva. **Índia, vedanta e educação**: a experiência ramakrishna. São Paulo: Biblioteca 24 horas, 2012.

POLI, Ivan da Silva. **Pedagogia dos Orixás**. São Paulo. Terceira Margem, 2015.

POLI, Ivan da Silva. **Paideia negra**, a nova pedagogia dos orixás. São Paulo, Terceira Margem, 2016.

POLI, Ivan da Silva. **Les royaumes magiques yorubas**. Bruxelles: Livre em Papier, 2022.

POLI, Ivan da Silva. **Éducation et témoignages anti-racistes et afrocentrées**. Bruxelles: Livre en Papier, 2022.

POLI, Ivan da Silva. **De l´heros grec a l´heros et heroine noires**. Bruxelles: Livre en Papier, 2022.

POLI, Ivan da Silva. **Lettres persanes aux tropiques**. Bruxelles: Livre en Papier, 2022.

POLI, Ivan da Silva. **S´Il Y A Dieu Il Est Aussi Trans – Ecartes Descartes**. Bruxelles: Livre en Papier, 2022.

POLI, Ivan da Silva. **Lettes scellées avec les derniéres larmes de maïakovsky pour les poètes de toutes révolutions a travers les temps.** Bruxelles: Livre en Papier, 2022.

POLI, Ivan da Silva. **Le derviche, le diacre, le rabbin, l´athée et l´éducation**. Bruxelles: Livre en Papier, 2022.

POLI, Ivan da Silva. **Pédagogie des orishas**. Bruxelles: Livre en Papier, 2022.

POLI, Ivan da Silva. **Allah Akbar, La Ilaha Illah allah Mohammed al Rasul Allah, Soufisme le Message Universel de l´Islam pour l´Humanité**. Bruxelles: Livre en Papier, 2022.

POLI, Ivan da Silva. **l´éxpérience ramakrishna.** Bruxelles: Livre en Papier, 2022.

POLI, Ivan da Silva. **Moi en personne, rencontre avec la poésie de Fernando Pessoa 100 ans aprés**. Bruxelles: Livre en Papier, 2022.

POLI, Ivan da Silva. **Shango est venu avant Rousseau**: Philosophie du Droit et Éducation Afrocentrées. Bruxelles: Libre en Papier, 2022.

POLI, Ivan da Silva. **Yansan a affolé Freud sur son Divan et la Sociologie de l´Exu**. Bruxelles: Livre en Papier, 2022.

PRANDI, Reginaldo. **Mitologia dos orixás**. São Paulo: Companhia das Letras, 2001.

RISERIO, Antonio. **Textos e tribos**: Poemas Extraocidentais nos Trópicos Brasileiros. Rio de Janeiro: Imago Editora, 1993.

RISERIO, Antonio. **Oriki, orixá**. São Paulo: Editora Perspectiva, 1996.

ROUSSEAU, Jean Jacques. **Discours sur l'origine et les fondements de l´Inegalité parmi les Hommes**. Paris: Presses Universitaires de France, 1952.

SACRISTÁN, Gimeno. **Currículo e diversidade cultural**, in Territórios e Contestados. SILVA, Tomas Tadeu; MOREIRA, Antonio Flávio (org.). Petrópolis: Vozes, 1995.

SALAMI, Sikiru. **Poemas de ifá e valores de conduta social entre os yorubá na Nigéria**. Tese de Doutorado, FFLCH – USP, 1999.

SERRANO, Carlos. **Os senhores da terra e os homens do mar**: Antropologia Política de um reino Africano. São Paulo: FFLCH/USP, 1983. p. 113.

SILVA, Dilma de Melo. **Por entre as Dorcades Encantadas, os Bijagó de Guine Bissau**. São Paulo: Terceira Margem, 2007.

SILVA, Dilma de Melo. **Arte Africana e Afro Brasileira**. São Paulo: Terceira Margem, 2006.

SILVA, Nilce. **Revista acolhendo alfabetização nos países de língua oficial portuguesa**. São Paulo, 2004.

Teatro Experimental do Negro (TEN). Fundação dos Palmares. **Gov.br**, 2016. Disponível em: https://www.gov.br/palmares/pt-br/assuntos/noticias/teatro-experimental-do-negro-ten#:~:text=O%20Teatro%20Experimental%20do%20Negro,estilo%20dramat%C3%BArgico%2C%20com%20uma%20est%C3%A9tica.

VANSINA, Jan. **La Tradición oral**. Barcelona: Nueva Colección Labor, 1966.

VERGER, Pierre. **Notes sur Le culte dês Orisha et Vodun à Bahia, la Baie de tous lês saints au Brésil et à l´ancienne côte dês esclaves**. Dakar: IFAN, 1957.

VERGER, Pierre. **Esplendor e decadência do Culto de Iya mi Osoronga entre os Yorubás, minha mãe feiticeira**. Salvador: Editora Corrupio, 1981.

WEBER, Max. **A ética protestante e o espírito do capitalismo**. São Paulo: Martin Claret, 2013.

WINNICOTT, Donald W. **O brincar e a realidade**. Rio de Janeiro: Imago, 2002.

WINNICOTT, Donald W. **Da pediatria à psicanálise**: Obras escolhidas. Rio de Janeiro: Imago, 2000.

WINNICOTT, D. **A natureza humana**. Rio de Janeiro: Imago, 1990.

ZIMMER, Heinrich. **Les philosophies de l´inde**. Paris: Payot, 1999.

Webgrafia

A Cor da Cultura. Fundação Palmares. Disponível em: www.antigoacordacultura.org.br

Alaafin de oyo. Disponível em: www.alaafinoyo.org

Bahiatursa. Disponível em: www.bahiatursa.gov.br

Base Acadêmica Internacional. Disponível em: www.academia.edu

Blog Politize! Disponível em: www.politize.com.br

Câmara dos Deputados Federal. Disponível em: www.camara.leg.br

Centro Cultural Africano de São Paulo. Disponível em: www.unifainstituto.com.br

Comuna do Ketu. Disponível em: www.gouv.bj

Educa Mais. Disponível em: www.educamais.edu.br

Faculdade de Educação da Universidade de São Paulo. Disponível em: www.fe.usp.br

Faculdade de Filosofia e Ciências Humanas da Universidade de São Paulo. Disponível em: www.fflch.usp.br

Faculté de Sciences de l´Océan Indien à Reunion. Disponível em: Disponível em: www.iosfaculty.org

Fundação Nacional do Índio. Disponível em: www.funai.gov.br

Fundação Palmares. Disponível em: www.fundacaopalamares.org.br

Hottopos. Disponível em: www.hottopos.com

IBGE. Disponível em: www.ibge.gov.br

Instituto Luiz Gama. Disponível em: www.institutoluizgama.org.br

Ministério da Educação. Disponível em: www.mec.gov.br

O PERIGO de uma única história. 2009. 1 vídeo (19 min.). Publicado pelo canal Ted Global. Disponível em: www.ted.com/talks/lang/eng/chimananda_adichie _the_danger_of_a _single_story

Palácio do Planalto. Disponível em: www.planalto.gov.br

Periférica. Disponível em: www.periferica.com.br

Pontifícia Universidade Católica de São Paulo. Disponível em: www.pucsp.br

Portal Afro. Disponível em: www.portalafro.org

Portal da Juventude da Prefeitura de São Paulo. Disponível em: www.portaldajuventude.prefeitura.sp.gov.br

Revista Acolhendo Alfabetização nos Países de Língua Oficial Portuguesa. Disponível em: www.acoalfaplp.net

Revista Fórum. Disponível em: www.forum.com.br

Unesp. Disponível em: www.unesp.sp.gov.br

Unicamp. Disponível em: www.unicamp.br

Universidade de São Paulo. Disponível em: www.usp.br

Universidade Federal do Rio de Janeiro. Disponível em: www.ufrj.br

Universidade Federal do Rio Grande do Sul. Disponível em: www.ufrgs.br

Universidade Federal Fluminense. Disponível em: www.uff.br

Universidade Uninassau. Disponível em: www.uninassau.org.br

Université Sorbonne Paris Saint Denis. Paris 8. Disponível em: www.paris8.saintdenis.fr

Wikipédia. Disponível em: www.wiki.org.br

Youtube. Disponível em: www.youtube.com